TAXNET
세무/회계 전문 재경비즈니스 포털 서비스

부실채권 *Zero!*

채권관리실무

개정판

자산은 유지하고
기업가치는 올리는 **채권관리**

정현호 저

조세통람

이 책의 머리말

Preface

최근 코로나19 사태와 유가 상승 등으로 기업의 경영환경이 급격히 변화하는 가운데 경영리스크 관리와 수익성 악화를 방지가 기업의 중요한 이슈로 떠오르기 시작했으며, 기업의 채권관리의 필요성은 더욱 중요하게 되었습니다.

이러한 시기에 2018년 출간된 〈부실채권 제로! 채권관리실무〉의 개정판을 출간하게 되었습니다.

개정판에서는 채권관리현장에서 발생할 수 있는 다양한 사례들과 그에 따른 해결 방안을 제시하였으며 변경된 관련 법령을 수정 · 반영하였습니다.

이번에 출간된 개정판에서는 'PART 08 부실채권 관리하기!'를 새롭게 추가하였습니다. 부실채권이란 거래선에 판매한 매출대금을 사전에 약속한 날짜에 회수하지 못하는 미수금이 모두 부실채권이며, 신용한도 재평가는 부실채권을 예방하는 길로서 신용한도 담당자는 확보된 담보를 1년에 3회 이상은 재평가하여 새로운 신용한도를 부여하여야 하며, 부실채권이 발생되면 나타나는 현상들에 대해서 영업담당자, 회사에 나타나는 현상으로 분류하였으며, 부실채권이 발생되는 주요 요인에 대한 사례분석과 채권이 부실화되는 원인은 여러 가지가 있을 수 있는데 그중에서 거래할 때 주의를 요하는 25가지 유형을 살펴보았습니다. 또한 부실채권을 예방하기 위한 사례에서는 거래단계, 계약단계, 연대보증인, 지급보증서 · 지급보증보험증권, 담보단계, 부동산 담보단계에서 발생할 수 있는 사례를 실었습니다. 부실채권이 발생된다면 골든타임에서의 빠른 조치가 필요한데, 담당자들이 신속하게 실행하기 위한 프로세스의 이해를 설명하였습니다.

부실채권 제로!

채권관리실무

사회적으로 채권회수시 불법채권추심이 계속 문제가 되고 있는데 채권회수할 때 해서는 안 되는 방법에 관해서 "채권의 공정한 추심에 관한 법률"을 중심으로 설명하였습니다.

앞으로 부족한 부분은 계속 보완할 것을 약속드리며, 이 책의 개정판 출간을 흔쾌히 결정하여 주신 서동혁 사장님과 출판팀 류현수 팀장님, 편집을 맡아준 이인아 차장님과 김영림 과장님 그리고 편집부 여러분에게 깊은 감사를 드립니다.

2021년 12월

저자 정현호

이 책의 머리말

Preface

부실채권이 발생하는 원인은 영업의 초기단계에서부터 부실채권을 예방하기 위한 조치 부족과 부실채권이 발생했을 때 신속하고 적법한 방법을 잘 알지 못해서 그 피해가 더 늘어나게 되는 경우가 많았습니다.

매출채권의 부실은 보유자산의 건전성을 저하시켜 재무구조의 안정성을 해치는 한편, 현금유동성을 악화시켜 대외지급능력을 떨어뜨림으로써 기업을 도산시키게 되고, 나아가 고용과 소득의 저하를 가져와 그 피해가 일반 국민에게까지 미치게 됩니다.

채권관리는 관리부서의 담당자만이 하는 것이 아니라 회계, 자금, 관리, 영업, 판매, 생산부서 등 전사원이 채권관리에 대한 기본지식을 습득하여 사고발생을 사전에 예방하고 사고발생시 적극적으로 대처하여야 하겠습니다.

이러한 부분을 해결하는 데 있어서 도움을 드리고자 이번에 〈부실채권 제로! 채권관리실무〉를 출간하게 되었습니다.

이 책은 채권관리를 처음 접하는 초보자도 알기 쉽게 필자가 24년간 채권관리 실무 현장에서 얻은 경험과 기업체 및 교육기관에서 강의한 경험을 바탕으로 이론적인 부분에 대한 이해를 돕기 위해 쉬운 설명을 하였습니다.

또한 채권관리를 하는 데 있어서 관계자들이 필수적으로 알아야 할 사항들에 대한 자세한 설명을 추가하였습니다.

부실채권 제로!

채권관리실무

이 책을 통해서 채권관리업무를 처음 시작하는 분들에게는 부실채권을 사전에 예방하기 위한 신용관리, 계약관리, 담보관리, 보증관리, 어음·수표관리에 대한 이해를 높이고, 부실채권의 발생가능성이 있거나 이미 발생한 경우에는 신속하고 적극적으로 회수하기 위한 채권보전관리, 민사소송 실무, 강제집행관리, 법원경매, 대손처리, 채무자 회생 및 파산 등의 내용을 실었습니다.

이 책의 출간을 흔쾌히 결정하여 주신 ㈜영화조세통람의 서동혁 대표님과 김현영 상무님, 편집을 맡아준 권아정 대리님 그리고 편집부 여러분에게 깊은 감사를 드립니다.

아내와 두 아들 영균, 성균에게도 감사의 마음을 전하며 하나님께 감사를 올립니다.

2018년 1월

저자 정현호

이 책의 차 례

Contents

PART 01

채권관리! 꼭 필요한가?

PART 02

좋은 파트너 만나기

PART 03 말로 하지, 계약서는 왜 쓸까?

PART 04 확실한 거래! 담보받고 거래하기

이 책의 차례

Contents

PART 05

왜, 어음·수표로 돈을 받지?

PART 06

위급상황! 채권보전

부실채권 제로!

채권관리실무

PART 07

부실채권 예방!

PART 08

부실채권 관리하기!

이 책의 차례

Contents

PART 09

원스톱! 민사소송

PART 10

강제집행! 부실채권회수

PART 11

법원경매! 부실채권 회수

PART 12

부실채권, 마무리는 깔끔하게!

채 권 관 리 실 무

자산은 유지하고 기업가치는 올리는 채권관리

PART

01

채권관리! 꼭 필요한가?

핵심 Key-Words

매출채권 | 기업부실 | 구조조정

SECTION 01

미수채권 쌓이면 망한다!

채권관리실무 CHECK

㈜대한기업에서 5년째 국내영업을 담당하고 있는 나대리에게는 요즘 큰 고민이 하나 있는데, 매일 오전에 시작되는 영업팀 회의만 참석하면 팀장으로부터 담당 거래선인 ㈜삼경에서 수금이 2개월째 연체되고 있고, 회사 여신거래시스템에서 부실위험 경고가 영업팀으로 통보된다고 추궁을 당한다. 나대리가 입사 전인 10년 전부터 거래해오던 거래선을 정리해야 하는지 고민스럽다. 미수채권 회수를 위해서 수차례 ㈜삼경을 방문해서 협의를 하였지만 조금만 참아달라는 간청을 하고 있다. (부동산에 대한 추가 담보제공을 요구하였으나 이미 제3자에게 담보설정 되어 추가담보를 받을 여력이 없고, 보증보험증권 수령도 신용관계로 어렵다.)

12월이 다가오면서 인사고과 평가 이후 승진심사도 있는데 이럴 때는 ㈜삼경을 어떻게 해야 하나 판단이 서지 않는다.

TIP

거래관계를 종료하는 것이 좋을 듯싶습니다. 담보가 부족한 상태에서 부실채권이 발생되면 이것을 회수하기 위해서 법적인 조치를 할 수밖에 없는데 담보가 없는 상태에서 가압류 등 법적인 조치를 하여도 발생된 부실채권의 50% 이상을 회수하기란 정말 어렵다고 봅니다.

돈 빌려준 사람은 오래 기다리지 않는다

개인이나 기업이 매출을 올리고, 그 대금을 받지 못하면 어떻게 될까?

기업 또는 개인이 처한 형편에 따라 자금압박 등의 외부 반응이 빨리 와서 바로 부도가 될 수도 있고, 계속 버텨가다가 서서히 망하는 경우도 있다.

매출이 발생하기까지의 직원급료 · 자재대금 · 세금 등의 자금을 은행에 쌓아놓고 사업을 하는 기업은 극소수일 것이며, 국내 기업의 현실상 금융기관 · 지인을 통해서 부족한 자금을 빌려서 사업을 하는 경우가 다반사인데 이때 빌려 온 돈을 제때 갚지 못하면 경매 · 강제집행 등을 당하게 될 것이고 결국에는 망하게 되는 지름길이 된다. 기술력과 서비스가 뛰어난 사업 아이템을 가지고 창업을 하였는데 전혀 예상치 못한 매출 거래선에서 돈을 받지 못하여 부도가 되는 경우를 볼 수 있다.

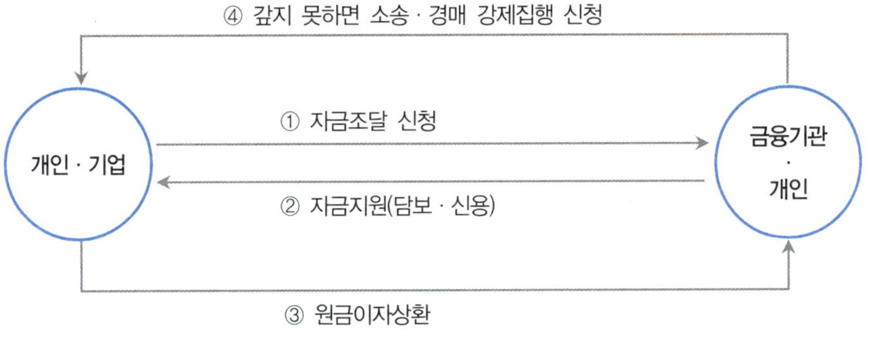

돈 받을 자신이 없다면 거래하지 마라

거래에서 제일 좋은 방법은 미리 선수금을 받아놓고 거래하는 것이 가장 좋은 방법이라는 것은 누구나 다 아는 사실이다.

그런데 이 방법은 공급자가 경쟁력이 있어서 수요자에게 선수금 · 현금거래를 요구할 수 있거나, 아니면 거래환경이 선수금 · 현금거래로만 된다면 좋겠지만, 그렇지 못한 경우에는 차선책으로 담보를 확보한 후 거래하고, 담보마저 요구할 수 없는 경우에는 거래선을 믿고 신용거래를 할 수밖에 없다.

사업을 처음 시작하는 창업자나 경영자, 관련부서 직원들은 어떤 거래처와 거래를 하여야 하고, 미수금을 어떻게 받아야 하는지 반드시 알고 있어야 한다.

이익률이 10%라고 가정할 때 1억원을 회수하지 못하면 10억원의 매출을 더 올려야 한다는 사실을 반드시 기억하자.

매출채권을 회수하지 못하면 그 결과는?

구조조정을 통해서 살아남으려고 발버둥칠 것이며, 보유 중인 자산매각 · 인원축소 등을 할 수밖에 없다.

부동산 · 유가증권 · 매출채권 등 여러 가지가 합쳐진 것이 기업의 자산을 이루는데, 매출채권을 제때에 회수하지 못하면 현금 유동성에 문제가 생겨서 경영이 악화된다. 즉, 기업에서는 부족한 자금을 메우기 위한 차입을 할 수밖에 없으며 차입금리의 발생으로 당기순이익을 깎아 먹는다.

이를 해결하고자 기업에서는 구조조정을 통해서 자산을 매각, 직원들의 명예퇴직 등이 초래되며 결국에는 부도가 나는 사태가 발생한다.

↘ 기업부실의 단계

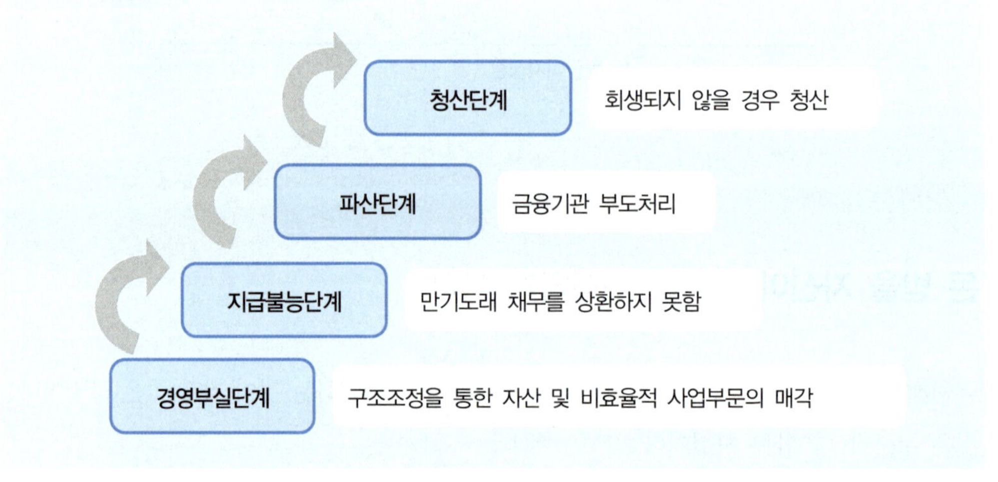

SECTION 02 선수라면 경기 규칙은 알아야 한다

Part 01

채권관리가 잘 되기 위해서는 '채권관리기준 · 신용조사시스템 · 채권관리교육 · 회수하려는 강한 의지'의 4가지 요건이 필요하다.

프로야구 경기에서 투수만 좋다고 이기는 것은 아니다. 타격 · 주루플레이가 뛰어나야 하며, 이 모든 것을 운영하는 감독의 승부사적 기질을 가진 뛰어난 용병술이 필요하다.

채권관리도 마찬가지로 조직에서 탁월한 능력을 가진 한 사람만 가지고는 안되고, 유기적인 전체시스템의 조화가 필요하다.

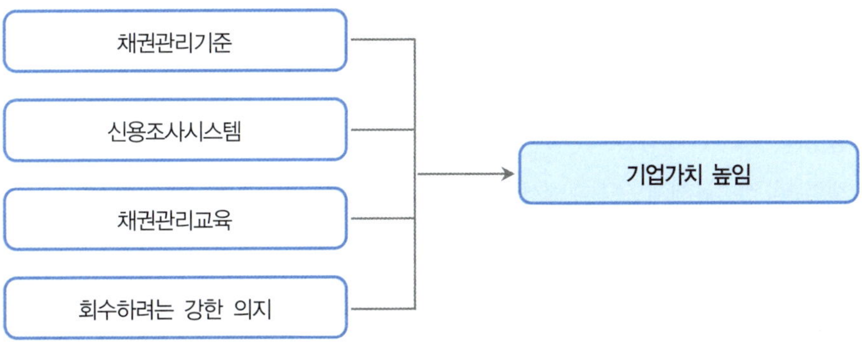

채권관리기준이 필요하다

조직 내에 채권관리기준이 없다면 다른 회사의 기준을 벤치마킹해서라도 반드시 갖추고 있어야 할 부분으로서 채권관리업무매뉴얼이 작성되어야 하며, 업무매뉴얼의 제정을 통한 통일된 채권관리 마인드의 공유도 필요하다.

매뉴얼에는 신용조사절차, 재산조사, 경영분석, 거래선 계약 전 확인사항, 거래선 변경계약, 연대보증계약, 부동산 담보관련 사항 및 업무처리, 어음 · 수표 수금시 주의사항, 어음 · 수표 부도발생시 업무처리 사항, 가압류 · 가처분에 대한 사항, 재산은닉시 처리절차, 민사소송절차, 강제집행절차, 법원경매를 통한 회수절차, 대손처리 등에 대한 내용이 포함되어야 한다.

❶ 제도 정착

부실채권을 발생시키게 한 사원에 대해서는 그 발생사유를 파악하여 책임을 물을 수 있게 하고 징벌규제제도가 정착되어야 한다. 채권관리규정, 채권관리시스템, 사후 채권관리규정, 전자결제양식, 표준계약서, 채권관리 서식, 채권관리 조직, 채권관리 평가제도, 채권관리 업무 플로우 관리에 대한 내용이 포함되어야 한다.

❷ 규정 명시

권한에는 책임이 따르는 것인데, 사내표준의 인사규정에 관한 책임 및 징벌규제에 대한 조항을 명시하여 그 근거로 삼고, 이를 사원들에게 전달하여 인식시킴으로써 부실채권의 발생을 사전에 예방할 수 있는 제도적 장치가 정착되어야 한다.

책임 및 징벌규제제도에 대해서는 영업부서에서의 반발도 예상되는데, 영업적인 측면을 위축시키는 제도보다는 협의를 통하여 납득시킬 수 있는 조치와 방법을 찾아야 한다.

채권관리기준

	항목	내용
1	채권관리 규정	영업관리규정, 매출채권관리 규정, 부실채권관리 규정, 감사규정 등
2	채권관리시스템	신용조사시스템, 담보관리시스템, 여신관리시스템, 연대보증인관리시스템 등
3	사후채권관리 규정	강제회수, 대손처리에 대한 프로세스
4	전자결제양식	여신한도신청서, 거래처담보평가신청서, 부실채권발생보고서, 출하중지보고서 등
5	표준계약서	기본계약서, 채권양도계약서, 채무인수계약서, 상계처리합의서, 클레임합의서 등
6	채권관리 서식	부실채권 회수상황보고서, 부실채권조사보고서, 채무변제계획서, 거래처 평가서 등
7	채권관리 조직	인원의 적정성, 업무적합도, 핵심인력 육성 등
8	채권관리 평가제도	포상제도 및 징계시스템 평가제도 도입
9	채권관리 업무 플로우 관리	주요관리 사항에 대한 프로세스별 업무 플로우 도입 (매출채권관리, 담보관리, 연대보증인 관리 등)

신용조사시스템의 운영으로 부실채권 사전차단

거래선의 신용을 조사하여 매출채권이 부실화되는 것을 예방하고, 부실채권이 발생하였을 경우 효과적인 회수를 위한 신용조사시스템의 운영이 필요하다.

사전에 부실채권을 예방하기 위해서는 조기경보시스템을 구축하여 내부통제기능을 강화하여야 하며, 조기경보시스템 중에서도 외부신용기관에서 제공되는 신용조사시스템을 통해서 나타나는 기업정보를 통해서 거래선의 재무정보와 신용등급을 파악하여 거래의 개설 조건으로 판단하여야 한다. 대표자 정보를 통해서는 사업의 운영능력과 신상조사를 하고, 신용정보를 통해서는 기업여신 현황과 당좌거래정지 정보, 거래처 신용변동 내역을 조사하여야 한다.

또한 연체관리시스템을 전산화하여 3개월 이상 연체가 되면 자동적으로 출하정지시스템이 가동되도록 하여야 한다.

국내 대표적인 신용평가기관

한국기업데이터㈜	www.kedkorea.com
NICE 평가정보㈜	www.nicecredit.com
서울신용평가정보㈜	www.sci.co.kr

채권관리교육의 이수는 필수!

영업 · 회계 · 자금 · 총무 · 법무업무를 담당하는 직원을 대상으로 연 1회 이상 채권관리교육을 실시하여 채권관리 마인드의 정립과 스킬을 습득하여야 한다.

부도가 발생하면 이를 해결하기 위해서 각 부서의 담당자들이 모여 대책회의를 하게 되는데, 가압류 · 민사소송 · 채권압류 및 추심명령 · 법원경매 등에 대한 용어조차 이해를 못하고 있다면 문제이지 않겠는가!

채권관리 전문인력을 갖추기 위해서는 지원자를 우선으로 법률적인 기본지식을 갖추고 있는 자를 선정하여 외부교육기관에 교육기회의 제공은 물론 실무지식의 습득을 통하여 채권관리전문가로 양성해야 한다.

채권회수에 대한 CEO의 역할과 책임

매출채권을 반드시 회수하고자 하는 강한 의지와 열망이 클 때 부실채권은 발생하지 못할 것이다.

CEO가 채권관리에 대한 관심과 그 중요성을 인식할 때 부실채권의 발생은 줄어들 수 있다. 또한 부실채권을 적극적으로 회수하려는 자세와 채권관리를 잘할 수 있게 직원들에게 교육기회 제공, 채권관리 조직구성, 제도정비, 채권관리전문가의 양성이야말로 CEO의 역할과 책임이다.

채권관리를 효율적으로 하기 위해서는 제시된 채권관리업무와 채권관리 프로세스에 대한 이해가 필요한데, 부실채권을 사전에 방지한다는 의미에서 매우 중요하다.

↘ 채권관리 PROCESS

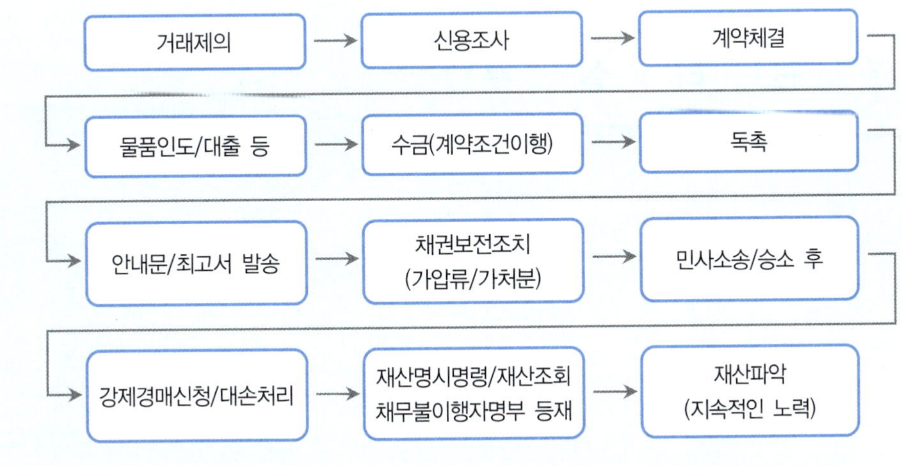

① 고객이 권유 또는 상대방으로부터 거래제의를 받게 되는데, 내부 신용관리규정을 적용하여 거래를 할 것인지 말 것인지를 판단하게 된다.

② 거래를 할 것으로 판단되면 계약을 체결하게 되는데 계약의 중요사항으로는 상대방이 요구하는 품질수준과 납기, 수량 등이 있을 것이고, 공급자 측면에서는 상대방에게 대금지급조건, 담보조건, 납기기한의 준수 등이 있다. 또한 계약이 체결되면 물품인도, 공사진행, 서비스를 제공하며, 계약조건에 따른 수금이 되면 아무런 문제가 없는 정상채권이다.

③ 거래선에서 계약조건을 지키지 못하면 미수채권이 발생하게 되는데, 이 단계에서 독촉을 실시하며, 일반적으로는 내용증명을 발송한다. 독촉 후에도 채권이 회수되지 않으면 채권보전조치로서 계약자의 주요재산에 부동산가압류, 채권가압류, 유체동산가압류 및 가처분 조치를 통하여 장래집행할 재산을 보전해 둔다.

④ 민사소송을 제기하여 승소되면 집행권원을 가지고 강제집행 준비를 해둔다. 강제집행은 채무자 소유의 부동산에 대한 강제경매신청과 채권압류 및 추심명령, 전부명령, 유체동산압류명령을 통해서 부실채권을 회수한다.

⑤ ④에서 회수하지 못한 채권은 대손처리를 통하여 부외채권으로 한다.

⑥ 부실채권 중 선별하여 재산명시명령, 채무불이행자명부등재, 재산조회를 통해서 회수노력을 하며, 재산추적을 계속 실시하여 회수한다.

채 권 관 리 실 무

자산은 유지하고 기업가치는 올리는 채권관리

PART

02

좋은 파트너 만나기

핵심 Key-Words

신용조사 | 신용한도 | 재무제표 | 재무비율분석

SECTION 01

신용조사는 왜 할까?

고객에게 제품을 제공하게 되면 채권이 발생되는데, 가장 바람직한 것은 선수금이나 현금을 받고 매출을 하는 것이다. 그러나 선수금과 현금을 받지 못하면 결국은 외상거래가 되므로 대금의 회수가 문제되기 때문에 이때 신용조사를 실시한다.

신용조사가 필요한 이유

신용조사란 거래처의 현재 및 장래에 걸친 변제능력을 사전에 조사하는 것으로서 거래처를 어느 정도까지 신뢰할 수 있고, 또한 부도발생으로 인한 자산의 손실을 사전에 예방하고 그 피해를 최소화하기 위하여 실시하는 조사를 말한다.

현재 우리나라 기업간의 거래 후 결제현황을 살펴보면 기업이 물품 · 용역 등 재화를 제공하고 그 대금을 즉시 현금으로 회수하고 있는 비중이 높아지고 있는 추세인데 아직도 많은 거래가 담보를 설정한 이후에 하기도 하지만 담보도 설정하지 못하고 신용으로 재화를 공급하는 경우도 다반사이다.

담보를 설정하지 못하고 거래를 하는 채권자로서는 상당히 불리한 거래를 할 수밖에 없으며, 이러한 상태가 장기간 지속됨으로써 장기미수금이 부실화되어 부실채권이 발생하기도 한다.

즉 신용조사란 매출채권이 부실화됨으로써 발생하는 자산의 건전성을 악화시키는 것을 방지하기 위한 예방적 채권관리를 말한다.

부실채권은 사전에 예방하는 것이 가장 중요하다고 할 수 있으며, 부도가 발생한 이후에 법적조치 등 여러 조치를 취한다 하더라도 일정부분 손실의 발생이 예견된다. 이러한 위험을 경감시키기 위해서는 외상으로 물품 · 용역을 제공하기 전에 사전 예방조치로서 거래선에 대한 지급능력의 여부를 다양한 경로와 방법을 통하여 진단할 필요가 있다.

신용조사의 목적은 거래개시 전에 거래선에 대한 신용상태를 조사함으로써 부실채권을 사전에 예방하고 부실채권이 발생된 이후에 효과적으로 채권회수를 하기 위함이며, 거래를 개설하거나 거래규모의 변동, 주요 사항의 변화가 생길 때에도 반드시 신용조사를 실시하여야 한다.

채권회수를 보다 효율적으로 함으로써 기업의 자산에 대한 건전성을 유지시키며, 거래를 시작하게 되는 상대방에게는 투명한 경영의 유도 및 계약조건의 이행을 위한 경각심을 일으킬 수 있다.

효과적인 채권관리의 방법은?

채권관리에는 예방적인 채권관리와 사후적인 채권관리가 있는데, 예방적인 채권관리란 채권의 부실화를 예방하기 위한 조치로서 신용조사, 담보물권 확보, 계약관리 등을 통해서 거래선이 계약조건대로 계약을 이행하지 않을 경우에 채권의 회수를 하기 위한 조치이다.

채권이 부실화된 이후에 이루어지는 조치, 즉 사후적인 채권관리는 강제집행 · 경매 · 가처분 등의 부도가 발생하였다든지, 부도가 발생한 후에 이루어지는 조치로서 채권이 부실화되면 그 부실채권을 전액 회수하기란 매우 어렵다.

이러한 측면에서 사전에 채권의 부실화를 예방하는 조치가 사후적인 채권관리보다는 더욱 효과적이라고 할 수 있겠다.

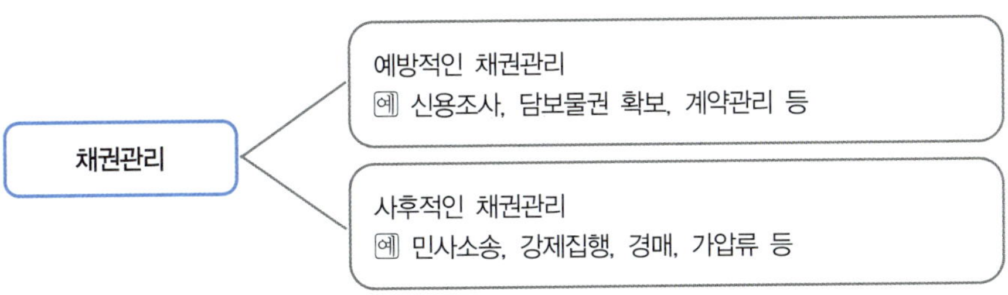

SECTION 02

신용조사는 어떻게 할까?

신용조사는 고객이 제공하는 자료와 외부에서 얻은 정보를 바탕으로 확인작업을 하게 되며, 직접조사와 간접조사 방법을 병행하여 실시한다.

신용조사절차에 대해서 살펴보면 다음과 같다.

신용조사절차 흐름도

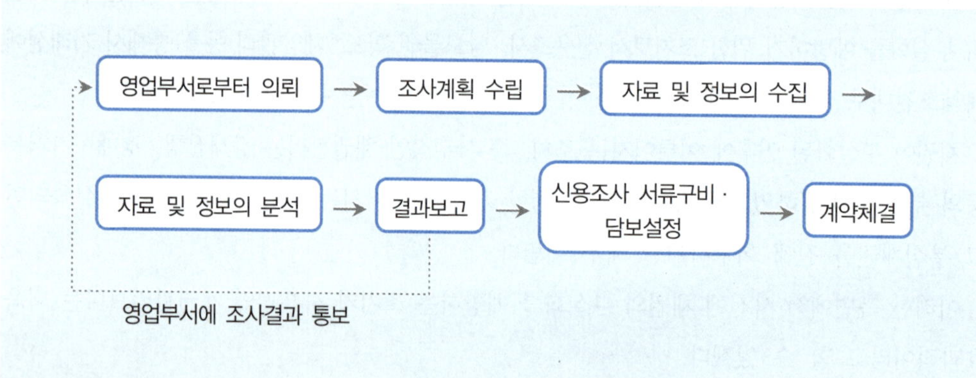

신용조사절차는 이렇게…

❶ 거래계약 체결 여부의 의뢰

거래의 처음 개시단계로서 영업부서에서는 거래할 상대방에 대한 상호 · 업종 및 거래규모 등을 수집한 자료를 관리부서에 제출한다.

❷ 조사계획 수립

관리부서에서는 조사목적을 확인하고 조사의 방향을 설정하며, 조사목적에 의거하여 조사사항을 선정한다.

❸ 자료 및 정보의 수집

재무내용, 사업개요, 영업활동, 경영활동, 시장에서 차지하는 위치, 담보 등에 관련된 정보를 수집한다.

❹ 자료 및 정보의 분석

실제 방문조사, 측면조사, 재무분석, 제품, 원재료 가격 등 대상기업이 시장에서 차지하는 위치 등을 파악한다.

❺ 신용조사 결과를 보고

조사대상 기업의 특색, 문제점, 인적담보 및 물적담보를 평가하고, 신용한도를 결정한 후 담당자가 기안하여 보고서를 작성한다.

❻ 신용조사 서류구비 · 담보설정

거래를 하기로 판단하였다면 거래를 희망하는 상대방으로부터 필요한 서류와 담보설정을 실행한다.

❼ 계약의 체결

계약조건을 확인한 후에는 법무 · 채권관리팀의 협조를 받아서 계약을 체결한다.

신용조사의 방법은?

직접조사방법

신용조사를 담당하는 담당자는 거래선 및 영업부서에서 제출하는 자료에 의존하기보다는 담당자가 직접조사를 하는 방법을 병행하여야 하므로 거래상대방은 상당한 심리적 부담을 느끼게 될 것이며, 제출하는 자료도 비교적 신뢰성이 있는 자료가 될 것이다.

- 현지를 방문하여 조사하는 방법
- 상대방(경영진)을 직접 면담하여 조사하는 방법
- 상대방이 제공한 자료를 조사하는 방법
- 관공서 등에 비치된 공적장부(등기부등본 등) 열람 및 증명발급을 통하여 조사하는 방법

간접조사방법

직접조사를 통해서는 파악할 수 없는 정보를 파악하기 위한 측면조사로서 다음의 방법들을 이용해 중점적으로 조사한다.

- 경영분석을 통한 조사
- 관계처에 대한 조사
- 업계에 대한 평판을 조사
- 기관 발행의 자료를 조사(예 한국기업총람, 회사연감 등)

분석자가 갖추어야 할 능력

거래상대방의 신용조사를 위한 자료가 확보되었으면 확보된 자료를 가지고 분석을 하여야 하는데, 분석자는 수집된 자료를 평가목적에 맞게 분석할 수 있는 전문적인 지식 및 자질을 갖추고 있어야 한다.

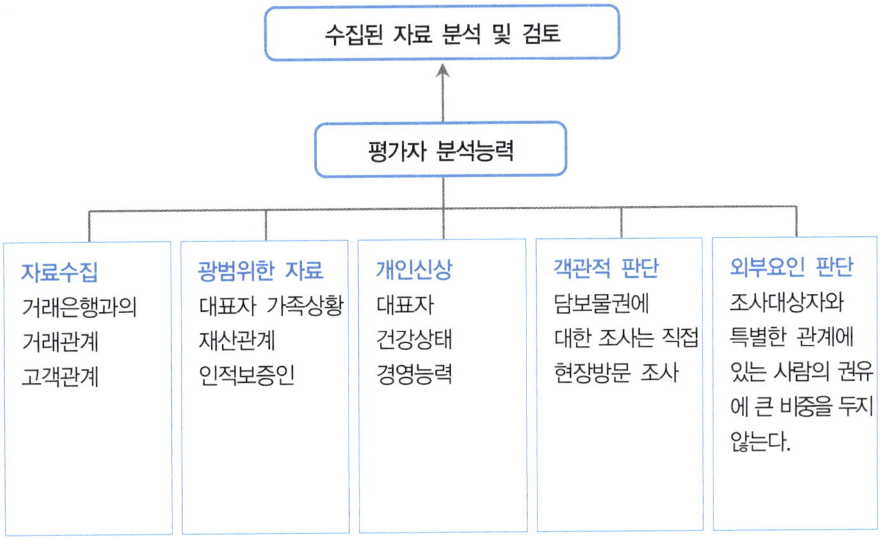

법인 및 개인의 조사자료에 대한 수집내용은 다음과 같다.

법 인	개 인
1. 법인등기사항전부증명서	1. 대표자 주민등록등본
2. 사업자등록증 사본	2. 사업자등록증 사본
3. 법인인감증명	3. 부동산 등기사항전부증명서(대표자 개인 · 사업장)
4. 공표된 재무제표 · 감사보고서	4. 은행거래확인서
5. 법인세 · 부가가치세 신고서	5. 제품설명서 · 부가가치세 신고서
6. 기업설명서	6. 기업설명서

❶ 재산 파악

- 동산과 부동산으로 구분하여 소유권이 누구에게 있는지를 조사한다.
- 부동산은 소재지의 위치 및 시세를 파악하여야 하며, 이를 위해 공시지가확인원 및 주변의 시세를 확인한다.
- 부동산권리상에 하자가 있는지 조사한다(압류 · 가압류 · 가처분 등).
- 담보가 과다하게 설정되어 있는지 조사한다(선순위 근저당권 조사).
- 동산에 대해서는 채무자 및 담보제공자의 소재지를 방문하여 법원의 유체동산경매시 회수할 수 있는 금액을 판단한다.

❷ 재무적인 내용 파악

- 재무제표 등을 조사한다.
- 채권관리 및 영업담당자는 재무제표를 이해할 수 있는 회계에 대한 기본적인 지식을 습득하여야 한다.
- 손익계산서상에 나타난 당기순이익 및 비용의 발생 등을 직전 연도와 비교하고 재무상태표상에 나타난 자본의 증감 · 자산의 변동사항 등을 중점적으로 조사한다.

❸ 인적자원 평가

- 대표이사의 사업에 대한 전문성 및 주주출자관계 및 이사진에 대한 평가를 한다.
- 종업원들의 기술력 및 전문성에 대하여도 조사한다.

❹ 기업규모 및 시장 파악

- 업종에 따른 시장성 및 성장성, 종업원수, 기업의 특허 보유유무, 경쟁관계
- 다른 기업의 시장참여 여부 및 기술력의 수준 등

❺ 기업체 조사

- 경영자의 사업능력 및 자금동원 능력
- 자본, 재정상태, 재무구조
- 경영관리 능력
- 담보제공시 권리분석 및 여신한도 조사

주요 사항 Check

구 분	주요 사항	Check
기업 개요와 연혁	① 대표자 ② 임원 ③ 자본금 ④ 종업원 ⑤ 거래은행 ⑥ 설비 ⑦ 주요 거래처	
기업의 규모와 형태	① 기업규모는 대 · 중 · 소 · 영세의 어느 항목에 해당하는지의 여부 ② 납입자본금, 종업원수, 자기자본, 총자산, 매출액, 시설규모, 가동률 등	
취급품목 또는 생산품목	① 시장에서 차지하는 점유율은 어느 정도인가? ② 수요시장의 성장가능성은 어떠한가? ③ 성장성을 기대할 수 있는 제품인가?	
경영진과 종업원	① 경영실권자는 누구이며 어떠한 관계인가? ② 기업 내의 분위기는 어떠한가? ③ 종업원의 급여수준 및 만족도는 어떠한가? ④ 경영진의 근속연수는 얼마이며 종업원의 이직이 잦은가?	

수집된 자료의 검토

자 료	내 용	검 토 사 항
법인등기사항전부증명서	① 상호, 사업목적, 자본의 총액, 지점의 설치, 대표이사, 이사의 성명 및 주민등록번호 ② 기업회생, 파산 등	① 사업자등록증상의 대표와 계약서상의 대표자와의 일치 여부 ② 대표이사의 대표권 제한 및 공동대표 여부
사업자등록증 사본	① 대표자, 법인 · 개인사업자 여부 ② 사업소의 주소지 ③ 휴 · 폐업 여부	① 사업의 종목 · 업태 확인 ② 계약서상의 대표자와 실제 경영자와의 일치 여부 ③ 사업개시연도 확인
주민등록등 · 초본	① 대표자 주소지 및 가족관계 ② 재산조사에 활용 ③ 계약서상의 주소와 일치 여부 확인	① 미성년자 여부 확인 ② 초본을 통한 주소지 변동사항 확인 (재산조사시 변동주소지 재산조사 실시)
법인인감증명서	① 법원 등록 여부 ② 계약서 등에 날인한 인감과 확인	① 3개월 이내 발급 여부 확인 ② 사용인감계 인도
부동산 등기사항 전부증명서	① 권리에 대한 제한 여부 ② 목적물 표시 등 확인	① 가압류 · 가처분 · 가등기 등의 여부 확인 ② 선순위 담보물권 등 파악
기업설명서	기업 스스로의 평가 여부 파악	① 시장점유율 및 기술력, 영업력 등 파악 ② 기업의 성실성 등을 파악
공시된 재무제표	① 신문에 공고된 재무제표 ② 결산보고서상의 재무제표, 감사보고서	① 감사의견의 내용 확인 ② 매출, 이익규모 등 파악

신용상태 이상 대상자

<table>
<tr><th></th><th>인적조사</th><th>영업적 조사</th><th>재산적 조사</th></tr>
<tr><td>개인사업자</td><td>■ 카드연체자
■ 주민등록말소자
■ 단독세대 구성자(사유파악 필요)
■ 주민등록지와 실제 거주지가 다른 자
■ 주소이동이 빈번한 자
■ 타채권자들로부터 소송을 당하고 있는 자
■ 가재도구에 유체동산 가압류가 설정된 자
■ 주민등록등 · 초본을 제출하지 못하는 자</td><td rowspan="2">■ 사업자와 실경영주가 상이한 업체
■ 국세 및 지방세 체납업체
■ 동종업계에서 거래를 기피하는 업체
■ 휴업상태였던 업체
■ 일정기간이 지났음에도 사업실적이 부진한 업체
■ 재고상품이 많은 업체
■ 특별한 이유없이 주거래은행이 변경되는 업체
■ 주요 판매거래처가 도산한 업체
■ 주문량이 갑자기 늘어난 업체
■ 어음 · 수표의 만기연상이 잦아진 업체</td><td rowspan="2">■ 주요 재산에 법적 조치가 들어온 업체(경매신청, 가압류, 가처분신청 등)
■ 특별한 이유없이 담보 및 연대보증인을 변경하려는 업체
■ 주요 재산이 매각 등 처분된 업체
■ 대외부채가 자산보다 많은 비상장법인 및 개인사업자</td></tr>
<tr><td>법인사업자</td><td>■ 대주주가 지분을 처분한 업체
■ 대표이사 및 이사의 변경이 잦은 업체
■ 본점소재지가 자주 변경되는 업체
■ 이사구성원 중 대출 연체자가 다수인 업체
■ 종업원의 이직이 잦은 업체</td></tr>
</table>

SECTION 03

재무제표는 반드시 알아야 한다

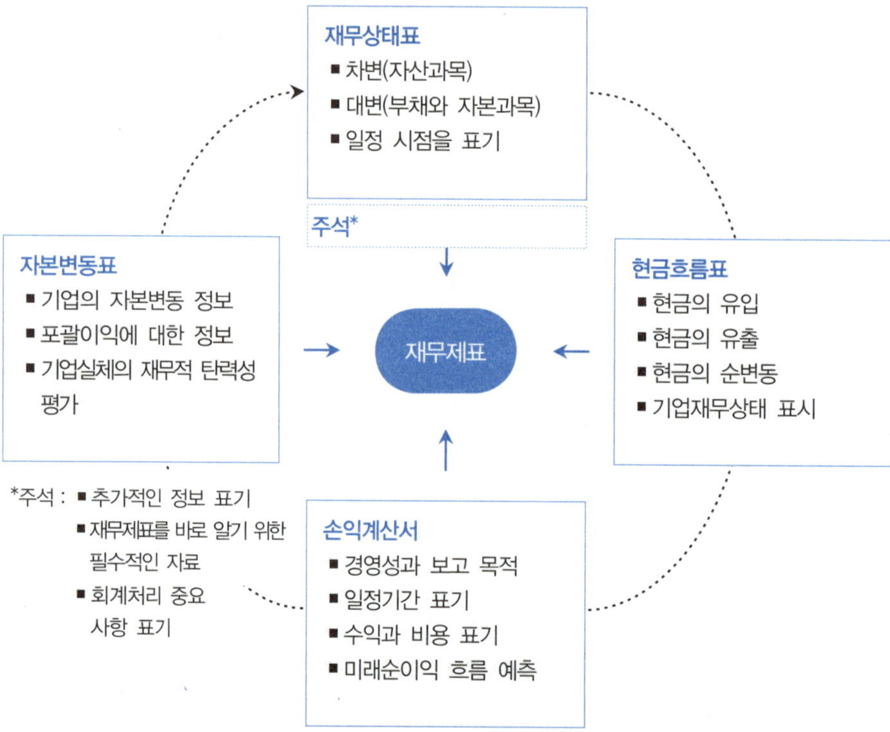

재무제표(Financial Statements : F/S)란 회계기간 동안에 발생한 회계정보를 정보이용자가 경제적 의사결정을 하는 데 유용한 정보를 제공하기 위해서 기업의 경제적 사건이나 거래를 기간별로 측정, 기록, 분류, 요약하여 이를 전달하는 수단으로 이용되는 보고서를 말한다.

기업회계기준상 재무제표의 종류에는 5가지가 있는데, 재무상태표, 손익계산서, 현금흐름표, 자본변동표, 주석 등이 있다.

재무상태표

재무상태표는 주주, 채권자, 기타 이해관계자에게 기업의 재무상태를 명확히 보고하기 위해 일정시점에 있어서 기업의 자산, 부채, 자본을 일정한 기준에 따라 구분, 분류, 배열하여 기재한 결산서이다. 재무상태표의 차변은 자산으로 자금의 운용형태를 나타내며, 대변은 부채와 자본으로 자금조달의 원천을 나타냄으로써 기업이 어떤 방법으로 자금을 조달하여 어떤 형태로 운용하였는지의 재무상태와 그 결과로서의 경영성과를 알 수 있다.

재무상태표의 특징을 살펴보면 다음과 같다.

① 기업의 유동성 상태나 지급능력에 대한 정보를 제공하여 준다.

② 기업의 자본구조의 건실성을 알 수 있다.

③ 미래의 기업활동의 자료를 제공하여 준다.

④ 자산 · 부채 및 자본으로 구분하고, 자산은 유동자산 및 비유동자산으로, 부채는 유동부채 및 비유동부채로, 자본은 자본금 · 자본잉여금 · 자본조정 · 기타 포괄손익누계액 · 이익잉여금으로 각각 구분한다.

재무상태표

차변		대변	(단위 : 백만원)
자　산		부　채	4,173
Ⅰ. 유동자산	3,850	Ⅰ. 유동부채	2,800
(1) 당좌자산	2,500	Ⅱ. 비유동부채	1,373
(2) 재고자산	1,350		
		자　본	3,127
Ⅱ. 비유동자산	3,450	Ⅰ. 자 본 금	500
(1) 투자자산	1,050	Ⅱ. 자본잉여금	320
(2) 유형자산	2,300	Ⅲ. 자본조정	(△30)
(3) 무형자산	40	Ⅲ. 기타포괄손익누계액	37
(4) 기타비유동자산	60	Ⅳ. 이익잉여금	2,300
자산총계	7,300	부채와 자본총계	7,300

손익계산서(I/S, income statement)

손익계산서란 기업의 경영성과를 명확하게 보고하기 위하여 일정기간 동안에 일어난 거래나 사건을 통해 발생한 수익과 비용을 나타내는 보고서이다.

손익계산서의 특징을 살펴보면 다음과 같다.

① 기업의 이익창출능력에 관한 정보 및 미래순이익 흐름을 예측하는 데에 유용한 정보를 제공한다.

② 기업 내부적으로 경영계획이나 배당정책을 수립하는 데에 중요한 자료가 된다.

③ 정부의 조세 및 경제정책의 기초자료를 제공한다.

④ 모든 수익과 비용은 그것이 발생한 기간에 정당하게 배분되도록 하여야 한다.

⑤ 매출액, 매출원가, 매출총이익, 영업이익, 영업외수익, 영업외비용, 법인세차감전순이익과 법인세비용, 당기순이익으로 구분표시한다.

손익계산서

(단위 : 백만원)

Ⅰ. 매 출 액	8,600
Ⅱ. 매출원가	6,200
Ⅲ. 매출총이익	2,400
Ⅳ. 판매비와관리비	1,520
Ⅴ. 영업이익	880
Ⅵ. 영업외수익	190
Ⅶ. 영업외비용	530
Ⅷ. 법인세차감전순이익	540
Ⅸ. 법인세비용	157
Ⅹ. 당기순이익	383
Ⅺ. 주당손익	

Part 02

현금흐름표(cash flow statement)

일정기간 동안 기업의 재무상태가 어떻게 변화했는가를 보여주는 보고서로서 영업활동, 투자활동 및 재무활동으로 인한 현금의 유입, 유출과 현금의 순변동을 나타내는 재무보고서이다. 현금흐름표는 영업활동을 통한 현금창출에 관한 정보를 표기하며, 투자활동에 관한 정보 · 자본조달을 위한 재무활동에 관한 정보를 제공한다.

❶ 현금흐름표의 목적

현금흐름표는 기업의 현금흐름을 나타내는 표로서 현금의 변동내용을 명확하게 보고하기 위하여 당해 회계기간에 속하는 현금의 유입과 유출내용을 적정하게 표시하여야 한다.

❷ 현금흐름표의 기본구조

현금흐름표는 영업활동으로 인한 현금흐름, 투자활동으로 인한 현금흐름, 재무활동으로 인한 현금흐름으로 구분하여 표시하고, 이에 기초의 현금을 가산하여 기말의 현금을 산출하는 형식으로 표시한다.

자본변동표(statements of changes in financial position)

자본변동표는 자본의 크기와 그 변동에 관한 정보를 제공하는 재무보고서로서 자본을 구성하고 있는 자본금, 자본잉여금, 자본조정, 기타포괄손익누계액, 이익잉여금(또는 결손금)의 변동에 대한 포괄적인 정보를 제공한다.

자본변동표에는 자본금, 자본잉여금, 자본조정, 기타포괄손익누계액, 이익잉여금(또는 결손금)의 각 항목별로 기초잔액, 변동사항, 기말잔액을 표시한다.

자본금의 변동은 유상증자(감자), 무상증자(감자)와 주식배당 등에 의하여 발생하며, 자본금은 보통주자본금과 우선주자본금으로 구분하여 표시한다.

자본잉여금의 변동은 유상증자(감자), 무상증자(감자), 결손금처리 등에 의하여 발생하며, 주식발행초과금과 기타자본잉여금으로 구분하여 표시한다.

주석(footnotes)

주석은 재무제표로서 재무제표의 전반적인 이해를 위하여 필요한 양적정보와 질적정보를 제공하며, 다음의 사항을 포함한다.

- 재무제표 작성기준 및 유의적인 거래와 회계사건의 회계처리에 적용한 회계정책
- 일반기업회계기준에서 주석공시를 요구하는 사항
- 재무상태표, 손익계산서, 현금흐름표 및 자본변동표의 본문에 표시되지 않는 사항으로서 재무제표를 이해하는 데 필요한 추가정보

또한 주석은 재무상태표, 손익계산서, 현금흐름표 및 자본변동표에 인식되어 본문에 표시되는 항목에 관한 설명이나 금액의 세부내역뿐만 아니라 우발상황 또는 약정사항과 같이 재무제표에 인식되지 않는 항목에 대한 추가정보를 포함하여야 한다.

SECTION 04

재무비율 분석은 신용조사의 기본

거래상대방의 재무제표를 알면 신용조사를 하는데 아주 유용한 정보를 파악할 수 있다. 물론 100% 신뢰하기란 어렵겠지만 기본적인 판단은 할 수가 있다. 재무상태표 · 손익계산서를 통해서 안전성 · 수익성 · 활동성 · 성장성 · 생산성비율을 조사할 수 있다.

재무비율 분석은 회계적인 지식이 있어야만 가능하므로 재무제표를 작성할 능력은 없더라도 재무제표를 이해할 수 있는 능력은 키워야 한다.

손익계산서가 영업외수익에서 이익이 났지만 영업손실이라면 문제가 있다고 보아야 한다.

경영분석의 필요성 대두

물품을 외상으로 공급하여 주는 공급자(채권자)들은 거래선이 외상대금을 적기에 변제할 것인가가 가장 큰 고민일 수밖에 없다. 1997년 IMF 위기사태를 겪으면서 우리나라 기업은 연쇄부도라는 사태에 직면하게 되었다. 이로 인하여 기업 외적인 환경, 즉 정치 · 경제 · 사회적인 변화에 대한 흐름을 미리 예측하여 채권에 대한 회수가능성을 사전에 파악하는 것이 중요한 문제로 부각되었다.

* 금융감독원 전자공지시스템(http://dart.fss.or.kr) : 재무제표와 공시내역을 알 수 있는 유용한 정보시스템이다.

재무비율 분석은 거래선에 대한 영업성적을 바탕으로 판단한다.

재무상태표

차변		대변	(단위 : 백만원)
자 산		부 채	4,173
Ⅰ. 유동자산	3,850	Ⅰ. 유동부채	2,800
(1) 당좌자산	2,500	Ⅱ. 비유동부채	1,373
(매출채권)	(1,750)		
(2) 재고자산	1,350	자 본	3,127
		Ⅰ. 자 본 금	500
Ⅱ. 비유동자산	3,450	Ⅱ. 자본잉여금	320
(1) 투자자산	1,050	Ⅲ. 자본조정	(△30)
(2) 유형자산	2,300	Ⅲ. 기타포괄손익누계액	37
(3) 무형자산	40	Ⅳ. 이익잉여금	2,300
(4) 기타비유동자산	60		
자산총계	7,300	부채와 자본총계	7,300

손익계산서

*전기매출액 7,800 (단위 : 백만원)

Ⅰ. 매 출 액	8,600
Ⅱ. 매출원가	6,200
Ⅲ. 매출총이익	2,400
Ⅳ. 판매비와관리비	1,520
Ⅴ. 영업이익	880
Ⅵ. 영업외수익	190
Ⅶ. 영업외비용	530
Ⅷ. 법인세차감전순이익	540
Ⅸ. 법인세비용	157
Ⅹ. 당기순이익	383
Ⅺ. 주당손익	

재무비율 분석의 비율분석

안전성비율(Ratios of Stability)

장 · 단기 채무의 상환능력(지급능력)을 판정하기 위한 분석을 말한다. 채무를 상환하기 위하여는 상환에 충당할 수 있는 자산, 즉 현금 또는 쉽게 현금화할 수 있는 자산을 항상 보유하고 있어야 한다.

❶ 자기자본비율

자본구성의 적정성을 측정하는 지표이며 표준비율은 50%이다. 자기자본은 자본금과 내부유보 잉여금으로서 금융비용 부담이 없고, 또한 장기적 운용자본이므로 비율이 높을수록 안전성이 좋다.

$$\text{자기자본비율(42\%)} = \frac{\text{자기자본(3,127)}}{\text{총자본(총자산)(7,300)}} \times 100$$

❷ 부채비율

자본구성의 균형을 측정하는 지표로서 타인자본 및 자기자본의 규모에 의해 채권자의 위험부담 정도와 고정적인 금융비용 발생에 의한 손익확대효과(leverage effect)의 가능성을 나타내는 비율이다. 비율이 낮을수록 양호하며 100% 이하이면 적정이다.

$$\text{부채비율(133\%)} = \frac{\text{부채(4,173)}}{\text{자기자본(3,127)}} \times 100$$

수익성비율

기업의 이익창출능력을 측정하는 동태적 비율분석이며 경영성과(손익액)를 수익창출의 바탕이 되는 요소(투하자원, 매출액 등)로 나누어 비율을 산출하고 분석한다. 기업의 경영활동은 자본을 투입하여 매출을 하고 매출을 통하여 이익을 실현하는 것이므로 수익성분석은 자본과 매출과의 관계, 매출과 이익과의 관계, 자본과 이익과의 관계를 분석한다.

❶ 자기자본순이익률

기업에 의하여 달성된 총체적인 경영성과를 투하된 자기자본에 대비한 비율로서 자기자본 투자효율성을 측정하는 지표이며 ROE(return on equity)라고도 한다.

$$\text{자기자본순이익률(12\%)} = \frac{\text{당기순이익(383)}}{\text{자기자본(3,127)}} \times 100$$

❷ 자본금순이익률

납입자본금에 대한 순이익의 비율이며 자본금의 효율성을 측정하는 지표이다. 이익의 배당과 사내유보를 결정하는 데 사용한다.

$$\text{자본금순이익률(76\%)} = \frac{\text{당기순이익(383)}}{\text{자본금(500)}} \times 100$$

❸ 매출액총이익률

매출액에서 매출원가를 차감하여 구한 매출총이익과 매출액을 대비하는 비율이다. 매출액이 기본적인 활동능력을 반영한 것이나 매출원가가 높을 경우에 매출의 증가가 반드시 이익의 증가를 수반하는 것은 아닌바, 이 비율은 기업의 구매능력, 생산효율 등 기본적인 활동의 능력을 측정하는 지표이다.

$$\text{매출액총이익률(28\%)} = \frac{\text{매출총이익(2,400)}}{\text{매출액(8,600)}} \times 100$$

활동성비율(Activity Ratios)

재무구성에 있어 균형이 잡혀 있고 유동성이 풍부하다고 해서 경영이 반드시 안전한 것은 아니다. 즉 모든 자본(자산)이 충분히 활용되고 있어야 수익을 올릴 수 있고, 수익성이 좋아야 안전성도 유지되는 것이다.

$$\text{회전기간} \times \text{회전율} = \text{365일}$$

❶ 자기자본회전율

자기자본의 회전속도, 즉 자기자본이 일정기간 중 몇 번이나 회전하는가를 나타내는 비율이며 자기자본의 이용효율성을 측정하는 지표이다.

$$\text{자기자본회전율(2.75회)} = \frac{\text{매출액(8,600)}}{\text{자기자본(3,127)}} \times 100$$

❷ 재고자산회전율

제품 등의 재고자산이 일정기간에 몇 번이나 현금, 매출채권 등 당좌자산으로 전환하였는가 하는 재고자산의 회전속도를 나타내는 지표이다. 재고자산회전율이 낮아지게 되면 그만큼 재고보유기간이 길어진다는 것을 의미하고 따라서 보관유지비, 이자, 보험료, 재고품 감모 등의 부담이 증가하여 결국 유동성과 수익성이 낮아지게 된다.

$$\text{재고자산회전율(6.4회)} = \frac{\text{매출액(8,600)}}{\text{재고자산(1,350)}} \times 100$$

Part 02

❸ 매출채권회전율

정상적인 영업활동의 순환과정에서 매출채권이 현금화되는 속도를 나타내는 지표이며 소요운전자금의 계획이나 신용정책의 결정 등에 사용된다. 이 비율이 높을수록 유동성이 양호한 것으로 판단되고 매출채권의 관리가 효율적인 것으로 볼 수 있다.

$$\text{매출채권회전율(4.9회)} = \frac{\text{매출액(8,600)}}{\text{매출채권(1,750)}} \times 100$$

성장성비율(Growth Rates)

기업이 경쟁에서 살아남기 위하여는 계속 성장 · 발전하지 않으면 안된다. 기업의 성장성은 일정기간 동안에 경영규모와 경영성과가 얼마나 증대되었는가를 말하는 것으로서 일반적으로 재무제표 각 항목의 증가율로 측정한다.

● 매출액증가율

전기 매출액에 대한 당기 매출액의 증가 정도를 나타내는 비율로서 기업의 외형적 신장세를 측정하는 대표적인 지표이다. 이 비율은 명목증가율로서 제품의 가격상승과 판매수량 증가에 의해 분석될 수 있다.

$$\text{매출액증가율(10.2\%)} = \left\{ \frac{\text{당기매출액(8,600)}}{\text{전기매출액(7,800)}} - 1 \right\} \times 100$$

생산성비율(Ratios of Productivity)

생산성이란 생산에 투입된 생산요소가 얼마나 효율적으로 이용되었는가의 척도로 생산요소의 투입에 대한 생산의 비율로 측정한다. 생산요소는 노동과 자본으로 대별되며 생산은 유형, 무형의 재화와 용역을 포괄한다. 경제학에서의 생산이란 생산요소를 결합하여 새로운 가치를 창출하는 것이라 정의하고, 생산요소는 노동과 자본을 말하며, 창출된 새로운 가치는 부가가치로 본다. 따라서 일반적으로 생산성이라 하면 노동과 자본의 부가가치가 생산성을 의미하게 된다.

❶ 종업원 1인당 매출액

노동력 1단위당 매출액을 나타내는 비율로 높을수록 경영의 효율성과 자동화가 진척되었다고 판단할 수 있다.

$$\text{종업원 1인당 매출액} = \frac{\text{매출액}}{\text{종업원수}}$$

❷ 종업원 1인당 매출액증가율

노동력 1단위당 매출액의 전년대비 증가 정도를 나타내는 비율이다.

$$\text{종업원 1인당 매출액증가율} = \left\{\frac{\text{당기 종업원 1인당 매출액}}{\text{전기 종업원 1인당 매출액}} - 1\right\} \times 100$$

SECTION 05 재무제표에서 발견할 수 있는 부실징후

Part 02

손익계산서상에서 나타나는 부실징후

매출액이 지속적으로 감소된다

매출액은 증가되는 것이 일반적인 기업의 추세이나 매출액에 대한 추세가 3개년 연속 감소되고 있다면 기업부실의 처음단계라고 볼 수 있셌나. 매출액 감소에 대해서는 여러 원인이 있을 수 있지만 제품의 진부화, 가격의 경쟁력 상실, 경쟁상품과의 경쟁력 열세 등이 매출의 감소로 이어진다.

기업의 매출이 감소하게 되면 유동성부족과 수익성악화로 미래를 위한 재투자의 부족과 차입금의 증가로 이어지고 금융비용의 급속한 증가로 부실기업이 될 가능성이 높다.

당기순손실이 2년 연속 발생한다

매출액의 지속적인 감소와 당기순손실의 2년 연속 발생은 기업부실의 징후라고 볼 수 있다.

기업에서 2년 연속 당기순손실이 발생한다는 것은 그 기업에 구조적인 문제가 발생되었다고 판단할 수 있는 지표이다. 손익계산서에서 3개년의 각 계정항목을 비교해 보면 증가되는 비용을 볼 수 있을 것이다. 영업이익이 발생하는데도 불구하고 영업외 비용 등의 발생으로 인하여 당기순손실이 발생되는 경우 기업부실의 주요 원인이 된다.

높은 수준의 금융비용을 부담한다

자기자본이 부족하게 되면 금융기관 등에서 차입을 할 수밖에 없는데, 차입금에 대한 금융비용의 과다 지출로 인하여 이익으로는 버틸 수 없게 되면서 더 높은 금융비용을 지불하고 기업을 운영할 수밖에 없는 상태로 이어진다.

차입금 수준이 과다한 기업은 기업부실의 주요 원인이 된다.

재무상태표상에서 나타나는 부실징후

부채비율이 증가한다

재무상태표에서 부채를 살펴보면 부채가 증가되는 것을 볼 수 있는데 부채가 늘어난다는 것은 영업이익으로 지급이자를 내고나면 그만큼 수익이 적어진다는 것을 의미한다. 부채비율이 200% 이상을 초과한다면 어떤 특정한 이유가 없는 상태에서는 부실기업으로 전환될 가능성이 충분히 있다.

재고자산이 증가한다

기업을 운영하면서 재고자산을 가지고 있지 않고 필요할 때 즉시 공급할 수 있다면 보관비용 등의 절감으로 수익성이 높아질 것인데, 혹 적기에 공급을 하지 못한다면 매출의 기회를 잃게 되니 기업에서는 적정한 재고를 보유하고 있어야 한다.

그런데 재고자산의 증가는 자금의 흐름을 정체시키면서 현금흐름을 악화시키며, 기업부실의 원인이 된다.

매출채권이 증가한다

매출이 전년도와 비교해 증가하면 이에 따라서 매출채권이 증가하겠지만, 매출은 증가하지 않았는데 매출채권이 계속 늘어나는 경우도 기업부실의 원인이 되며, 이를 흔히 흑자도산이라고 한다. 또한 매출채권의 연체일수가 6개월이 넘는 장기연체로 간다는 것은 그 매출채권은 회수하지 못하는 악성채권일 가능성이 높다.

매출채권이 회수되지 않으면 부족한 시설투자자금, 운영자금을 마련하기 위해 차입에 의존하게 되고, 이 또한 기업부실의 원인이 된다.

SECTION 06 한계기업은 기업구조조정으로 이어진다

한계기업

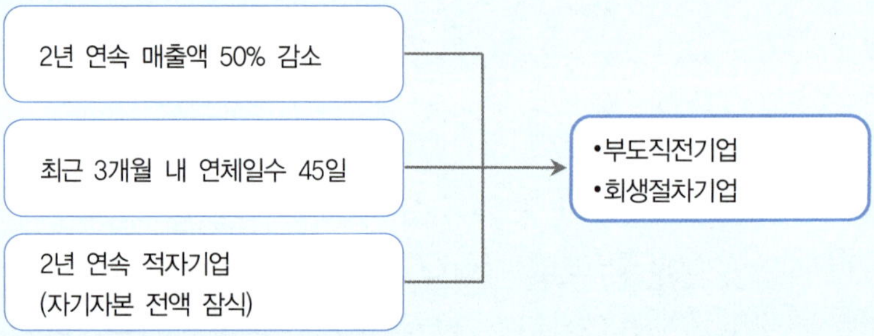

구조조정의 개념

기업의 당면한 경영난을 극복하기 위해 또는 수익성 있는 경영체제로 탈바꿈하기 위해 비효율적인 내부조직을 정비하고 사업전략을 새로 짜는 등의 새로운 경영시스템을 갖추는 것이다.

- 거시적 관점의 구조조정
- 미시적 관점의 구조조정

구조조정

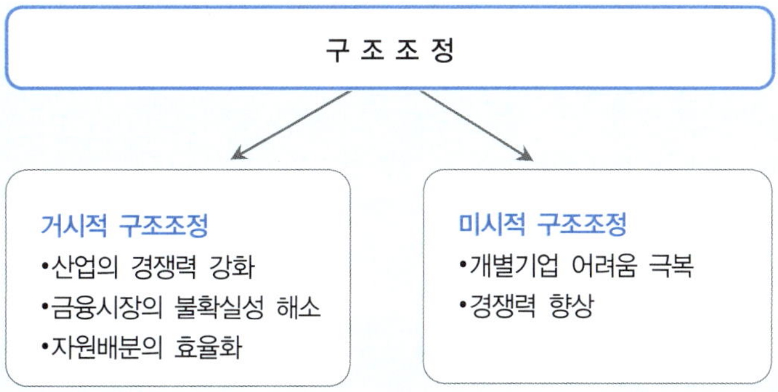

기업 구조조정의 진행

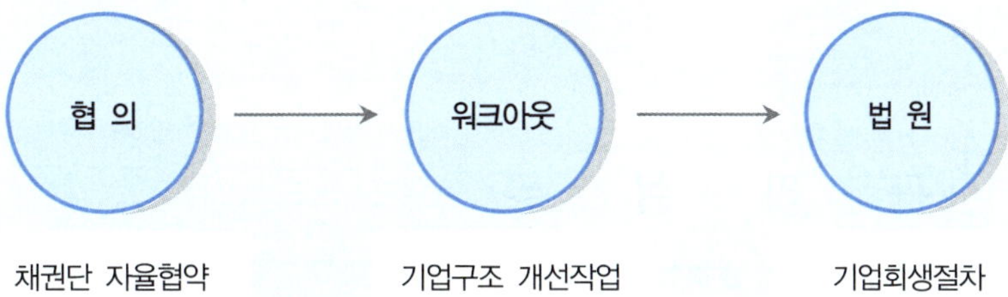

기업의 자율구조조정

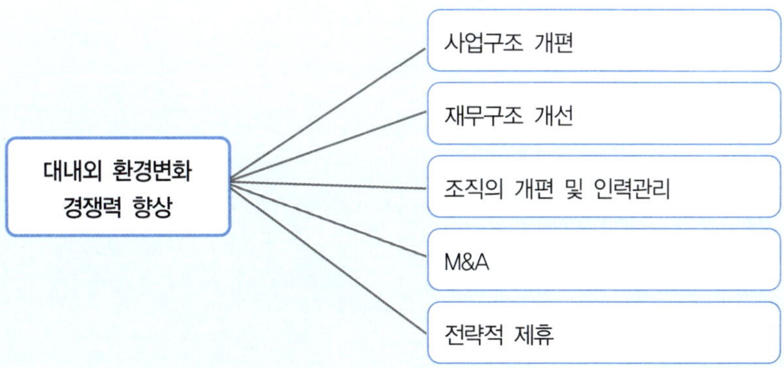

채권관리실무

자산은 유지하고 기업가치는 올리는 채권관리

PART

03

말로 하지, 계약서는 왜 쓸까?

01 계약서, 100명의 증인보다 한 장의 문서!

02 계약서 확인, 무엇이 중요한가!

03 왜, 국가는 당사자 계약을 간섭할까!

04 우리 계약, 없었던 걸로 해주세요!

핵심 Key-Words

계약서 | 약관규제 | 계약해제, 해지

SECTION 01 계약서, 100명의 증인보다 한 장의 문서!

계약이란 반드시 계약서를 문서로서 작성하여야만 체결되어지는 것은 아니며 당사자간에 구두로 체결한 계약도 법적으로 유효하다. 단지 계약서는 분쟁을 미연에 방지하고 당사자간에 계약에 대한 이행을 강조하기 위한 목적으로 작성하게 된다.

민사재판에서 돈을 빌려주고 받지 못해서 진행하는 대여금청구소송에서 피고는 돈을 빌려가지 않았다고 주장하고, 원고는 돈을 빌려주었다고 주장하면 대립하는 주장에 대한 입증책임은 원고가 지는데, 이때 입증을 하지 못해서 패소하는 경우가 허다하다.

100명의 증인보다 한 장의 문서가 더욱 큰 증거력을 갖는다는 사실을 기억하자.

계약은 양 당사자를 구속한다

일방 당사자가 상대방에게 일정한 조건을 제시(Offer)하고 상대방이 이를 받아들임(Accept)으로써 성립하고 양 당사자를 구속하는 법률효과가 발생하므로 당사자 중 일방이 계약의 내용을 부인할 경우에는 다툼이 생기게 되고 소송으로 진행될 수밖에 없으므로 계약서의 작성은 필수적이다.

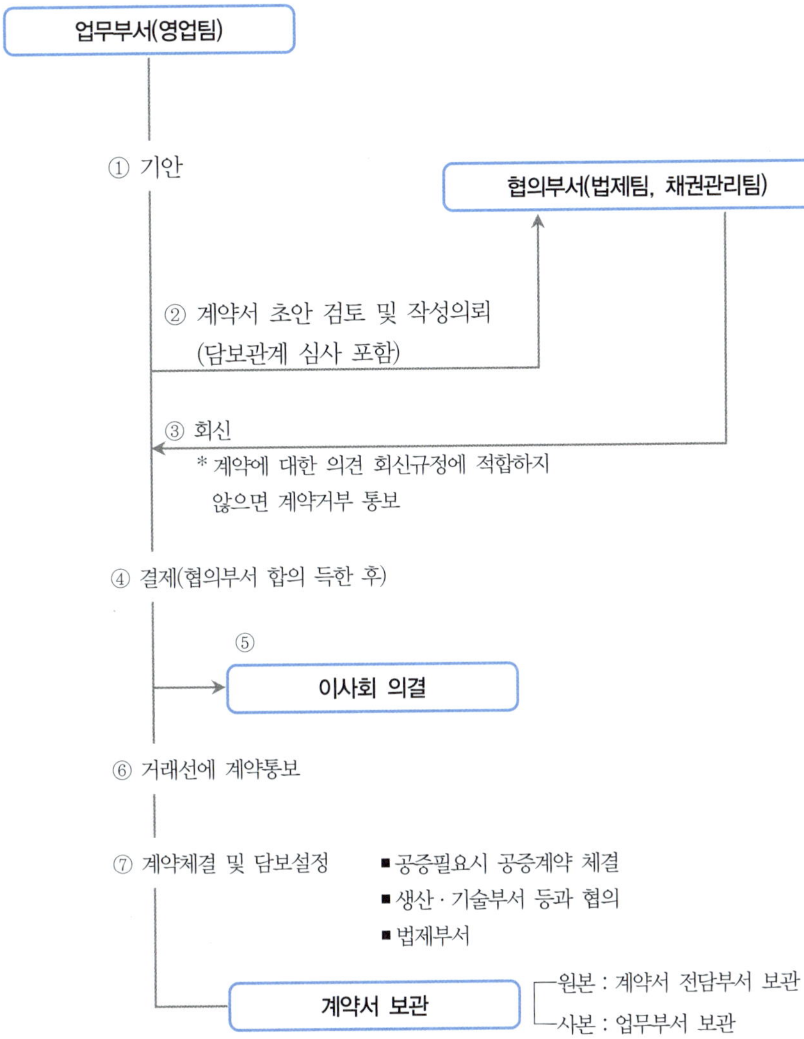
업무부서(영업팀)
① 기안
협의부서(법제팀, 채권관리팀)
② 계약서 초안 검토 및 작성의뢰
(담보관계 심사 포함)
③ 회신
* 계약에 대한 의견 회신규정에 적합하지
않으면 계약거부 통보
④ 결제(협의부서 합의 득한 후)
⑤
이사회 의결
⑥ 거래선에 계약통보
⑦ 계약체결 및 담보설정
■ 공증필요시 공증계약 체결
■ 생산 · 기술부서 등과 협의
■ 법제부서
계약서 보관
원본 : 계약서 전담부서 보관
사본 : 업무부서 보관

계약의 종류에 대해서 살펴보면 다음과 같다.

계약의 종류	주요 내용
쌍무계약	계약의 일방 당사자만 계약을 이행하여야 하는 편무계약과 달리 계약의 각 당사자가 서로 대가적 의미를 가지고서 서로 이행하여야 하는 계약을 말한다(매매, 교환, 임대차, 고용, 도급 등).
편무계약	쌍무계약에 반대되는 계약으로서 당사자의 일방만이 채무를 부담하거나 또는 채무자가 서로 대가적 의미를 가지지 않을 때 하는 계약을 말한다(증여, 사용대차, 위임 등).
유상계약	무상계약에 반대되는 계약으로서 각 당사자가 서로 대가적 의미를 가지는 재산상의 출연을 하는 계약이며, 거래관계에서는 대부분이 유상계약이다.
무상계약	당사자의 일방만이 출연을 하거나 또는 당사자 쌍방이 출연을 하더라도 그 출연 사이에 대가적 의미가 없는 계약을 말한다(증여, 사용대차).
낙성(諾成)계약, 요물(要物)계약	당사자의 합의만으로 성립하는 계약을 낙성계약이라 하고, 당사자의 합의 이외에 당사자 일방이 물건의 인도, 그밖의 일정한 급부를 하여야만 성립하는 계약을 요물계약이라 한다.
유인(有因)계약, 무인(無因)계약	계약에 의하여 성립하는 채무가 그것을 성립시킨 원인이 된 사실과 결합하여 그 사실이 없게 되면 채무도 성립하지 않는 관계에 있는 계약을 유인계약이라 하고, 특별히 법률의 규정에 의하여 원인이 된 사실이 취소되더라도 채무는 소멸하지 않고 존속되는 계약을 무인계약이라 한다.
예약(豫約), 본(本)계약	양 당사자가 장래에 일정한 계약을 체결할 것을 미리 약정하는 계약을 체결하는 것을 예약이라 하고, 이 예약을 지키기 위하여 계약조건대로 후에 체결되는 계약을 본계약이라 한다.

계약체결 원칙

계약의 자유에는 체결의 자유, 상대방 선택의 자유, 내용 결정의 자유, 방식의 자유 등 4가지가 있는데, 이는 우리 민법의 계약에 대한 기본을 이루는 원칙이라고 할 수 있으나, 현재는 이에 대하여 공익적인 견지에서 일정한 규제를 가함으로써 제3자를 보호하기 위한 조치를 가미하고 있다.

❶ 체결의 자유

당사자가 어떤 계약을 체결할 것인가, 누구와 체결할 것인가를 자유로이 결정할 수 있는 원칙을 말한다.

❷ 상대방 선택의 자유

당사자가 계약상대방을 누구로 선택할 것인가를 자유의사에 맡긴다는 원칙을 말한다.

❸ 내용 결정의 자유

당사자가 가격 및 납기 · 품질조건 · 규격 등 계약의 내용을 자유로이 정할 수 있는 원칙을 말한다.

❹ 방식의 자유

계약의 성립은 문서로만 계약서를 작성해야만 하는 등의 일정한 방식을 필요로 하지 않으며 구두로도 당사자가 자유로이 정할 수 있다는 원칙을 말한다.

동시이행의 항변권이란

부동산매매 계약시에 매도인이 부동산이전에 관한 서류(인감증명서, 등기권리증 등) 등을 매수인에게 건네주지 않을시 매수인은 그 잔금을 지급하지 아니하여도 이행지체 등이 되지 않는다.

민법 제536조【동시이행의 항변권】 쌍무계약의 당사자 일방은 상대방이 그 채무이행을 제공할 때까지 자기의 채무이행을 거절할 수 있다. 그러나 상대방의 채무가 변제기에 있지 아니하는 때에는 그러하지 아니하다.

계약자유의 원칙 제한

❶ 제한이유

당사자간의 계약에 전적으로 계약의 자유라는 원칙을 내세운 나머지 경제적 약자의 불공정한 계약이라든가, 계약의 목적과 내용이 사회질서나 강행법규에 위배하여 법질서 또는 도의적 관념에 반하는 행위까지도 보호가 된다면 이는 법을 제정한 취지에 어긋나는 결과일 것이며 사회적인 피해 또한 상당히 클 것이다.

이에 국가는 일정한 범위 내에서 간섭을 하면서 당사자간의 계약자유의 원칙에 대하여 수정을 가하고 있는 것이다.

❷ 주요 계약내용

계약자유의 원칙에 대한 제한을 가하는 주요 계약의 내용을 살펴보면 다음과 같다.

- 우편 · 통신 · 운송 · 수도 · 전기 · 가스 등의 재화를 공급하는 공익적 독점기업은 관계 법률에 의해 정당한 이유없이 급부의 제공을 거절하지 못한다.
- 불공정거래의 금지 및 약관의 규제 등을 통하여 계약내용을 제한한다(독점규제및공정거래에관한법률, 약관의규제에관한법률 등).
- 계약이 사회질서에 반하거나 당사자 일방에만 유리하여 심히 공정을 잃을 때 또는 강행법규에 위반한 때에는 무효이다(민법 제103조 · 제104조).
- 농지매매에 있어서는 소관청의 증명이 있어야 하고, 학교법인의 기본재산 등의 재산의 처분을 목적으로 하는 계약은 소관청의 허가가 있어야 한다.
- 계약을 원인으로 소유권이전등기를 신청할 때에는 일정한 사항이 기재된 계약서에 부동산의 소재지를 관할하는 시장 등의 검인을 받아 등기소에 제출하여야 한다(부동산등기특별조치법 제3조 제1항).

계약서 작성이 곧 성공이다

계약이 성립하려면 당사자간에 서로 대립하는 의사표시의 합치, 즉 합의가 반드시 있어야만 한다.

계약은 상대방의 승낙이 있을 때 성립하며, 청약의 일부 내용을 변경하여 승낙하는 경우에는 새로운 청약을 한 것으로 보고 본래 청약자가 변경내용을 수락할 때 계약이 성립한다.

❶ 계약성립시기

계약은 승낙이라는 행위가 있을 때 성립하지만 언제 승낙이 있었는지 불분명한 경우가 많으므로 승낙서가 발송될 때 성립하는 것으로 하는 것이 분명하다.

또한 계약서를 작성할 때에는 계약서에 당사자가 기명날인할 때 성립하는 것이 관행이나 특수한 조건, 즉 인·허가의 취득, 담보의 제공이 성취될 때 계약이 발효하도록 할 수 있다.

❷ 계약서 작성의 필요성

계약은 청약과 승낙이라는 행위만 있으면 성립하므로 반드시 계약서가 필요한 것은 아니므로 계약서를 작성함으로써 얻는 이점은 다음과 같다.

- 법적인 분쟁을 미연에 방지한다.
- 계약내용의 확인을 요할 때 즉시 확인할 수가 있다.
- 계약서 작성을 통하여 당사자의 입장에 대한 이해를 증진시킨다.
- 계약의 내용, 거래절차를 분명히 하여 분쟁을 미연에 방지한다.
- 계약에 관하여 가장 기본적인 증거가 된다.
- 계약서에 기재된 상대방의 주소지, 주민등록번호 등은 후일 소송을 제기하거나 재산 파악을 하는 데 있어서 중요한 자료가 된다.

❸ 계약체결 전 확인할 사항

거래상대방이 법인 또는 개인인지를 확인한다. 법인의 경우에는 법인등기사항전부증명서 및 사업자등록증을 통하여 다음의 사항을 확인하는 절차를 거친다.

- 사업자등록증상의 업태, 사업종목이 적절한가의 여부
- 법인등기사항전부증명서상의 주소와 사업자등록증상의 주소 및 실제 주소의 일치 여부

- 법인등기사항전부증명서상의 대표자와 사업자등록증상의 대표자 일치 여부
- 법인등기사항전부증명서를 통하여 단독대표, 공동대표, 각자 대표 여부
- 법인등기사항전부증명서상 파산, 기업회생 신청 여부

법인이 연대보증할 경우 연대보증을 승낙하는 이사회결의서를 받아두며, 법인의 명목상 대표와 실제 경영자가 다를 경우 반드시 실제 경영자를 연대보증인으로 세우도록 한다.

④ 개인은 행위제한사항 확인

- 미성년자, 피한정후견인(구 : 한정치산자), 피성년후견인(구 : 금치산자) 여부를 확인한다(주민등록초본, 가족관계등록부로 확인).
- 제한능력자와 계약할 때에는 법정대리인과 계약을 하여야 한다.
- 거래상대방에 대하여 신용조사를 실시한다.
- 연대보증인이 있을시 연대보증인에 대하여 재산상태, 제한능력자 여부를 파악하여 부적격자이면 연대보증인을 교체하도록 한다.

⑤ 대리인과의 계약체결

- 대리인이 대리권이 있는지를 확인한다(위임장 및 위임의 범위 확인).
- 대리인이 본인을 위한 것임을 표시하지 않고 한 대리행위의 효과는 대리인 자신에게 귀속된다.
- 계속적인 거래관계에 있는 경우에는 대리인이 본인을 위한 것임을 표시하지 않아도 그 대리행위의 효과는 본인에게 귀속된다.

SECTION 02

계약서 확인, 무엇이 중요한가!

계약서 작성시에는 다음의 사항을 유의한다.

① 정확, 간결, 평이, 명료한 문구를 사용한다.

② 계약내용이 특정되어야 한다.

③ 장래 발생가능한 문제점 및 예외적 상황의 발생가능성 여부를 검토한다.

④ 계약서 내용이 논리적으로 일관되도록 한다.

⑤ 물품의 납품시에는 계약을 체결하기 전에 생산 · 기술부서와 충분한 검도를 힌 후 납기의 문제점 및 기술적인 부분 등을 사전에 검토하여야 한다.

Part 03

계약의 체결과 날인

① 계약서에는 반드시 계약체결일을 기재한다.

② 계약서 말미에 양 당사자의 주소, 성명을 기재 날인한다.

③ 날인은 본인이 직접 서명 후 날인하는 것을 원칙으로 하되 대리인이 서명날인 할 때에는 본인의 위임장 및 인감증명서를 받아둔다.

④ 각 Page마다 간인을 받는다.

⑤ 공증 또는 인증이 필요한 경우에는 공증사무소에서 공증 또는 인증을 받는다.

❶ 기명날인과 서명날인의 구분

	기명날인	서명날인
의미	① 서명 ② 명판 또는 컴퓨터로 출력하여 이름을 기재하고 날인하는 것	본인이 자필로 이름을 기재하고 날인하는 것
증거력	본인이 기명날인 사실을 부인할 경우 증거력이 약할 수 있다.	계약체결 여부를 본인이 부인할 수 없다(증거력이 강함).
법률 효과	차이 없음	

❷ 등록된 인감 · 일반인감의 차이

	등록된 인감	일반인감
의미	① 개인의 경우 동사무소 등록 ② 법인의 경우 법원에 등록	등록된 인감 이외의 인감(통상 거래에서 사용되는 인감 등)
증거력	당사자가 부인하지 못한다(증거력이 강함).	당사자가 계약체결 여부를 부인할 수 있다(증거력이 약함).
법률 효과	차이 없음	

❸ 무인날인(엄지손가락 지문)

계약서에 계약자의 무인날인을 받아두게 되는 경우 향후에 당사자가 계약체결 자체를 부인하지 못하므로 계약서에 무인을 받아두는 것이 후일 분쟁시 유리하다(연대보증인에 대하여도 주민등록증 등을 통하여 본인을 확인하고 무인을 받아둠).

계약서의 정정

계약서를 작성하고 계약을 체결한 후에 오기 · 탈자 등이 발견되었을 경우 후일 다툼이 발생되지 않도록 하기 위해서는 정확한 정정이 필요하다.

오기 · 탈자를 칼로 긁어내거나 지우는 행위는 절대 해서는 안된다.

구 분	예 시
삭제의 경우(지워지는 부분의 내용을 알아볼 수 있도록 함)	… 공급자는 본계약 체결일 2021.3.24. … 삭제 6자 (날인)
정정의 경우(고쳐지는 부분의 내용을 알아볼 수 있도록 함)	2021.3.24. … 매수자는 2021.3.24.부터 … 정정 7자 (날인)
삽입의 경우	계약 … 당사자는 본 체결일부터 … 첨가 2자

계약서 해당 행 여백에 정정사항을 표시한다.

Part 03

계약자 변경시 대처방안

형 태	조치사항
개인사업자의 대표자 변경	■ 채무자 변경사유이다. ■ 새로운 대표자와 기존 대표자를 중첩적으로 하는 채무인수계약을 체결한 후에 거래한다.
개인사업자의 대표자 추가	추가되는 대표자로부터 기존의 채무를 포함하여 각 채무자를 공동채무자로 하여 채무연대이행확약서를 받는다.
개인사업자에서 법인으로의 변경	■ 채무자 변경사유에 해당된다. ■ 신규법인과 새로운 계약을 체결한다. ■ 개인사업자와 법인사업자를 중첩적 채무인수계약으로 묶어 놓는다.
법인의 상호변경	■ 계약자의 동일성에 변함이 없다. ■ 향후에는 신규상호로 된 계약을 체결한다.
법인의 대표이사 변경	■ 채무자 변경사유가 아니다. ■ 향후 계약시 신대표이사명으로 계약한다. ■ 법인등기사항전부증명서를 통해 대표이사 변경을 확인한다.

계약서의 내용을 이해하자

당사자간에 계약서를 작성할 시 계약의 기본적인 내용을 살펴보고 검토함으로써 당사자간의 의도대로 법률효과가 발생하고 또한 계약의 이행에 대한 책임감을 느끼게 하는 효과가 있다.

❶ 계약전문

________(이하 "갑"이라 칭함)와 ________(이하 "을"이라 함)는 제1조에 규정된 ㅇㅇ의 매매에 관하여 다음과 같이 체결한다.

1. 거래상대방의 주소, 상호, 대표자를 정확히 기재하여야 한다.
2. 양 당사자가 달성하고자 하는 목적 또는 계약에 의하여 이루어질 기본적인 계약내용을 간단·명료하게 기재한다.

❷ 계약제품

"갑"은 "을"에게 아래 상품을 본계약조건에 따라 계속적으로 매도하고 "을"은 이를 매수할 것에 동의한다.

1) 상 품 명 :
2) 규 격 :
3) 인도기한 :
4) 인도장소 :
5) 지급기한 :
6) 지급방법 :

1. 계약제품의 모델, 규격 등이 다수여서 복잡한 경우에는 별첨양식 리스트에 기재하도록 하는 것이 간단하다.
2. 장기판매계약서, 특약점에 대해서는 계약물품을 포괄적으로 정하고 후에 건별로 주문서를 통해서 구체적인 물품을 확정하도록 할 수 있다.
3. 공급자가 판매하고자 하는 제품과 구매자가 구입하고자 하는 제품이 서로 다를 수 있기 때문에 계약제품이 객관적으로 무엇인지 확정하고 모델명, 수량 등을 정확하게 기록하여야 한다.

❸ 계약제품의 가격

상품명	수량	단가	금액	비고

1. 부가세, 공과금, 운송비용, 보험료, 포장비용, 설치비용 등이 가격에 포함되어 있는지, 별도 청구되는지를 명백히 하여 후일에 분쟁이 없도록 하여야 한다.

2. 계약제품이 많은 경우에는 가격을 별첨리스트에 제품과 함께 기재하도록 한다.
3. 장기계약의 경우에는 가격변동에 대한 조항을 두는 것이 좋다.
   가. 일정기간(반기, 분기, 연간)마다 양 당사자가 서로 협의하여 변경한다.
   나. 수입원자재 및 수출품인 경우 환율에 관한 조항을 기재한다.

④ 주문

1) "을"은 매수시 서면으로 주문서에 의하여 상품을 주문하여야 한다.
2) "갑"은 주문서를 수령한 이후 수락한 이후에 상품을 인도한다.
3) 주문서에는 상품명, 규격, 수량, 인도시기, 인도수량 등을 명기하여야 한다.
4) 인도시기는 주문서 접수일로부터 ____일 이상의 유예기간을 두어야 한다.
5) 주문취소시 손해배상액

인도예상 전 취소일	손해배상액
90일 전	없음
61~90일	주문금액의 10%
31~60일	주문금액의 20%
11~30일	주문금액의 30%

1. 주문서에는 판매자가 수락을 하여야만 유효하게 된다는 조항을 계약서에 명기한다.
2. 계약제품이 특수용도에만 사용되거나, 계절적인 제품인 경우에는 주문취소시 일정한 손해배상액을 지급하여야 한다는 문구를 기재한다.
3. 장기계약제품일 경우 개별적인 주문서를 통해 구체적인 제품, 물량, 인도시기, 인도장소, 규격 또는 기타 조건을 확정해 놓는다.

⑤ 인도

1) "갑"은 상품을 계약서에 명기된 인도시기에 인도하여야 한다. "갑"은 불가항력에 의한 인도 자체에 대하여는 책임을 지지 아니하며, ____일 전의 사전통지로써 인도시기를 연장할 수 있다.
2) 상품의 인도에 따른 운임은 "갑"의 부담으로 한다. 단, 특별한 포장, 특별한 수송 및 작업을 요할 경우의 추가비용은 "을"의 부담으로 한다.
3) "을"은 상품을 인도받은 즉시 인도받은 상품과 포장명세서를 대조한 후 인수증을 발급한다.

1. 인도시에는 즉시 인수증을 발급받도록 한다.
2. 인도시 제품의 특성으로 인해 특수장비가 필요한 경우 이를 누가 준비하도록 할 것인지 명확히 하여야 한다.
3. 인도장소 또는 인도장소를 결정하는 방법이 계약서에 명시되도록 한다.

❻ 검수 및 시험

1) “을”은 상품을 계약서에 명기된 검수시기에 검수조건에 따라서 검수를 하여야 한다.
2) “을”은 “갑”이 제공하는 상품에 대해서 “갑”의 협조하에 상품의 품질을 시험할 수 있다.

1. 검수를 하는 방법과 합격기준을 명확히 하여 두어야 한다.
2. 검수완료가 대금지급, 하자보증기간의 기산점이 될 경우에는 검수 후 일정기간 내에 검수증을 발급받도록 한다.
3. 검수결과에 대해서 이의가 있을 때는 제3공인기관에 감정을 의뢰하도록 하는 조항을 둘 수 있다. 이 경우에는 감정비용을 누가 부담하는가를 정하여야 할 것이다.
4. 검수를 하는 기간을 정하여 일정기간 내에 검수가 완료되도록 한다.

❼ 설치

1) “갑”은 제품을 “을”이 지정하는 장소에 설치하여야 한다.
2) “을”은 “갑”이 설치하는 데 협조하여야 한다.

1. 설치공사를 위해 사무실, 사무집기, 통신설비 등이 필요한 경우에는 무상으로 공급되도록 한다.
2. “을”측의 설치공사를 위한 준비가 제대로 되지 않아 설치공사가 지연되더라도 대금지급을 연기할 수 없다는 조항을 넣어둔다.
3. 제품판매에 설치공사를 사전에 하여야 하는 경우에는 인도 전까지 설치공사를 위한 준비(바닥공사, 전압, 조명, 습도조절장치 등)가 되도록 한다.

❽ 하자보증

1) “갑”은 물품이 계약조건과 상위하거나 인도 전의 원인에 의하여 발생한 물품의 품질불량, 수량부족, 변질, 기타의 하자에 관하여 물품의 인도일로부터 ____일 동안 책임을 부담하며, “을”은 하자의 보수 또는 대금감액을 청구할 수 있고, 그 하자의 존재로 인하여 본계약의 목적을 달성할 수 없을 경우에는 본계약을 해제할 수 있다.
2) “을”은 곧 발견할 수 있는 하자에 대하여는 물품의 수령 후 ____일 내에 통지를 하지 아니할 경우 그 해제권 또는 청구권을 상실한다.

1. 하자보증사항에 사용자의 고의, 과실, 자연적인 마모, 소모품 등은 제외되어야 한다.
2. 하자보수시 하자물품의 운송비, 위험부담은 누가 부담하는지 명확히 하여 둔다.
3. 하자보증기간의 기산점을 명확히 하여야 한다. 기산점은 제품제조일, 인도일, 검수일, 설치일 또는 고객에게 판매된 날 등으로 할 수 있으나, 인도일로 하는 것이 합리적이다.
4. 하자보증기간을 명확히 한다.

⑨ 대금지급

1) 매매대금은 지급기한 내에 현금(또는 수표)으로 지급한다.
단 "갑"이 인정하는 경우에는 60일 이내의 당좌수표 또는 은행도 약속어음으로 결제할 수 있다.
2) "을"이 "상품"대금의 지급을 게을리한 경우 "갑"은 지불일자로부터 기산하여 연 15%의 이율에 의한 지체상금을 "을"에게 청구할 수 있다.

1. 1회적인 거래 또는 계약기간이 단기간일 경우에는 현금으로 전액 지급하도록 하는 것이 바람직하다.
2. 어음이나 당좌 · 가계수표로 결제할 때에는 구매자의 신용상태를 조사한 후에 계약을 체결한다.
3. 대금지급이 연체될 경우에는 일정한 연체이자율을 정해서 지급하도록 하여야 한다. 통상적으로 은행의 연체이자율을 채택하기도 하고, 법정최고 이자율인 연 15%까지 할 수 있다. 연체이자율을 정하지 않은 경우에는 법정이율(민사 연 5%, 상사 연 6%)이 적용된다.

⑩ 담보의 제공

1) "을"은 본계약 및 "개별계약"에 의거 발생하는 "갑"의 일체의 채권을 담보하기 위하여 "갑"이 정하는 금액 상당의 부동산 또는 기타 재산권을 "갑"에게 담보로 제공하여야 한다.
2) 담보목적물은 공인감정평가기관의 평가를 받아야 하며, 평가에 따른 비용 및 담보물권 설정비용 일체는 "을"이 부담한다. 단, "갑"은 자신의 필요에 따라 담보목적물을 직접 평가할 수 있다.
3) 담보목적물의 가치감소 및 멸실 또는 기타 사유로 담보목적을 충분히 달성할 수 없다고 "갑"이 인정하는 경우 "을"은 "갑"의 요청에 따라 추가담보를 제공하여야 한다.

1. 대금회수의 위험성이 있거나 외상거래가 많이 발생하는 거래에 있어서는 채권확보를 위하여 담보를 받아두어야 한다.
2. 담보평가는 공인된 기관에 반드시 "갑"이 직접 의뢰한다("을"에게 직접 담보평가를 받아오지 않게 함).
3. 담보목적물이 주택 및 상가건물일 경우에는 반드시 임차인에 대한 조사를 한다.
4. 제3자 제공담보일 경우에는 반드시 소유자에게 담보제공에 대한 확인서를 받아둔다.

⑪ 소유권 유보

1) 본계약 제품의 소유권은 "을"의 대금완불과 동시에 "갑"으로부터 "을"에게 이전되며, "을"은 대금완불 전에는 동 계약제품의 사용, 이전, 분해, 매매, 양도, 제한물건 설정 등 일체의 처분행위를 할 수 없다.
2) "갑"은 "을"의 대금완불시까지 계약제품에 "갑"의 소유임을 표시할 수 없다.

1. 소유권이 "을"에게 이전하는 시점은 계약조건을 "을"이 이행하는 시점임을 분명히 한다.
2. 처분금지가처분을 통하여 채권을 보전할 수 있는 근거조항이 된다.
3. "을"이 계약조건을 이행하지 못할시에는 민사소송 등을 통하여 회수할 수 있는 근거조항이다.

⑫ 상계

"갑"과 "을"은 서로의 채권·채무에 대해서 상계처리할 수 있다.
단, 사전에 서면통지한 후 상대방에게 도달된 시점을 상계시점으로 한다.

1. "갑" 또는 "을"이 경영상의 급격한 변화 등으로 상계처리가 필요할시 즉시 일정한 조건하에서 상계처리가 될 수 있도록 한다.
2. 상대방의 부도, 화의신청 등 일반적인 조건을 기재하여 둔다.
3. 상계처리가 필요할 경우에는 신속하게 상계처리를 한다.

⑬ 권리, 의무의 양도금지

"갑"은 이 계약으로부터 발생되는 권리 또는 의무를 제3자에게 양도 또는 승계시킬 수 없다.
다만, "을"의 서면에 의한 승낙을 받았을 경우에는 그러하지 아니하다.

1. 계약 상대방이 일방적으로 권리, 의무를 제3자에게 양도할 수 없는 조항을 마련한다.
2. 양도시에는 반드시 상대방의 서면동의를 받도록 한다.

⑭ 기한의 이익상실

다음의 경우 "을"은 당연히 "갑"에 대한 모든 채무의 기한의 이익을 상실하며 "갑"은 사전 최고없이 본계약을 해지할 수 있다.
1) "을"이 "상품" 대금의 지급을 지체하여 변제독촉을 하여도 변제치 아니하는 경우
2) "을"이 거래정지, 영업정지 및 면허취소 등의 처분을 받거나 또는 채무자회생및파산에관한 법률을 적용받게 된 때
3) "을"이 어음, 수표 등의 부도처분을 받은 때
4) "을"이 본계약상의 의무를 위반하거나 이행하지 아니하는 경우

5) "을"이 "상품"의 시장가격을 문란하게 하거나 문란케 할 우려가 있다고 "갑"이 인정한 때
6) "을"에게 "갑"의 권리 또는 이익을 해하는 행위 또는 사실이 있거나 그 우려가 있다고 "갑"이 인정한 때

1. 기한의 이익상실조항을 두어서 계약기한 도중에도 계약을 해지할 수 있도록 한다.
2. 기한의 이익상실조항은 일반적인 사항은 예시하며, 예측불가능한 사항에 대해서도 계약을 해지할 수 있다는 조항을 둔다.

⑮ 계약기간

본계약은 체결일로부터 ____년간 존속한다. 단, 동 계약기간의 만료 1개월 전에 당사자 중 일방이 갱신을 원하지 않음을 서면으로 타방 당사자에게 통지하고 타방 당사자가 서면으로 이의를 제기하지 아니할 경우에는 동일조건으로 동일기간 동안 자동연장된다.

1. 계약기간을 명확히 정하여 분쟁을 미연에 방지한다.
2. 자동연장조항을 두어서 계약이 중단되는 사태를 미연에 방지한다.
3. 연대보증인이 있는 경우에 연대보증인으로부터 자동연장에 대한 확약서를 별지목록으로 받아 둔다.

Part 03

⑯ 관할법원

1) 본계약에 정하지 아니한 사항이 있거나 본계약의 해석에 이의가 있을 경우에는 양 당사자간의 별도합의에 의한다.
2) 본계약과 관련하여 분쟁이 발생하는 경우에는 (　　　)법원을 관할법원으로 한다.

1. 분쟁의 발생시 관할법원을 사전에 합의하여 둔다.
2. "갑"이 소송을 제기하는 경우에는 "갑"의 본점을 관할하는 지방법원에, "을"이 소송을 제기하는 경우에는 "을"의 본점을 관할하는 지방법원에 소를 제기하도록 하는 것도 합리적인 방법이다.

SECTION 03 왜, 국가는 당사자 계약을 간섭할까!

약관규제법(약관의규제에관한법률)

약관이란 그 명칭이나 형태 또는 범위를 불문하고 계약의 일방 당사자가 다수의 상대방과 계약을 체결하기 위하여 일정한 형식에 의하여 미리 마련한 계약의 내용이 되는 것을 말한다.
현재 이루어지는 계약을 살펴보면 은행, 보험, 할부판매, 운송, 창고, 전기 및 가스 등에 걸쳐 광범위하게 이용되고 있다.

제2조【정의】

① 이 법에서 "약관"이라 함은 그 명칭이나 형태 또는 범위를 불문하고 계약의 일방 당사자가 다수의 상대방과 계약을 체결하기 위하여 일정한 형식에 의하여 미리 마련한 계약의 내용이 되는 것을 말한다.

② 이 법에서 "사업자"라 함은 계약의 일방 당사자로서 타방 당사자에게 약관을 계약의 내용으로 할 것을 제안하는 자를 말한다.

③ 이 법에서 "고객"이라 함은 계약의 일방 당사자로서 사업자로부터 약관을 계약의 내용으로 할 것을 제안받은 자를 말한다.

약관규제법의 취지

사업자가 그 거래상의 지위를 남용하여 불공정한 내용의 약관을 작성하여 거래함으로써 나타나는 피해를 방지하고자 불공정한 내용의 약관을 규제하여 건전한 거래질서를 확립함으로써 소비자를 보호하고 국민생활의 균형있는 향상을 도모함이 법 제정의 입법취지이다.

약관규제법의 적용범위

약관규제법은 원칙적으로 모든 약관에 적용되는 일반법으로서의 성격을 가진다. 그러나 예외적으로 다음의 약관에는 그 적용을 하지 아니한다(약관의규제에관한법률 제30조).

- 약관이 상법 제3편(회사), 근로기준법 기타 대통령령이 정하는 비영리사업의 분야에 속하는 계약에 관한 것일 때
- 특정한 거래 분야의 약관에 대하여 다른 법률에서 특별히 규정하고 있는 때

약관의 명시설명 의무

약관이 계약에 편입되는 과정에서 고객의 지위를 보호하기 위해 약관규제법은 사업자에게 약관의 중요내용에 대해 명시설명 의무를 부과한다.

구 분	내 용
명시설명의 위반 효과	사업자가 명시의무 또는 설명의무를 위반하여 계약을 체결한 때에는 당해 약관을 계약의 내용으로 주장할 수 없다.
약관의 명시설명 의무의 면제	다른 법률의 규정에 의하여 행정관청의 인가를 받은 약관으로서 거래의 신속을 위하여 필요하다고 인정되어 대통령령이 정하는 약관에 대하여는 약관의 명시의무가 면제된다. 명시의무가 없는 경우에는 설명의무도 없는 것으로 해석된다.

약관의 해석에 대한 원칙

❶ 신의성실의 원칙

약관은 신의성실의 원칙에 따라 계약당사자 모두에게 공정하게 해석되어야 한다.

❷ 통일적 해석 원칙

약관은 고객에 따라 다르게 해석되어서는 아니된다.

❸ 고객이익의 원칙

약관의 뜻이 불명확한 경우에는 고객에게 유리하게 해석하여야 한다.

불공정 약관조항

신의성실의 원칙에 반하여 공정을 잃은 약관조항은 무효이다.

고객에 대하여 불리한 조항이나 고객이 계약의 거래형태 등 제반 사항에 비추어 예측하기 어려운 조항, 계약의 목적을 달성할 수 없을 정도로 계약의 본질적인 권리를 제한하는 조항은 무효이다.

구체적인 무효사유는 다음과 같다.

- 사업자, 이행보조자 또는 피용자의 고의 또는 과실로 인한 법률상의 책임을 배제하는 조항
- 상당한 이유없이 사업자의 손해배상범위를 제한하거나 사업자가 부담하여야 할 위험을 고객에게 이전시키는 조항
- 상당한 이유없이 사업자의 담보책임을 배제 또는 제한하거나 그 담보책임에 따르는 고객의 권리행사의 요건을 가중하는 조항
- 고객에게 과중한 손해배상의무를 부담시키는 조항
- 고객의 항변권, 상계권 등의 권리를 상당한 이유없이 배제 또는 제한, 기한의 이익을 상당한 이유없이 박탈하는 조항
- 고객에게 소(訴)제기를 금지하거나 고객에게 입증책임을 부담시키는 조항
- 계속적인 채권관계의 발생을 목적으로 하는 계약에서 그 존속기간을 부당하게 단기 또는 장기로 하거나 묵시의 기간연장 또는 갱신이 가능하도록 정하여 고객에게 불이익을 줄 우려가 있는 조항

* 약관의 일부가 무효로 되더라도 계약은 나머지 부분만으로 유효하게 존속하는 것이 원칙이다. 단, 유효한 부분만으로는 계약의 목적달성이 불가능 또는 일방당사자에게 부당하게 불리한 때에는 그 계약은 무효로 한다.

SECTION 04 우리 계약, 없었던 걸로 해주세요!

계약당사자는 이미 체결된 계약이 그 이행의 완결까지 가는 것이 처음의 의도였으나, 사정의 변경으로 인하여 계약을 끝내고 싶을 때 계약의 해제와 해지를 이용할 수 있다.

계약의 해제

계약의 해제란 계약이 성립되어 계약의 효력이 유효하게 발생된 후에 일방 당사자의 의사표시에 의해 계약이 처음부터 없었던 것과 같은 상태로 되는 것을 말한다.

❶ 해제권의 발생사유

해제권에는 당사자가 미리 계약에서 그것을 보유하는 약정해제권과 법률의 규정에 의하여 주어지는 법정해제권이 있다.

구 분	내 용
약정해제권 발생사유	당사자는 계약에 의하여 해제권을 발생시킬 수 있다.
법정해제권 발생사유	■ 이행지체 : 채무자가 이행을 지체한 경우 ■ 이행불능 : 채무자의 귀책사유로 채무이행이 불능이 된 경우에는 이행 최고할 필요없이 해제권 발생 ■ 불완전이행 : 채무자의 완전한 이행이 아닌 불완전이행시 최고 없이 해제권 발생 ■ 부수업무(附隨業務) : 당사자 일방이 그 채무를 이행하지 아니하거나 또는 그 채무의 이행이 불가능하게 된 때에 계약의 해제권 발생

❷ 해제권의 발생방법

해제권의 행사는 그 의사표시가 상대방에게 도달된 때에 발생하며, 그 의사표시에는 아무런 방식을 요하지 않으나 후일 증거보전을 위한 방법으로 내용증명으로 하는 것이 안전하다.

계약당사자가 수인인 경우에는 당사자 전원에게 하여야 한다.

❸ 계약해제의 효과

계약을 해제하면 그 계약으로부터 생겼던 법률효과는 모두 소급적으로 소멸한다. 따라서 계약에 의하여 발생한 채권 · 채무는 해제에 의하여 소멸한다.

이때 원상회복의무와 손해배상청구권이 발생하므로 유념하여야 한다.

구 분	내 용
원상회복의무	계약이 해제되면 각 당사자는 서로 계약이 없었던 상태로 되돌아가게 할 의무를 진다.
손해배상의무	계약의 해제로 인해 해제권자가 손해를 입은 경우 상대방에게 손해배상을 청구할 수 있다.

계약의 해지

계약의 해지란 계약에 의해 발생한 계속적인 채권관계를 당사자의 일방적인 의사표시로 장래에 대하여 소멸시킨다.

❶ 해지권의 발생사유

당사자의 약정에 의해 발생하는 약정해지권이 있고, 각종 계약에 관하여 개별적 규정에 의해 발생하는 법정해지권이 있다.

❷ 계약해지의 효과

계약의 해지는 계약을 해지한 때로부터 '장래에 대하여' 그 효력을 잃는다.

계약의 해제 · 해지 후 사후관리

① 미수채권을 확인하고 상대방으로부터 잔고확인서를 받는다.

② 상대방의 동의하에 재고물품을 넘겨받는다.

③ 채권 확보가 어렵다고 느껴지면 상대방, 연대보증인에 대하여 재산상태를 조사한 후 가압류조치 등을 한다.

④ 상대방으로부터 채권을 양도받는다.

해제 · 해지의 차이점

구 분	해 제	해 지
거래유형	컴퓨터, TV구매 등 단발적인 거래	임대차 · 고용 · 위임 · 하도급 · 특약점 계약 등 계속적 거래행위
효 과	■ 소급효 인정 ■ 원상회복의무 발생 ■ 손해배상청구 가능	■ 소급효 불인정 ■ 장래에 대하여 권리 · 의무를 소멸시킴. ■ 손해배상청구 가능
발생요건	■ 계약을 이행하지 않는 경우 ■ 계약의 이행이 불가능하거나 불완전한 경우	■ 계약을 이행하지 않는 경우 ■ 계약관계를 계속 존속시키는 것이 불합리한 경우

Part 03

기한의 이익상실

만기일이나 변제기일이 아직 도래하지는 않았으나 계약을 이행할 수 없는 상태가 되면 계약서상의 만기일에 상관없이 즉시 이행기일이 도래되는 것이다.

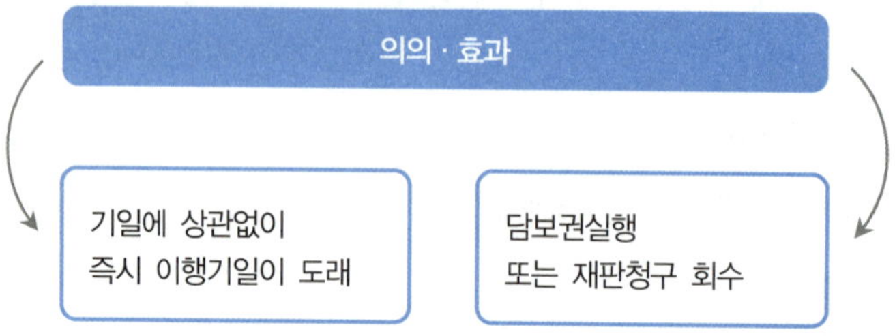

① 효과

기한의 이익상실 사유가 발생하면 즉시 계약을 해제 · 해지하고 담보권실행 또는 재판을 청구하여 채권회수를 한다.

② 상실사유

- 상대방이 발행한 수표, 어음이 부도되거나 거래 중지된 때
- 상대방이 가압류, 가처분, 압류, 경매, 파산, 회사정리, 화의, 강제집행을 당할시
- 채권자를 해할 목적으로 채무면탈기도가 있을시

민법 제388조【기한의 이익의 상실】

채무자는 다음 각호의 경우에는 기한의 이익을 주장하지 못한다.

1. 채무자가 담보를 손상, 감소 또는 멸실하게 한 때
2. 채무자가 담보제공의 의무를 이행하지 아니한 때

채권관리실무

자산은 유지하고 기업가치는 올리는 채권관리

PART

04

확실한 거래! 담보받고 거래하기

01 왜, 담보를 받을까?

02 담보설정과 평가는 어떻게 할까?

03 주택임대차보호법 바로 알기!

04 상가건물임대차보호법 바로 알기!

05 보증인에게 청구하는 담보

핵심 Key-Words

근저당권 | 대항력 | 연대보증인

SECTION 01

왜, 담보를 받을까?

물품거래를 할 때에 모든 거래를 현금으로 하면 담보라는 것이 필요치 않으나, 우리의 거래관행상 기업간의 거래에 있어서는 많은 부분이 외상으로 거래가 된다고 볼 수 있다. 이에 물품을 공급하는 기업의 입장으로서는 외상에 대한 위험부담을 경감하고자 담보를 요구하게 되는데, 부동산에 대한 근저당권의 설정 등을 하는 물적담보와 연대보증인을 확보하는 인적담보가 있다.

물적담보	인적담보
▪ 재산에 의한 담보(근저당권 등) ▪ 채무자 또는 제3자의 특정재산에 대한 우선변제권이 있어서 인적담보에 비해서 담보가 확보된다.	▪ 사람에 의한 담보(연대보증 등) ▪ 담보력이 불확실하다.

* 채권자의 입장에서는 거래처에 대한 신용을 파악하기는 상당히 어려운 일이다. 인적담보는 신용의 변화 등으로 담보가치의 변동이 심하고 연대보증인에 대한 신용조사를 지속적으로 하여야 한다는 어려움이 있다. 물적담보는 인적담보보다는 채권의 확보면에서 유리하다고 볼 수가 있다.

담보물권

담보물권에는 다음의 4가지 성질이 있다.

❶ 부종성

피담보채권이 소멸하면 담보물권도 소멸한다.

근저당권자가 근저당권을 부동산에 설정해 놓은 상태에서도 채권의 발생원인이 되는 물품대금 등이 소멸시효가 완성되는 경우에 설정된 근저당권도 소멸된다는 것이다.

❷ 수반성

채권이 이전하면 담보물권도 같이 이전하고 또한 그 채권을 담보로 하여 담보물권도 같이 그 목적이 되는 것을 말한다.

❸ 물상대위성

담보물권의 목적물이 멸실 · 훼손 및 공용징수로 인해 담보제공자가 받게 될 보상금, 보험금에 대해서 담보물권의 효력이 미치게 된다.

* 채무자가 보상금 · 보험금을 지급받기 전에 압류하여야 한다.

❹ 불가분성

담보된 채권의 전액을 변제받을 때까지 담보물권의 전부에 대해 권리를 행사할 수 있다.

Part 04

담보물권의 효력

① 우선변제적 효력 : 담보목적물에 대한 환가시 다른 채권자보다 우선적으로 변제를 받는다.
② 유치적 효력 : 담보목적물을 채권자가 전액변제받을 때까지 계속적으로 점유할 수 있다.
③ 수익적 효력 : 목적물에 대한 경매 등으로 인하여 배당시 우선적으로 순위에 따라 변제를 받을 수 있다.

근저당권

근저당권이란 계속적인 거래관계에서 발생하는 특정되지 않은 다수의 채권을 장래의 결산기 당시에 존재하는 한도까지 발생한 채권에 대하여 담보하기 위하여 미리 설정하는 저당권을 말한다.

↘ 근저당권의 종류

구 분	내 용
근저당권의 종류	① 특정근저당 : 특정한 거래로 발생한 채무를 목적으로 담보한다. 　예 입목저당권, 어업저당권, 광업저당권 ② 한정근저당 : 일정한 종류의 거래에 의하여 발생하는 채무를 목적으로 담보한다. ③ 포괄근저당 : 거래 전부에서 일어나는 채무를 담보하기 위하여 채무자가 채권자 은행에 대하여 현재 또는 장래에 부담하게 될 모든 채무를 담보한다.
필수 등기사항	▪근저당권임을 등기 ▪채권최고액
근저당권의 목적물	▪토지 ▪건물 ▪지상권, 전세권 ▪등기된 입목 ▪광업권, 어업권 ▪공장재단, 광업재단 ▪자동차, 중기, 항공기
근저당권 설정	▪담보설정할 부동산의 현황(선순위담보권 유무, 가격 등)을 우선적으로 파악하여 담보적격 유무를 파악한다. ▪담보물에 대해서 지정된 감정평가기관에 의뢰한다. ▪담보물건에 대한 현지답사를 통하여 임대차 현황, 미등기건물 여부, 건축물대장 등 공부와의 일치 여부를 확인한다. ▪담보설정액을 결정한다. ▪근저당권설정에 필요한 서류를 구비하고 설정등기를 한다.

현재 담보물평가에 있어서 실무상으로 제일 어렵다고 느껴지는 부분은 임대차관계가 아닌가 생각된다(현지방문 및 임대차계약서 수령 및 임대차금액 확인이 아주 중요함).

근저당권 설정시 유의사항을 살펴보면 다음과 같다.

- 반드시 토지와 건물을 공동담보로 설정한다.
- 담보물건이 여러 건인 경우 공동담보로 설정한다.
- 근저당권설정계약서, 연대보증서, 담보제공승낙서 등에는 반드시 본인의 자필서명을 받아둔다.
- 담보제공자는 반드시 부동산 등기사항전부증명서상의 소유자이어야 하며, 대리인에 의하여 체결시 대리권 유무를 반드시 확인한다(본인에게 확인 필요함).
- 담보제공자가 법인인 경우에는 법인등기사항전부증명서상의 대표자와 계약한다.
- 법인이 공동대표인 경우 공동대표자 전원과 계약한다.
- 법인의 경우 담보제공승낙에 대한 이사회결의서를 받아둔다.

담보로 취득하기 곤란한 부동산을 살펴보면 담보로 취득하게 될 물건에 가등기 · 가처분 · 가압류 · 과다한 담보설정 등이 되어 있는 부동산, 공적장부(등기사항승명서, 토지대장, 건축물관리대장, 임야대장 등)와 불일치한 부동산, 국외거주자 부동산, 임야, 대지와 건물이 함께 담보로 제공되지 아니하는 부동산, 특수한 사용목적의 부동산(학교, 교회, 사찰 등), 환매특약이 있거나 소송 중에 있는 부동산이 있다.

담보물 현지조사방법

① 임대차조사를 실시한다.

* 담보권실행을 위하여 경매를 신청하여 집행관이 임대차조사를 나가게 되면 소유자는 자신의 친 · 인척을 동원하여 임의적으로 계약서를 작성하고 주민등록전입 신고 후 배당금을 신청하게 하는 경우가 종종 있다.

② 공부와 현재의 부동산의 상태가 일치하는지 여부를 확인한다.

③ 주변에 혐오시설 등이 존재하여 담보가치를 하락시키지는 않는지 조사한다.

④ 담보물건에 대한 시세를 주변 중개업소 등을 통하여 확인한다.

부동산 등기사항전부증명서를 보는 방법

등기사항전부증명서는 표제부, 갑구, 을구로 구분된다.

① 표제부에서는 담보물권의 토지 · 건물의 지번 · 지목 · 종류 · 구조 · 면적 등을 파악한다.

② 갑구에서는 소유권에 관한 권리(소유자, 가등기, 가처분, 가압류) 등을 파악한다.

③ 을구에서는 소유권 이외의 권리(선순위근저당권 금액 파악, 전세권, 지상권 등)를 파악한다.

대법원 판례 : 근저당권자의 경매신청과 피담보채권의 확정

근저당권자가 그 피담보채무의 불이행을 이유로 경매신청한 때에는 그 경매신청시에 근저당권은 확정되는 것이며 근저당권이 확정되면 그 이후에 발생하는 원금채권은 그 근저당권에 의하여 담보되지 않는다(1988.10.11. 선고 87다카545 부당이득금 반환).

입목담보

"입목"이란 토지에 부착된 수목의 집단으로서 그 소유자가 이 법에 따라 소유권보존의 등기를 받은 것을 말하는데, 입목은 부동산으로 본다. 입목의 소유자는 토지와 분리하여 입목을 양도하거나 저당권의 목적으로 할 수 있다. 토지소유권 또는 지상권 처분의 효력은 입목에 미치지 아니한다.

소유권보존등기를 한 입목에 대해서는 토지와는 별개의 독립된 부동산으로 취급한다.

입목등록원부는 특별자치도지사, 시장, 군수 또는 구청장은 입목등록원부를 갖추어 두고 이 법에 따른 등록을 하고, 정리한다.

입목을 목적으로 하는 저당권의 효력은 입목을 베어 낸 경우에 그 토지로부터 분리된 수목에도 미치며, 저당권자는 채권의 기한이 되기 전이라도 그 분리된 수목을 경매할 수 있다. 다만, 그 매각대금을 공탁하여야 한다.

입목을 저당권의 목적으로 하려는 자는 그 입목에 대하여 보험(농업협동조합법, 산림조합법에 따른 공제)에 가입하여야 한다.

공장저당 담보

"공장재단"이란 공장에 속하는 일정한 기업용 재산으로 구성되는 일단의 기업재산으로서 소유권과 저당권의 목적이 되는 것을 말하며, 공장 소유자가 공장에 속하는 토지에 설정한 저당권의 효력은 그 토지에 부합된 물건과 그 토지에 설치된 기계, 기구, 그 밖의 공장의 공용물에 미친다.

공장재단의 설정은 공장 소유자는 하나 또는 둘 이상의 공장으로 공장재단을 설정하여 저당권의 목적으로 할 수 있으며, 공장재단의 구성물은 동시에 다른 공장재단에 속하게 하지 못한다.

공장에 속하는 토지나 건물에 대한 저당권설정등기를 신청하려면 그 토지나 건물에 설치된 기계, 기구, 그 밖의 공장의 공용물로서 저당권의 목적이 되는 것의 목록을 제출하여야 한다.

공장재단의 구성물은 공장재단과 분리하여 양도하거나 소유권 외의 권리, 압류, 가압류 또는 가처분의 목적으로 하지 못한다. 다만, 저당권자가 동의한 경우에는 임대차의 목적물로 할 수 있다.

SECTION 02 담보설정과 평가는 어떻게 할까?

거래선과 계약이 체결되었다면 다음 단계로는 담보를 받고서 상대방에게 계약조건을 이행하여야 한다.

담보평가는 반드시 채권자가 스스로 또는 원하는 감정기관에 감정을 의뢰하여야지, 채무자에게 담보평가서를 받아오게 하는 것은 금물이다.

담보의 설정액은 다음 사항에 유의하여 설정한다.

① 설정액은 많을수록 채권자에게 유리하나 담보설정시 비용의 증가 등으로 적정수준으로 설정하도록 한다.

② 담보물건의 가격 상승을 고려하고 여신한도 운영시 담보한도 외에 타수어음 한도나 신용한도 등을 운영하는 것이 일반적이다.

③ 담보설정금액을 초과해서 여신(물품제공 등)을 제공해서는 안된다.

물건별 적정설정액

담보물건		적정설정액
부동산담보 (대지 · 건물)	선순위 유	(감정평가액 – 선순위 – 임차보증금)×100～120%
	선순위 무	(감정평가액 – 임차보증금)×120～150%

담보물건		적정설정액
질 권	정기예금	예금액×110%
	주　　식	최근 3개월 평균시세×100%
	주식채권	액면가×130%
	기타 국공채	액면가×100~130%
임차보증금 양도	전세권 양도	보증금×100%
	임차권 양도	보증금×100%

* 임차보증금 양도시 임대인의 동의서를 필히 받을 것

물적담보의 평가

부동산담보의 평가

주요 평가사항

- 담보평가액=(감정평가액×80%)-선순위-임차보증금
- 물건소재지 현장방문
- 임대차보증금 조사
- 최우선변제권 적용
- 주택임대차보호법 조사
- 상가건물임대차보호법 조사

평가 흐름도

부동산담보의 평가

담보평가액=(감정평가액×80%)−선순위−임차보증금

외부공인된 감정평가기관을 통한 감정시 물건소재지를 현장 방문하여 부동산중개업자, 현지주민 등을 상대로 감정평가액을 자체적으로 검증한다.

임대차보증금은 담보물건의 현장을 방문하여 실제조사를 한 이후에 적용토록 하며, 담보물건 설정시 임차인이 등재가 되지 아니한 방에 대해서도 주택임대차보호법에 정해진 최우선변제권을 지역적으로 구분하여 적용토록 한다.

사례 부동산담보평가(2021.5.11 시행 주택임대차보호법 적용)

■ **현황**

부동산소재지 : 서울특별시 소재 단독주택(방4)

감정평가액 : 8억원

선순위 : A은행 근저당 7천만원

B은행 근저당 8천만원

임차인 : C(방1) : 임차보증금 1억2천만원(확정일자 있음)

D(방1) : 임차보증금 1억2천만원(확정일자 있음)

■ **평가**

1. 선순위근저당권 1억5천만원 공제
2. 임차보증금 2억4천만원 공제
3. 주인이 거주하는 방2에 대해서 최우선변제권 적용해서 감액(향후 임차될 가능성이 있으므로 사전에 공제함)
4. 5천 만 원×2=1억 원(2021.5.11 이후 현재 서울특별시 최우선변제권 금액)

담보평가액 : (8억원×80%)−1억5천만원(선순위 2건)−2억4천만원(임차보증금)−1억 원(주인거주)

=1억 5천 만 원

기타 물건의 평가

담보물건		담보평가액
질 권	정기예금	액면가×100%
	주 식	담보설정액×70%
	주택채권	액면가×60%
	기타 국공채	액면가×100%
임차보증금 양도	전세권 양도	보증금×70%
	임차권 양도	보증금×70%

연대보증인 평가

연대보증인이 제출하는 부동산에 선순위로서 담보가액의 50% 이상 설정되어 있으면 평가에서 제외한다(연대보증인에 대한 교체요구를 함).

Part 04

SECTION 03

주택임대차보호법 바로 알기!

주택임대차보호법은 주거용 건물의 임대차에 관하여 민법에 대한 특례를 규정함으로써 국민의 주거생활의 안정을 보장함을 목적으로 한다.

대부분의 주택임차인은 임대인의 협조 거부로 전세권설정등기를 하지 못하는 관계로 임차인의 임대차존속기간 중에 임대차목적물을 처분하였을 경우 임차인은 신소유자에게 임차권의 효력을 주장하지 못하여 임차보증금을 반환받지 못한 채 퇴거당하게 됨으로써 사회적으로 문제점이 발생하게 되는바 이러한 문제점을 해결하고자 법이 제정되었다.

바로 알기 1. 특징

❶ 사회법적 성격

임차인의 주거생활의 안정을 보장하여 인간다운 생활을 할 수 있도록 하기 위하여 계약자유의 원칙을 일부 제한하고 일부 규정을 강행규정화한 사회법적 성격을 가지고 있다.

❷ 강행규정적 성격

이 법의 규정에 위반된 약정으로서 임차인에게 불리한 것은 그 효력이 없다(주택임대차보호법 제10조)고 하여 강행규정적 성격을 가진다.

당사자 사이에 체결된 임대차계약이 법에 위배된다고 하여 모두 그 효력이 없는 것이 아니고 임차인에게 불리한 경우에만 무효로 한다.

❸ 민사집행법의 특례적 성격

주택임차인의 경우 거주하고 있는 주택을 명도하지 않고도 보증금을 회수하기 위하여 임차주택에 대한 강제경매를 신청할 수 있다.

바로 알기 2. 적용범위

이 법은 주거용 건물(이하 "주택"이라 함)의 전부 또는 일부의 임대차에 관하여 이를 적용한다. 그 임차주택의 일부가 주거 외의 목적으로 사용되는 경우에도 또한 같다.

주거용 건물(주택)

주거용 건물이란 토지에 정착하는 공작물 중 지붕 및 기둥 또는 벽이 있는 것과 이에 부수되는 시설로서 사람이 일상생활을 하는 공간을 말한다.

판단기준 건물이 주거용이냐, 비주거용이냐의 판단은 건물의 현황 · 용도 등에 비추어 일상생활을 영위할 수 있느냐의 여부로 판단하며, 부동산 등기사항전부증명서 · 건축물관리대장 · 가옥대장 등 공부상의 표시에 의하여 형식적으로 판단하지 않는다. 따라서 등기가 된 건물인지, 아니면 허가받은 건물인지 무허가건물인지는 주거용 건물을 판단하는 데는 상관없다.

주거용 건물(일부)

주택임대차보호법은 주거용 건물인 이상 건물의 전부에 대한 임대차뿐만 아니라 그 일부에 대한 임대차에 대하여도 적용된다.

판단기준 주거용 건물에 대한 판단시점은 원칙적으로 임대차계약 체결시이다.
따라서 비주거용 건물을 임차하여 사용 중에 임차인이 임의로 주거용으로 개조하여 사용하는 경우라든지 비주거용 건물에 주거용 건물을 증축하여 사용하는 경우에는 임대차법의 적용을 받을 수 없다.

❶ **공부상 용도는 공장이나 현재는 주거로 사용하는 경우 : 적용 가능**

어떤 건물이 주택임대차보호법의 적용의 대상이 되는 주거용 건물인지 여부는 등기부, 건축물관리대장 등 공부상 표시만을 기준으로 할 것이 아니라 사실상 주거로 사용하는지 여부를 기준으로 결정된다. 따라서 공부상 용도가 상가 · 공장으로 되어 있어도 이미 건물의 내부구조 및 형태가 주거용으로 용도변경된 건물에 임차하여 그곳에서 일상생활을 영위하면서 사실상 주거로 사용하고 있다면 주택임대차보호법의 보호대상이 된다.

❷ **주택의 일부를 점포로 개조한 경우 : 적용 가능**

임차주택의 일부가 주거 외의 목적으로 사용되는 경우에도 같은 법이 적용된다고 규정하고 있다. 그러나 주택과 점포의 구조와 점유면적, 건물의 주된 용도 등을 참작할 때 오히려 비주거용 건물의 일부를 주거로 사용하고 있는 경우라고 판단된다면 주택임대차보호법이 적용되지 않을 수도 있다.

바로 알기 3. 대항력

주택임대차보호법 제3조【대항력 등】

① 임대차는 그 등기가 없는 경우에도 임차인이 주택의 인도와 주민등록을 마친 때에는 그 익일부터 제3자에 대하여 효력이 생긴다. 이 경우 전입신고를 한 때에 주민등록이 된 것으로 본다.

② 임차주택의 양수인(기타 임대할 권리를 승계한 자를 포함한다)은 임대인의 지위를 승계한 것으로 본다.

❶ **대항력 시기**

주민등록을 마친 그 다음날부터 효력을 발생시킨다(즉 오전 0시임).

예를 들어 2021년 1월 10일 주택임대차계약을 체결하고 동 일자에 주민등록 전입을 하였는데, 같은 날짜에 은행에 근저당권이 설정되었다면 임차인은 공 · 경매가 진행되어 경낙이 된 경우 경낙자에게 자신의 보증금을 반환하라는 주장을 할 수 없다.

왜냐하면 근저당권은 당일에 효력을 발생하지만 임차인의 대항력 발생시기는 2021년 1월 10일 그 익일인 1월 11일 오전 0시이기 때문이다.

❷ 대항력 요건

구 분	내 용
주택의 인도	임차인이 대항력을 갖기 위해서는 임차인이 주택을 인도받아야 한다. 또한 임차인이 임대인의 동의를 얻어 주택을 전대(轉貸)하고 그 전차인(轉借人)이 주택을 인도받아 주민등록을 마치면 그 다음날부터 전차인도 대항력을 취득한다.
주민 등록 전입	관할동사무소에 주민등록 전입의 신고를 하여야 한다. 만일 주택임대차계약을 2021년 1월 10일 체결하고 전입신고를 2021년 1월 10일에 하였는데, 2021년 1월 10일 근저당권이 1순위로 설정되어 있는 상태에서 경매가 개시되어 경낙이 되었다면 대항력을 제3자에게 주장할 수 없다.

❸ 대항력 사례

■ 전입신고를 잘못한 경우 : 보호받을 수 없다.

주민등록전입신고를 하면서 착오로 임차주택의 소재지 지번이 잘못 기재된 경우에는 보호받을 수 없으며(주택임대차보호법상의 유효한 공시방법을 갖추지 못했음), 주민등록을 실제의 지번으로 정정한 경우 그때부터 비로소 보호받는다.

■ 일시적으로 주민등록을 옮긴 경우 : 보호받을 수 없다.

가족 전원의 주민등록을 다른 곳으로 일시적으로 옮겼다가 다시 전입한 경우에는 보호받을 수 없다(가족의 전부가 아닌 일부만인 경우는 보호받을 수 있음).

가족의 일부가 주민등록을 이전한 경우의 대항력

주택임대차보호법 제3조 제1항에서 규정하고 있는 주민등록이라는 대항요건은 임차인 본인뿐만 아니라 그 배우자나 자녀 등 가족의 주민등록을 포함하고, 주택임차인이 그 가족과 함께 그 주택에 대한 점유를 계속하고 있으면서 그 가족의 주민등록을 그대로 둔 채 임차인만 주민등록을 일시 다른 곳으로 옮긴 경우라면 전체적으로나 종국적으로 주민등록의 이탈이라고 볼 수 없는 만큼 임대차의 제3자에 대한 대항력을 상실하지 아니한다(1996.1.26. 선고 95다30338 배당이의 공1996상, 745).

■ 임차주택이 미등기건물인 경우 : 보호받을 수 있다.

현재 임차하고 있는 주택이 미등기인 경우에는 보호받을 수 있다(미등기건물이라도 주택인 이상 보호받음).

■ 가압류등기가 된 주택을 임차한 경우 : 보호받을 수 없다.

가압류등기가 된 주택에 임차한 후에 그 주택이 경매가 된 경우에는 가압류등기시보다 나중에 대항요건을 모두 갖춘 이상 경락인에게 대항할 수 없기 때문이다. 선순위 가압류채권자보다 우선변제를 받을 수는 없지만 채권액에 비례하여 안분배당을 받게 된다.

바로 알기 4. 우선변제권 · 최우선변제권

우선변제권

대항요건과 임대차계약증서상의 확정일자를 갖춘 임차인이 민사집행법에 의한 경매 또는 국세징수법에 의한 공매시 임차주택의 환가대금에서 후순위권리자, 기타 채권자보다 우선하여 보증금을 반환받을 수 있는 권리이다.

계약서상의 확정일자

구 분	내 용
구비시기	배당요구종기일까지 계약서에 확정일자를 받아두어야 한다. – 확정일자가 없으면 법원경매 또는 공매시 배당에서 제외된다. – 확정일자 없이도 배당이 되는 최우선변제권과 구별되어진다.
확정일자를 갖추는 방법	– 지방법원 또는 지방법원지원 및 등기소 – 관할 읍 · 면 · 동사무소 – 공증인가 합동법률사무소 등
확정일자에서 나타나기 쉬운 문제	– 확정일자 있는 계약서를 분실한 경우 우선변제권에서 제외된다. 이러한 경우에는 확정일자를 받은 기관에 확인을 받은 서류를 제출하여 우선변제권을 주장한다. – 임차보증금을 증액시에도 ① 기존의 계약서에 증액된 보증금을 표기하는 방법과 ② 새로운 계약서를 작성하는 방법이 있지만 ①의 경우에는 기존의 계약서를 보관하여 둔다. – 경매 또는 공매를 통한 매수인일 경우에 우선변제권을 주장하는 임차인이 그 임차보증금을 전액 변제받지 못하면 매수자에게 변제를 청구할 것이다. 이때 확정일자만 확인하고 변제하지 말고 임차보증금이 증액된 시점과 최선순위 등과 비교하여 최선순위 근저당권보다 일자가 뒤인 경우 증액된 부분만큼은 변제하지 않아도 된다.
배당요구 시기	우선변제권을 행사하기 위해서는 배당요구종기일까지 배당요구를 하여야 한다.

❶ 우선변제권 요건

우선변제권을 행사하기 위해서는 주택의 인도와 주민등록을 전입하고 확정일자를 받는 등 대항력 요건을 갖추어야 한다.

과거에는 경매가 진행될시 세입자는 대항력의 확보를 위하여 주민등록을 퇴거할 수 없었으나, 현재는 주택임대차보호법에 임차권등기명령제도가 신설되어 임차권등기를 한 후에 주민등록을 퇴거하여도 대항력을 인정받아 우선변제권이 유지된다.

❷ 우선변제권의 내용

구 분	내 용
우선변제권의 발생시점	우선변제권이 발생하는 기준시점은 대항력 요건의 기준시점과 확정일자 중 나중을 발생시점의 기준으로 한다. 입주와 전입신고를 마친 날에 확정일자를 갖추었는데, 그 다음날 저당권이 설정되었을 경우에는 임차인이 저당권자에 우선하여 배당된다.
우선변제를 받는 대상	대지를 포함한 주택의 환가대금의 전부이며, 소액보증금의 최우선변제권은 대지 포함 주택가액의 1/2이다.
임차주택의 인도	인도와 보증금반환의무는 동시이행관계에 있다.
확정일자부 임차인의 우선변제권	확정일자부 임차인과 담보권자의 우선순위는 대항요건 및 확정일자를 모두 구비한 최종시점과 담보권설정등기시점을 기준으로 판단한다.

Part 04

최우선변제권

주택에 대한 경매신청등기의 전이나 국세징수법에 의한 체납처분의 등기 전에 대항요건을 갖춘 임차인이 임차주택의 환가대금에서 보증금 중 일정액을 다른 담보물권자보다 우선하여 변제받을 수 있는 권리이다.

↘ 최우선변제권(경락금액 1/2 한도)

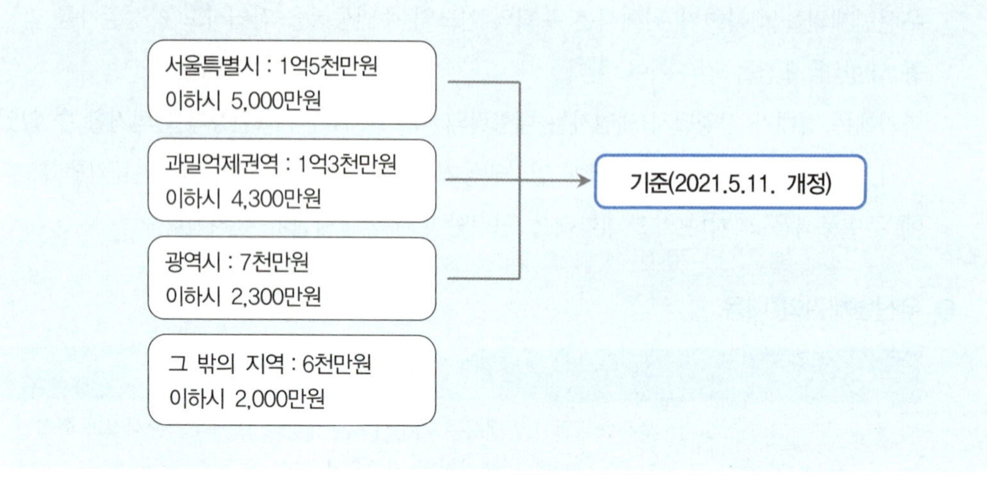

바로 알기 5. 임차권등기명령제도

주택임대차보호법은 주택의 인도와 주민등록전입신고를 대항요건 및 존속요건으로 규정하고 있기 때문에 임차인이 임대차가 종료된 후 보증금을 반환받지 못한 상태에서 주택에 대한 점유를 상실하거나 주민등록을 전출하게 되면 종전에 취득하였던 대항력 및 우선변제권은 소멸하게 되므로 보증금을 회수하는 것이 사실상 어렵게 된다. 따라서 임차인은 임대인으로부터 보증금을 반환받을 때까지 또는 임차주택이 경매된 경우에는 매각허가결정 선고시까지 임차주택에의 점유와 주민등록을 계속 유지하지 않으면 안된다.

이 경우 임차인이 임대차가 종료된 후 근무지의 변경이나 자녀의 전학 등으로 주소지를 옮겨야 할 필요성이 있음에도 불구하고 전출을 할 수 없었다.

임차권등기명령제도는 대항력과 우선변제권을 유지하면서 임차주택으로부터 자유롭게 이주하거나 주민등록을 전출할 수 있도록 하기 위함이 입법취지이다.

임차권등기명령을 신청한 후 전출을 하여도 기존의 대항력 및 우선변제권은 유지된다.

그러므로 아래의 사항이 충족되어야만 임차권등기명령신청을 할 수 있다.

❶ 임대차의 종료

- 임대차가 종료되어야 한다.
- 존속기간의 만료로 임대차가 종료된 경우는 물론 해지에 의하여 임대차가 종료된 경우나 합의해지된 경우도 포함한다.

❷ 보증금을 반환받지 못한 경우

- 일부라도 반환받지 못한 경우를 포함한다.
- 임차권등기명령의 대상은 잔존보증금에 대해서만 가능하다.

사례

[1] 다음과 같을 경우 배당순위는?

① 세입자가 주민등록전입신고를 2021.7.9.에 하고 확정일자를 2021.7.10.에 받은 경우
② 최선순위 근저당권일자가 2021.7.10.인 경우

■ 해답

임차인과 저당권자는 동순위로 배당받게 된다(임차인이 배당받지 못한 부분은 매수인에게 인수됨).

[2] 우선변제권자보다 앞선 가압류권자가 있는 경우(매각금액 1억원인 경우, 최우선변제는 고려하지 않음)

① 세입자 주민등록전입신고 및 확정일자 2021.5.10., 임차보증금 5천만원
② 가압류권자 2021.4.10.(가압류금액 1억5천만원)

■ 해답

임차인과 가압류권자 사이에는 비율배당을 한다.

[3] 다음과 같이 권리가 순서적으로 부동산에 설정된 경우에 권리분석은?(1억원에 경락이 되었을 경우)

－2021. 3. 5. 임차권 2억원(확정일자 없음) ······ (1)
－2021. 4. 8. 가압류권자 5천만원 ······ (2)
－2021. 5.20. 근저당권 1억원 ······ (3)
－2021. 7.20. 전세권 5천만원 ······ (4)

■ 해답

- 임차권자는 배당을 받을 수 없고 매수인에게 인수를 주장한다.
- 만약 확정일자를 받아두었으면 배당에서 1순위가 임차권자이다.
- 임차권자는 금액이 얼마이건 자신의 보증금을 받아 나갈 수 있다.

배당

－1순위 : 가압류권자 1억원×5천만원/2억원=2천500만원
－2순위 : 근저당권자 7천500만원
－3순위 : 전세권자 0원

SECTION 04

상가건물임대차보호법 바로 알기!

상가건물임대차에 관하여 민법에 대한 특례를 규정함으로써 국민 경제생활의 안정을 보장함을 목적으로 한다.

이 법이 제정되기 이전에 상가건물에 대한 경매진행시 경락이 되었을 경우 임차인에게는 주택임대차보호법의 우선변제권과 대항력이 인정되지 않아서 보증금을 전액 받지 못하고 경락인에게 명도를 하여 주었다.

바로 알기 1. 적용대상

상가건물의 모든 임차인에 대하여 적용되는 것이 아니라 환산보증금(보증금 + 월세환산액)이 해당 지역별로 다음 조건에 해당하는 경우에만 적용된다.

사업자등록의 대상이 되는 건물에 입주하고 있어야 하고, 다음의 보증금 이내의 임차인에만 적용된다.

지 역	금 액
서울특별시	9억 이하
수도권정비계획법에 의한 수도권 중 서울특별시를 제외한 과밀억제권역	6억9천 이하
광역시(안산시, 용인시, 김포시 및 광주시)	5억4천만원
그 밖의 지역	3억7천만원

(2019. 4. 2 시행)

* 월세인 경우에는 월세금액에 100을 곱한 금액을 전세보증금에 합하면 환산임대보증금이 나온다. 예를 들어 보증금이 5억원이고 월세가 300만원이라면 환산보증금이 3억원(5억원+300만원×100)이어서 서울지역에서는 보호대상이 된다.

바로 알기 2. 대항력

임대차는 그 등기가 없는 경우에도 임차인이 건물의 인도와 사업자등록을 신청한 때에는 그 다음날부터 제3자에 대하여 효력이 생기는데, 임차건물의 양수인(그밖에 임대할 권리를 승계한 자를 포함)은 임대인의 지위를 승계한 것으로 본다.

바로 알기 3. 우선변제권 · 최우선변제권

우선변제권

사업자등록을 마치고 확정일자를 받은 임차인은 경매 · 공매시 임차건물의 환가대금에서 후순위권리자보다 우선하여 보증금을 변제받는다(확정일자 있어야 함).

대항력 요건과 관할세무서장으로부터의 임대차계약서상의 확정일자를 받은 임차인은 우선변제권을 행사할 수 있다.

최우선변제권

① 소액임차인의 최우선변제권은 확정일자를 받지 않았더라도(사업자등록은 되어 있어야 함) 모든 권리자보다 최우선하여 보증금의 일정액을 최우선 변제받을 수 있다.

② 경매기입등기 전까지 대항력 요건을 구비한 소액임차인은 매각대금의 1/2의 범위 내에서 최우선변제권을 행사할 수 있도록 하였다.

③ 경매배당금에서 다른 담보물권에 앞서 임차보증금을 우선 받을 수 있는 소액보증금의 범위도 정해져 있다.

↘ 소액보증금변제권 보증범위(2013.12.30. 개정 : 현재 적용)

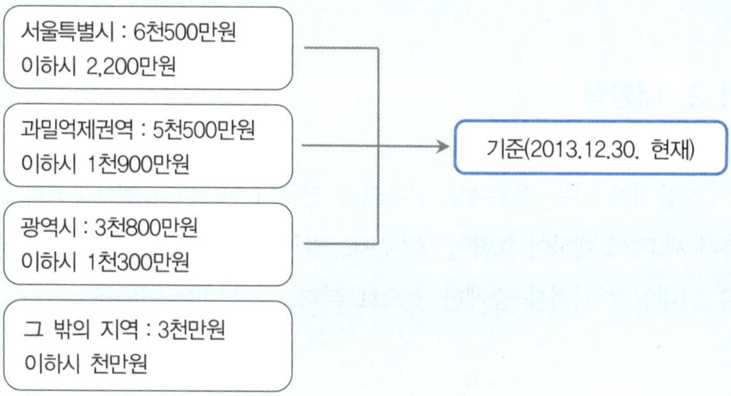

바로 알기 4. 확정일자

관할세무서장에게 사업자등록 신청을 하고 임대차계약서 원본에 세무서장으로부터 확정일자인을 받는다.

기존 세입자도 관할세무서장에게 임대차계약 내용 등에 대한 사업자등록정정 신고를 하고 임대차계약서 원본에 세무서장으로부터 확정일자인을 받으면 똑같이 보호가 된다.

보증금이 소액인 영세사업자는 확정일자에 상관없이 사업자등록을 하고 건물을 인도받았으면 국세나 다른 담보물권에 최우선해 일정액을 지급받는다.

임대차기간 등(상가건물임대차보호법 제9조)

① 기간의 정함이 없거나 기간을 1년 미만으로 정한 임대차는 그 기간을 1년으로 본다. 다만, 임차인은 1년 미만으로 정한 기간이 유효함을 주장할 수 있다.
② 임대차가 종료한 경우에도 임차인이 보증금을 반환받을 때까지는 임대차관계는 존속하는 것으로 본다.

바로 알기 5. 계약갱신요구권

임대인은 임차인이 임대차기간 만료 전 6월부터 1월까지 사이에 행하는 계약갱신요구에 대하여 정당한 사유없이 이를 거절하지 못한다.

계약갱신 거절사유

- 임차인이 3기의 차임액에 달하도록 차임을 연체한 사실이 있는 경우
- 임차인이 거짓 그밖의 부정한 방법으로 임차한 경우
- 쌍방 합의하에 임대인이 임차인에게 상당한 보상을 제공한 경우
- 임차인이 임대인의 동의없이 목적건물의 전부 또는 일부를 전대한 경우
- 임차인이 임차한 건물의 전부 또는 일부를 고의 또는 중대한 과실로 파손한 경우
- 임차한 건물의 전부 또는 일부가 멸실되어 임대차의 목적을 달성하지 못할 경우
- 임대인이 목적건물의 전부 또는 대부분을 철거하거나 재건축하기 위해 목적건물의 점유회복이 필요한 경우
- 그밖에 임차인이 임차인으로서의 의무를 현저히 위반하거나 임대차를 존속하기 어려운 중대한 사유가 있는 경우

임차인의 계약갱신요구권은 최초의 임대차기간이 5년을 초과하지 않는 범위 내에서만 행사할 수 있다.

임대인이 임차인에 대하여 갱신거절의 통지 또는 조건의 변경에 대한 통지를 하지 아니한 경우에는 그 기간이 만료한 때에 전임대차와 동일한 조건으로 다시 임대차한 것으로 본다. 이 경우에 임대차의 존속기간은 1년으로 본다.

제3자도 임대차계약 열람가능(상가건물임대차보호법시행령 제3조의 3)

건물의 임대차에 이해관계가 있는 자는 건물의 소재지 관할세무서장에게 다음 사항의 열람 또는 제공을 요청할 수 있다. 이때 관할세무서장은 정당한 사유없이 이를 거부할 수 없다.

① 임대인 · 임차인의 성명, 주소, 주민등록번호(임대인 · 임차인이 법인 또는 법인 아닌 단체인 경우에는 법인명 또는 단체명, 대표자, 법인등록번호, 본점 · 사업장소재지)
② 건물의 소재지, 임대차 목적물 및 면적
③ 사업자등록 신청일
④ 사업자등록 신청일당시의 보증금 및 차임, 임대차기간
⑤ 임대차계약서상의 확정일자를 받은 날
⑥ 임대차계약이 변경 또는 갱신된 경우에는 변경된 일자, 보증금 및 차임, 임대차기간, 새로운 확정일자를 받은 날
⑦ 그밖에 대통령령이 정하는 사항

상가건물임대차보호법이 시행되면서 피해를 보는 제3자(채권자 · 금융기관)도 생겨날 수 있다. 임대차계약이 있다는 사실을 숨기고 거래할 수 있기 때문이다.

정부는 이러한 경우를 막기 위해 채권자는 금융기관 등이 관할세무서에 상가건물임대차계약의 내용을 열람할 수 있도록 하였다. 열람하려면 이해관계자임을 증명할 수 있는 자료를 관할세무서에 제출해야 한다.

사례

[1] 다음과 같이 권리가 순서적으로 부동산에 설정된 경우에 권리분석은?

(상가가 2억원에 매각되었을 경우)

- 2021. 3. 5. 임차권 1억원(확정일자 없음, 대항력이 있는 경우) ………………………… (1)
- 2021. 4. 8. 가압류권자 5천만원 ………………………………………………………… (2)
- 2021. 5.20. 근저당권 1억원 ……………………………………………………………… (3)
- 2021. 7.20. 근저당권 5천만원 …………………………………………………………… (4)

■ 해답

- 임차권자는 배당을 받을 수 없고 매수인에게 인수를 주장한다.
- 최우선변제권에는 해당되지 않는다.
- 만약 확정일자를 받아두었으면 배당에서 1순위가 임차권자이다.
- 임차인을 제외한 권리자 모두가 전액 배당을 받을 수 있다.

배당

- 1순위 : 가압류권자 2억원×5천만원/2억원=5천만원
- 2순위 : 근저당권자 1억원
- 3순위 : 근저당권자 5천만원

[2] 다음과 같이 권리가 순서적으로 부동산에 설정된 경우에 권리분석은?

(서울특별시에 소재한 상가가 2억원에 경락되었을 경우)

- 2021. 3. 5. 임차권 4천만원(확정일자 없음, 대항력이 있는 경우) ……………………… (1)
- 2021. 4. 8. 가압류권자 5천만원 ………………………………………………………… (2)
- 2021. 5.20. 근저당권 1억원 ……………………………………………………………… (3)
- 2021. 7.20. 근저당권 5천만원 …………………………………………………………… (4)

■ 해답

- 임차권자는 소액보증금 2,200만원만 최우선변제를 받을 수 있다.
  나머지 보증금 1,800만원은 인수를 주장하여 매수인으로부터 임대기간 종료시 반환받는다(대항력 인정됨).

배당

- 1순위 : 2,200만원(임차인 최우선변제권)
- 2순위 : 가압류권자 178,000,000원×5천만원/2억원=44,500,000원
- 3순위 : 근저당권자 1억원
- 4순위 : 근저당권자 33,500,000원

Part 04

SECTION 05

보증인에게 청구하는 담보

보증채무는 채권자와 보증인 사이에 체결된 보증계약에 의하여 성립하는 채무로서 주채무자가 그 채무를 이행하지 않는 경우에는 보증인이 이를 이행하여야 할 채무를 말한다.

보증채무를 살펴보면 다음과 같다.

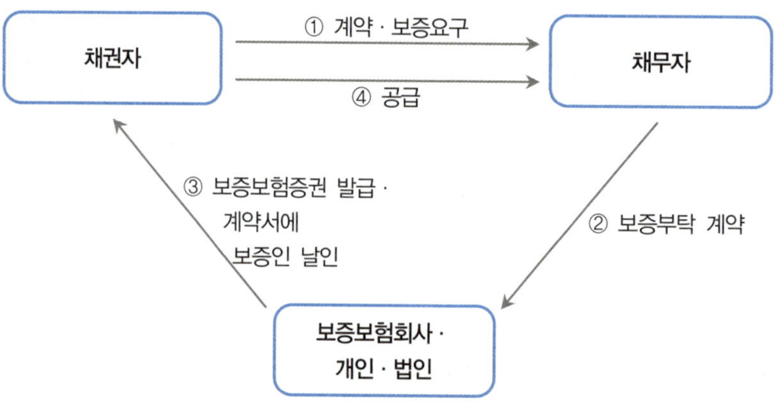

보증채무의 주요 내용

법적성질

❶ 독립성

보증채무는 주채무와는 별개의 독립한 채무이다.

❷ 부종성

주채무가 무효, 취소로 소멸되면 보증채무도 소멸된다.

❸ 수반성

주채무자에 대한 채권이 이전하는 때에는 보증인에 대한 채권도 원칙적으로 함께 이전한다.

❹ 보충성

주채무자가 채무를 불이행시 보증인은 주채무자의 변제자력이 있는 사실 및 그 집행이 용이하다는 것을 증명하여 먼저 주채무자에게 청구할 것과 그 재산에 대하여 집행할 것을 항변한다.

* 연대보증인에게는 보충성이 없다.

보증채무의 범위

보증채무의 범위는 주채무의 범위보다 클 수 없으며, 보증채무는 주채무의 이자 · 위약금 · 손해배상 기타 주채무에 종속된 채무를 포함한다.

보증채무의 대외적 효력

❶ 채권자의 권리

채권자는 주채무자와 보증인에게 동시에 또는 순차로 채무의 이행을 청구할 수 있고, 주채무자가 상속의 한정승인을 받은 때에는 채권자는 보증인에 대하여 채권의 전액을 이행할 것을 청구할 수 있다.

❷ 보증인의 권리

- 보증인은 주채무자가 채권자에 대하여 가지는 항변권을 행사하여 채권자에게 대항할 수 있다.
- 주채무자의 항변포기는 보증인에게 효력이 없다.
- 보증인은 주채무자의 채권에 의한 상계로 채권자에게 대항할 수 있다.
- 보증인에게는 최고 · 검색의 항변권이 있다(연대보증인에게는 없음).

주채무자의 변동시 나타나는 문제

자연인의 변동

❶ 사망

주채무자의 사망시 보증책임에는 아무 영향이 없다. 즉 보증인은 주채무자의 상속인이 상속받게 되는 상속지분에 해당하는 주채무에 대하여 여전히 보증책임을 지게 된다.

❷ 행위능력 상실

주채무자가 피한정후견인(구 : 한정치산자), 피성년후견인(구 : 금치산자)으로 선고되어 행위능력을 상실하더라도 이미 발생되어 있는 보증인의 책임에는 영향을 미치지 않는다.

법인의 변동

❶ 법인의 해산

법인은 해산하더라도 그 즉시 법인이 소멸되는 것이 아니라 청산의 범위 내에서 권리능력을 가진다.

따라서 주채무자인 법인이 해산되어서 법적으로 청산절차를 밟게 되어도 이미 발생되어 있는 보증인의 보증책임에는 아무런 영향을 미치지 않는다.

❷ 법인의 합병

합병이란 둘 이상의 회사가 법정절차를 밟아서 하나의 회사로 합쳐지는 것을 말하며, 한 회사가 존속하고 다른 회사가 소멸하는 흡수합병과 합병당사자인 회사 모두가 소멸하고 새로운 회사를 설립하는 신설합병이 있다.

흡수합병회사, 신설합병회사 모두 합병으로 인하여 소멸되는 소멸회사의 권리의무를 포괄적으로 승계하므로 주채무자인 회사가 합병을 하더라도 계속적으로 보증책임을 부담한다.

❸ 법인의 상호변경

보증채무에 영향을 미치지 않는다. 변경된 법인이름으로 새로운 계약을 체결할 필요는 없으나 가능하다면 변경된 법인과 변경계약을 체결해 둔다.

❹ 법인의 대표자 변경

대표자 변경사유는 보증계약에 영향을 미치지 않는다.

개인기업의 법인전환

개인기업을 법인으로 전환시 개인기업의 채무가 법인기업으로 무조건 이전되는 것은 아니다. 그러므로 변경되는 법인과 중첩적 채무인수계약을 체결하여 개인기업과 법인을 채무자로 묶어 놓는다.

연대보증에 대해서도 알아두자

연대보증은 보증인이 보증계약에서 주채무자와 연대하여 채무를 부담하기로 하는 보증채무이다.

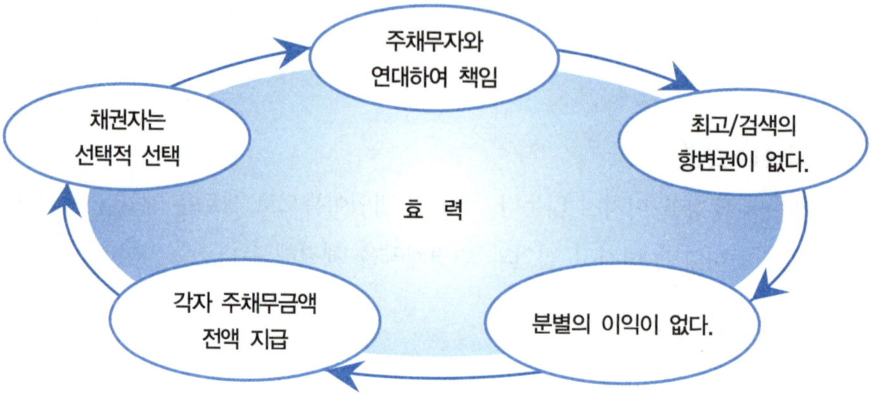

↘ 연대보증인 관계

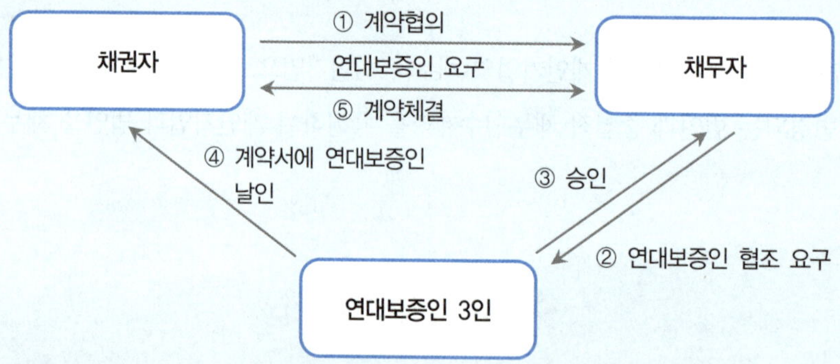

※채권자가 연대보증인에게서 채권을 회수하는 프로세스

① 채무자가 변제를 하지 않을시 채권자는 연대보증인 중 1인 또는 전부에게 변제 촉구한다.

② 연대보증인 재산파악 후 부동산가압류조치 등을 한다.

③ 물품대금청구소송을 주채무자, 연대보증인 등에 대한 선택권을 행사하여 소송진행을 한다.

④ 승소 후 가압류된 부동산에 대하여 강제경매를 통해서 회수한다.

연대보증인의 특징

연대보증인은 최고 · 검색의 항변권을 가지지 못하고, 연대보증인이 수인이 있는 경우에도 분별의 이익을 가지지 못하고 각자 주채무금액 전액을 지급하여야 한다.

* 분별의 이익이란 공동보증인이 하나의 계약으로 동시에 보증채무를 부담하였거나, 개별적인 계약으로 보증채무를 부담하였거나, 주채무액을 분할하여 그 금액에 대해서만 책임을 지는 것을 말한다.

실무에서 이루어지는 사항

채권자의 입장에서는 단순보증인보다는 연대보증인을 확보하는 것이 유리하다.

- 거래처와 약정시에는 연대보증인을 세운다.
- 연대보증인으로 될 자의 신용을 사전에 조사한다(신용불량자, 제한능력자 등).
- 연대보증인으로 될 자의 재산상태를 조사한다(등기사항증명서 등).
  * 재산세가 아무리 많이 나와도 선순위로 담보가 과다하게 설정되어 있고, 가압류 · 가처분 등 권리에 제약이 있으면 연대보증인을 교체한다.
- 연대보증계약 또는 연대보증서 및 인감증명서(용도란 : ㅇㅇㅇ회사 연대보증용)를 받는다.
- 인감증명서 등은 최근 3개월 이내의 것을 받도록 한다.
- 연대보증서에는 직접 자필로 서명날인케 하고 연대보증인의 무인을 받아둔다.

연대보증인 부적격자

- 제한능력자
- 신용불량자
- 주요 재산에 저당권 및 가압류 · 가처분 등이 되어 있는 자
- 연간 재산세 납부실적이 회사기준에 미달하는 자

* 연대보증의 재산에 대해서는 1년에 2회 정도는 반드시 재조사를 한 후 담보능력 여부를 재평가한 후 거래선과 거래하도록 한다.

* 거래선에서 연대보증인의 교체요구시 반드시 원인을 파악해 보고 교체하도록 한다.

최고 · 검색의 항변권

❶ 최고의 항변권

채권자가 보증인에게 채무이행을 청구할 경우 보증인이 주채무자에게 변제자력이 있는 사실과 그 집행이 용이하다는 것을 증명하여 먼저 주채무자에게 청구할 것을 요구할 수 있는 권리이다.

❷ 검색의 항변권

채권자가 주채무자에게 청구하지 않고 보증인에게 먼저 청구한 경우 보증인은 주채무자에게 변제자력이 있는 사실과 집행이 용이하다는 것을 증명하여 주채무자의 재산을 먼저 집행하라고 주장할 수 있는 권리를 말한다.

* 연대보증은 최고 · 검색의 항변권이 없다.

채권관리실무
자산은 유지하고 기업가치는 올리는 채권관리
세무 · 회계 지식서비스 분야의 선두주자 **조세통람**
국내 재경실무분야를 선도하는 No 1. Knowledge Provider

채 권 관 리 실 무

자산은 유지하고 기업가치는 올리는 채권관리

PART

05

왜, 어음 · 수표로 돈을 받지?

01 어음 · 수표 스캔하기!

02 어음 · 수표 제대로 관리하기!

03 어음 · 수표가 부도처리되었다면

04 위조 · 변조 및 전자어음

핵심 Key-Words

어음 · 수표 | 배서 | 소멸시효기간 | 부도 | 공시최고

SECTION 01

어음 · 수표 스캔하기!

왜, 어음 · 수표로 지급을 할까? 어음 · 수표로 지급을 하는 것은 현재의 자금 유동성에 문제를 주지 않고, 외상으로 나중에 지급을 하는 것과 같은 효과가 있기 때문에 지급의 수단으로 많이 활용된다.

어음 · 수표의 특성을 살펴보면 다음과 같다.

어음은 발행인 자신이 일정지급 금액을 무조건 지급 약속하는 지급약속증권이며, 주로 '신용'의 수단으로 이용된다.

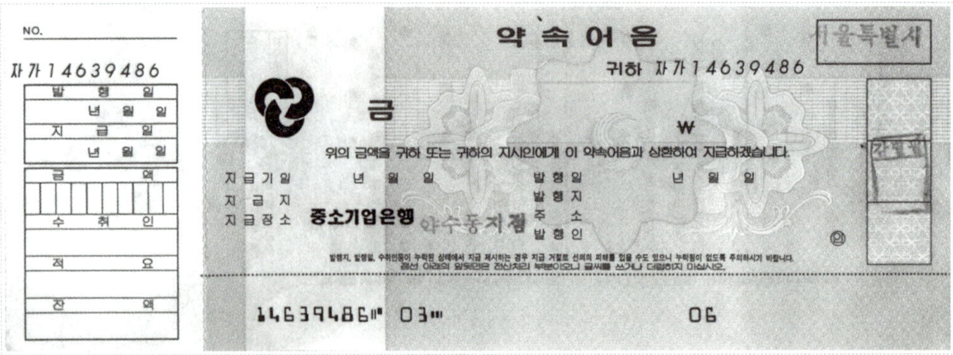

어음발행은 현금취급의 위험과 불편을 면한다.

어음은 거래대금 등을 현금 대신으로 지급함으로써 현금취급에 따르는 위험과 불편을 면할 수 있으며, 발행일과 만기(지급기일)의 간격을 길게 정함으로써 그 동안에 자금을 다른 곳에 활용할 수 있다.

수표는 발행인이 지급인인 거래은행에 대하여 수취인 기타 정당한 소지인에게 일정한 금액을 지급하는 형식의 지급약속증권이며, 주로 '지급'의 수단으로 이용한다(당좌수표, 자기앞수표, 가계수표, 보증수표 등).

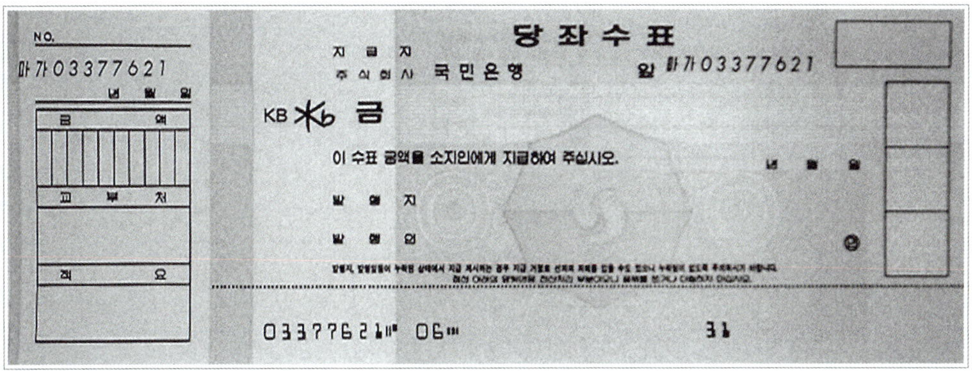

↘ 약속어음 FLOW

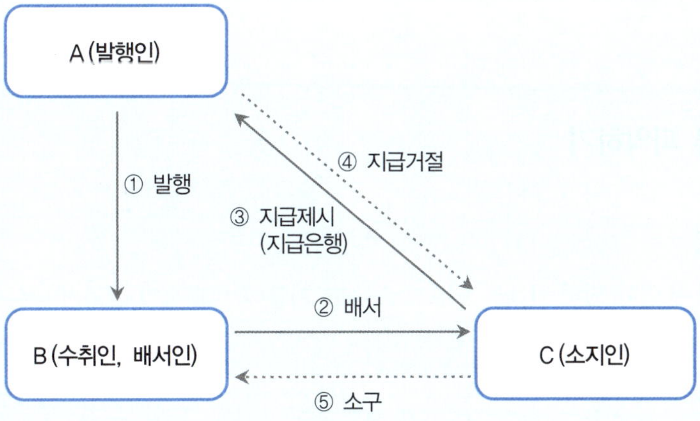

* 소지인(C)은 부도발생시 B에게 소구권을 행사한 이후 변제가 되지 않으면 발행인(A)과 수취인(B)을 함께 피고로 약속어음청구소송을 제기하여 승소 후 회수한다.

수표는 발행 후 즉시 지급제시할 수 있다.

만기(지급기일)가 없으므로 발행 후 즉시 지급제시를 할 수 있고, 은행 등의 금융기관에 의하여 수표금이 지급된다. 간혹 분실되거나 도난당한 경우에도 현금보다 안전하다.

Part 05

↘ 수표 FLOW

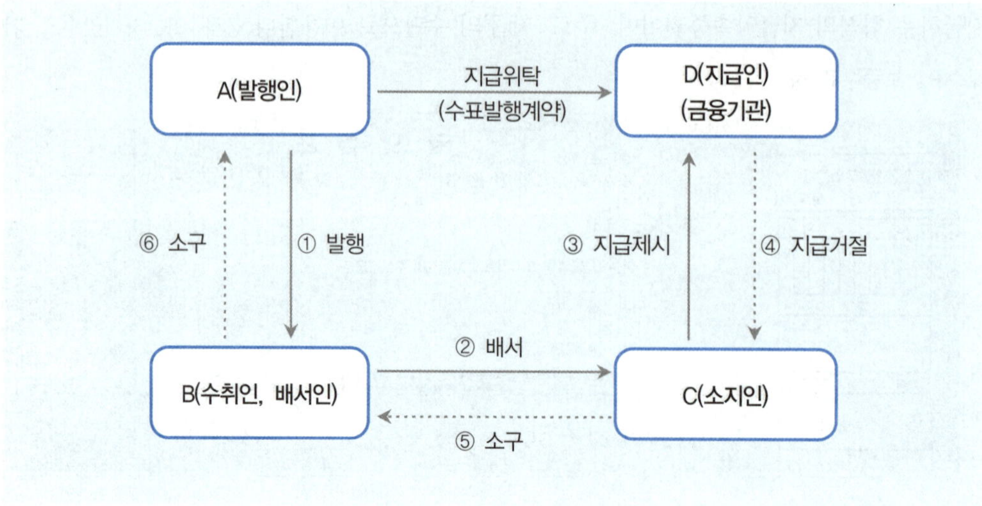

* 부도발생시 C(소지인)는 B에게 소구권을 행사하여 변제를 촉구한 이후 변제를 받지 못하면 발행인(A)과 함께 공동으로 또는 B만을 대상으로 수표금청구소송을 제기하여 승소 후 회수한다.

어음의 종류 파악하기

❶ 상업어음

상거래가 원인이 되어 발행된 어음으로서 그 지급이 비교적 확실하기 때문에 진성어음이라고도 한다.

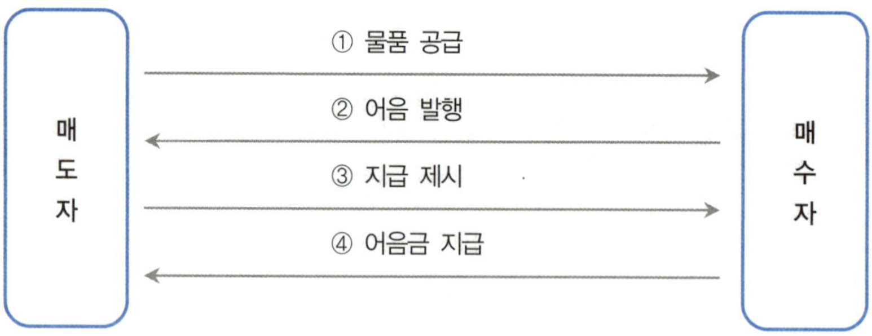

❷ 융통어음

융통어음이란 발행의 원인에 아무런 거래관계가 없으면서도 타인에게 자기의 신용을 이용하게 할 목적으로 발행, 배서, 인수 등이 행하여진 어음을 말한다.

상대방에게 융통어음을 발행해 달라고 의뢰한 사람은 어음의 만기까지 자금을 조달하여 융통어음의 발행인에게 어음을 결제하기 위한 자금을 변제하여 이 어음을 결제하게 된다.

두 사람이 서로 상대방을 지급인으로 하여 같은 액수의 어음을 발행하여 상대방으로 하여금 인수시키는 방식으로 행하여지기도 한다. 이 경우 쌍방은 자기가 발행한 어음에 대해서는 자기가 결제하게 된다.

융통어음은 현실적 거래없이 융통에 대한 편의를 주는 장점이 있지만 만일 상대방이 부도가 된다면 여기에 배서를 한 상대방도 부도처리될 수 있기 때문에 수금된 어음이 융통어음으로 판명된다면 주의를 요한다.

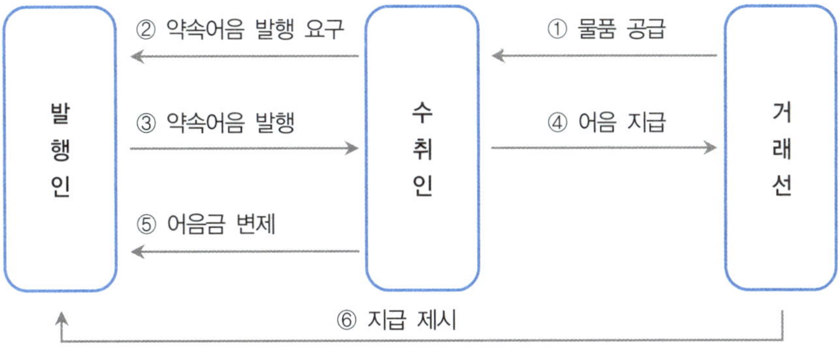

❸ 대부어음

금융기관 등이 금전소비대차를 하는 경우에 대여금을 회수하기 위하여 차용증서와 함께 받은 어음을 말한다.

❹ 할인어음

자금의 확보를 위한 방법으로 어음의 만기 전에 할인받은 어음이다. 이 경우에 만기까지의 중간이자를 공제한 금액을 지급받게 된다.

❺ 담보어음

장래에 발생할 수 있는 채무의 담보를 위하여 발행된 어음으로서 채무자가 변제기에 채무의 이행을 하지 않은 경우에는 채권자가 어음을 유통시킬 수 있다.

❻ 부도어음

어음교환소에 지급을 위한 제시가 되었으나 교환결제가 되지 않고 지급이 거절된 어음이다.

❼ 은행도어음

당좌거래약정을 은행과 체결하고 은행에서 제공하는 통일어음용지를 수령하고 이 어음에 지급장소를 기재하고 발행하는 어음을 말한다.

❽ 개인어음

문방구어음이라고도 하며, 문방구에서 판매하는 어음에 필요적인 기재사항을 기재하여 발행한 어음을 말한다(은행도어음과 달리 어음이 부도가 나도 당좌거래정지는 되지 않으나 기타 법적인 성격은 은행도어음과 동일함).

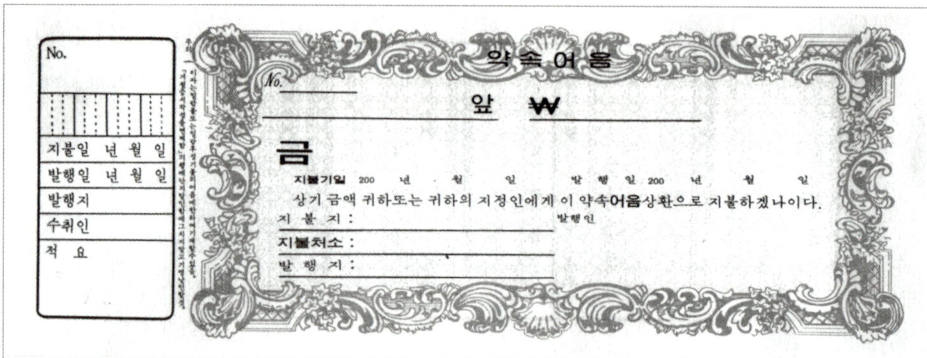
No.
지불일 년 월 일
발행일 년 월 일
발행지
수취인
적 요

약속어음
No.
앞 ₩
금
지불기일 200 년 월 일 발행일 200 년 월 일
상기 금액 귀하또는 귀하의 지정인에게 이 약속어음상환으로 지불하겠나이다.
지 불 지 : 발행인
지불처소 :
발 행 지 :

❾ 백지어음

백지어음이란 후에 그 소지인으로 하여금 어음요건의 전부나 일부를 보충시킬 의사로써 이를 기재하지 않고 백지 그대로 기명날인하여 교부한 '미완성어음'을 말한다.

백지어음은 '미완성어음'이라는 점에서 무효인 '불완전어음'과 구별된다. 즉 어음의 법정 필요적인 기재사항을 공란인 채로 발행한 어음이다.

백지어음은 백지부분이 보충되지 않으면 권리행사가 제한된다.

수표의 종류 파악하기

❶ 당좌수표

수표의 발행인이 은행과 당좌거래계약을 체결하고 은행에 있는 수표자금의 범위 내에서 발행하는 수표이다.

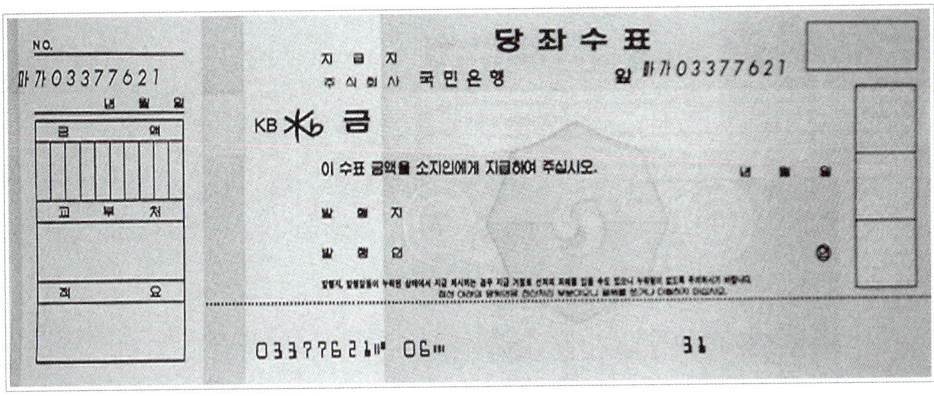

❷ 가계수표

은행과 가계종합예금계약을 체결한 자가 이를 기본거래로 하여 발행하는 수표로서 봉급 생활자, 자영업자 등이 주요 대상이다.

당좌수표제도에서 파생된 가계수표제도는 수표의 발행방법, 결제방법, 교환제도, 부도 처리 절차 등에서 차이가 없다.

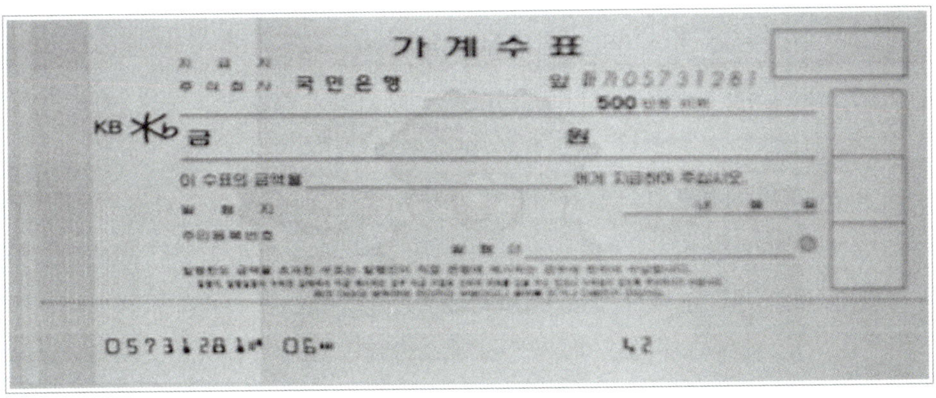

③ 자기앞수표

발행인과 지급인이 은행으로 되어 있는 수표로서 은행의 신용을 담보로 하므로 지급의 안정성이 확보된다.

④ 백지수표

수표요건을 백지로 하여 기명날인 또는 서명한 미완성의 수표를 백지수표라 한다. 이것은 후일에 소지인이 그 요건을 보충시킬 의사로 발행한다.

⑤ 선일자수표

선일자수표는 발행인이 미래의 도래일을 발행일로 기재하여 발행한 수표로서 기재한 일자 이전에도 지급제시하면 수표상의 금액을 지급받을 수 있다(발행인이 부도처리될 수 있음).

선일자수표를 받는 입장에서는 발행인이 현재 당좌예금이 없거나 자금이 부족한 상태를 뜻하는 것이므로 수령시 발행인의 신용도 내지 자력에 관심을 가져야 한다.

⑥ 횡선수표

횡선수표에는 일반 횡선수표와 특정 횡선수표가 있으며, 일반 횡선수표는 수표의 표면에 두 줄의 횡선을 그은 수표로서 지급인이 은행 또는 지급인의 거래처에 대해서만 지급할 수 있으므로 은행과의 거래가 없거나 은행을 통할 수 없는 자는 수표지급을 받을 수 없게 된다.

특정 횡선수표는 수표면의 표면에 두 줄의 횡선을 그어서 그 횡선 내에 특정의 은행의 명칭을 기재한 경우로 그 지정은행에 대해서만 지급이 가능하다. 위의 각 규정에 위반하여 지급하면 지급은행은 그로 인한 손해를 책임진다.

횡선수표의 횡선은 말소할 수 없으며, 이를 말소하여도 말소하지 않은 것으로 인정되므로 자격이 없는 자가 그 횡선을 말소하여도 은행과의 거래가 없거나 은행을 통할 수 없는 자는 지급을 받지 못하게 된다.

〈일반횡선수표〉

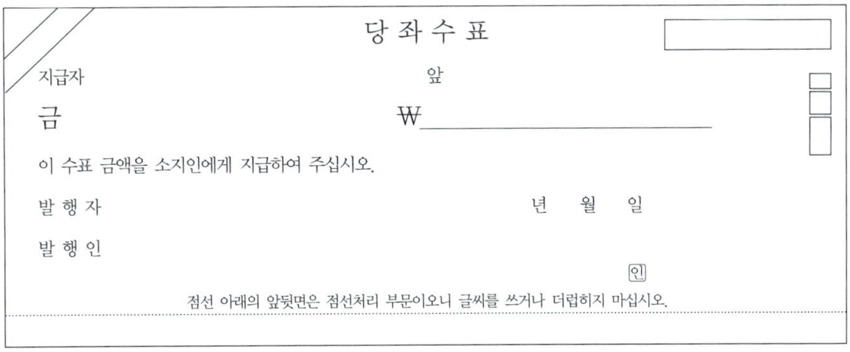
당 좌 수 표

지급자 앞

금 ₩

이 수표 금액을 소지인에게 지급하여 주십시오.

발 행 자 년 월 일

발 행 인 ㊞

점선 아래의 앞뒷면은 점선처리 부문이오니 글씨를 쓰거나 더럽히지 마십시오.

❼ 국고수표

예산회계법에 의한 세입, 세출예산을 집행하기 위하여 세입, 세출공무원이 발행하고 지급지를 한국은행 또는 한국은행국고대리점(은행)으로 하는 수표이다.

어음 · 수표의 차이점

	어 음	수 표
목 적	신용의 수단	지급의 수단
지급제시기간	지급기일 및 그에 이은 2거래일 이내	발행일로부터 10일 이내
소멸시효기간	발행인 : 지급일로부터 3년 배서인 : 지급일로부터 1년	지급제시기간 경과 후 6개월
부도시 제재	개인어음 : 부도처분 없음 은행도어음 : 부도처분	부정수표단속법에 의한 형사처벌
지급장소	개인어음 : 지정된 장소 은행도 어음 : 지급은행	지급은행
수취우선순위	수표 > 은행도어음 > 개인어음	

어음 · 수표 관여자에 대한 엄격한 책임 지우기

어음 · 수표는 발행인의 손을 떠나면 제3자에게 전전유통되는 유가증권으로서 법으로 엄격한 요건을 정하여 발행을 제한하고 유통에 관여하는 자들에 대한 엄격한 책임을 지우고 있다.

❶ 완전유가증권성

어음 · 수표는 증권과 그 표창하는 권리와의 결합 정도가 아주 밀접하여 권리의 이전과 행사뿐만 아니라 권리의 발생을 위하여도 증권을 필요로 한다.

❷ 설권증권성

어음 · 수표는 권리의 발생을 위하여 증권의 작성이 반드시 필요한 설권증권이다.

❸ 금전채권증권성

어음 · 수표는 일정한 금전의 지급을 위탁하거나 약속하는 것으로 금전유가증권이다.

❹ 무인증권성

어음 · 수표는 증권상에 원인관계가 기재되어 있지 않고 증권상에 표창되어 있는 권리가 원인관계의 존부 또는 유효 · 무효에 의하여 영향을 받지 않는 무인증권이다.

❺ 문언증권성

증권상의 권리의 내용이 증권에 기재된 문언에 따라 결정되는 증권을 문언증권이라 한다.

❻ 요식증권성

어음 · 수표는 반드시 기재하여야 할 요건이 법정되어 있기 때문에 법정기재사항 중의 하나라도 기재되어 있지 않으면 증권으로서의 효력이 발생하지 않는 요식증권이다.

❼ 지시증권성

어음 · 수표는 지시식으로 발행된 경우뿐만 아니라 기명식으로 발행되었다 하더라도 배서금지의 기재가 없는 한 배서에 의하여 양도할 수 있는 법률상 당연한 지시증권이다.

SECTION 02

어음 · 수표 제대로 관리하기!

어음과 수표는 경제적으로 미치는 영향이 상당히 크기 때문에 법으로 기재사항이 정해져 있는데 그 기재사항 중에 하나라도 빠져 있으면 어음 · 수표로서의 효력이 발생하지 않게 된다.

어음 · 수표의 필요적 기재사항은 다음과 같다.

❶ 어음의 필요적 기재사항

- 약속어음이라는 문언
- 일정금액의 무조건 지급약속 문언
- 수취인 또는 그 지시인
- 만기일
- 지급지
- 발행일과 발행지
- 발행인의 기명날인

❷ 수표의 필요적 기재사항

- 수표라는 문언
- 일정금액의 무조건 지급위탁
- 지급인의 명칭
- 지급지
- 발행일과 발행지
- 발행인의 기명날인

↘ 어음 · 수표의 유익적 · 무익적 기재사항

유익적 기재사항	무익적 기재사항
■ 지급인의 주소 ■ 발행인의 주소 ■ 지급장소 ■ 어음금액의 중복기재 ■ 거절증서작성 면제문구 ■ 지시(배서) 금지문구	■ 발행인의 지급무담보 문구 ■ 연체이자 약정문구

만일 유해적 기재사항*이 있으면 어음 · 수표가 무효가 되어 부도처리된다.

* 유해적 기재사항으로는 분할지급문구, 조건부지급문구, 발행인이 어음채무를 부담하지 아니한다는 문구, 일람출급, 일람 후 정기출급, 발행일자 후 정기출급, 확정일출급과 다른 만기의 기재 등이다.

필요적 기재사항 알아보기

❶ 수취인

- 수표에는 없으며, 어음을 발행인으로부터 직접 교부받은 자이다.
- 어음 뒷면에 제1배서인인 자이다.
- 수취인의 명칭은 개인기업일 경우는 대표자 성명 또는 기업이름을, 법인일 경우에는 법인의 상호명을 적는다.
- 어음을 만기에 은행에 지급제시할 경우에는 반드시 수취인을 적어 넣는다(수취인은 제1배서인임).
- 만약 수취인이 공란인 채로 은행에 지급제시되었다가 부도 발생시에는 발행인을 제외한 배서인들에게 소구권을 행사할 수 없다.

❷ 액면금액

- 어음 · 수표의 액면금액은 단일 특정되어야 하고 삼천만원 또는 사천만원 등 선택적으로 기재가 되었을 경우에는 무효이다.

- 문자로 기재한 금액과 숫자로 기재한 금액이 서로 다를 때에는 문자로 기재한 금액이 우선한다.

  예 : 금 천만원정(₩1,000,000) → ₩10,000,000으로 인정한다.
- 문자와 문자 또는 숫자와 숫자끼리 기재한 금액이 서로 다른 때에는 적은 금액이 우선한다.

  예 : 이천만원정(이백만원정) → ₩2,000,000으로 인정
- 불확정적인 금액기재는 무효이다.

  예 : 오백만원 또는 칠백만원정

③ 지급기일

어음의 만기에는 4가지 종류가 있다.

- 일람출급(예 : 일람지급)
- 일람 후 정기출급(예 : 일람제시 후 30일 지급)
- 확정일 출급(예 : 2021.3.24.)
- 발행일자 후 정기출급(예 : 발행일자 후 30일 지급)

위의 4가지 종류와 다른 만기를 정한 어음은 무효이다.

또한 지급기일이 발행일보다 과거에 발행되었다고 기재되었으면 무효이다.

④ 지급지

- 어음 · 수표금을 지급할 지역을 말한다.
- 어음 · 수표금 청구소송을 제기할 기준이 된다.
- 독립된 최소 행정구역을 표시하면 된다(예 : 서울특별시, 서울시 등).
- 지급지가 기재되어 있지 않으면 어음 · 수표는 원칙적으로 무효이다.
- 어음에 지급지가 없으면 발행지를 지급지로 본다.
- 수표에서 지급지가 없을 경우에는 지급인의 명칭에 부기한 곳을 지급지로 본다.
- 지급지의 기재가 없이 지급제시되면 백지어음 · 수표이다.

⑤ 발행일

- 어음 · 수표가 발행된 날로 어음 · 수표에 기재된 날을 말한다.
- 실제로 발행한 날짜와 일치하지 않아도 된다.
- 수표는 미래의 날을 발행일로 하여 발행할 수 있다.
- 어음 · 수표의 부도시 발행일이 백지인 상태이면 어음 뒷면의 배서인이나 수표의 발행인, 배서인들에 대하여 소구권을 행사할 수 없다.
- 실무적으로 영업부서로부터 어음 · 수표를 수령하였을 시에는 반드시 적어 넣는다.

⑥ 발행지

- 어음 · 수표가 발행된 지역을 말한다.
- 실제로 발행된 지역과 일치하지 않아도 된다.
- 발행지가 기재되지 않은 어음은 원칙적으로 무효이다.

⑦ 발행인의 기명날인 또는 서명

- 어음 · 수표에는 반드시 발행인이 기명날인 또는 서명날인하여야 한다.
- 기명날인이란 발행인이 자신의 이름을 적고 도장을 찍는 것을 말한다.
- 서명날인이란 발행인이 어음 · 수표에 서명하는 것을 말한다.
- 도장은 막도장이든, 사용인감이든 관계없으나, 은행과 당좌거래약정시 신고한 도장 및 서명을 하여야 인감상이를 이유로 부도처리되지 않는다.
- 발행인이 선택적으로 기재된 어음은 무효이다.
- 기명무인으로 (지장)한 어음은 무효이다.

어음 · 수표의 배서에 대해 살펴보기

배서란 어음 · 수표의 뒷면에 소지인이 다른 사람에게 기명날인 또는 서명하여 어음 · 수표를 이전하여 주는 것을 말한다.

어음 · 수표는 배서에 의한 방법 및 인도에 의한 방법으로 양도할 수 있다.

↘ 배서의 유형

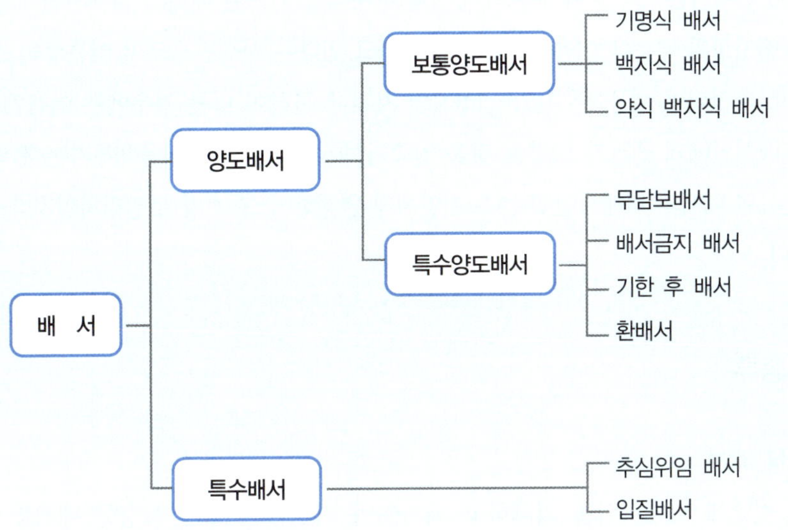

배서의 요건과 방식

배서는 무조건으로 하여야 한다.
수표의 경우에는 수표 뒷면에 배서인이 기명날인 또는 서명날인한다.
그리고 금액의 일부에 대한 배서는 무효이다.

배서의 효력에 대해서 알아보면

❶ 권리이전적 효력 : 배서에 의하여 권리가 이전된다

배서에 의하여 항변의 절단이 생기고, 피배서인이 그 어음채무자를 해할 것을 알고 어음을 취득한 경우를 제외하고는 종래의 배서인에 대하여 가지고 있던 항변을 가지고 그 피배서인에게 대항할 수 없다.

❷ 담보적 효력 : 배서인은 지급을 담보한다

배서인은 원칙적으로 당연히 피배서인 및 그 후자 전원에 대하여 인수 및 지급을 담보하고 어음의 인수 및 지급이 없는 경우에는 어음금액을 지급할 책임을 부담한다.

❸ 자격수여적 효력 : 어음의 소지인은 정당한 권리자로 추정받는다

배서에 있어서는 자격수여적 효력이 있어서 형식상 연속된 배서의 피배서인 또는 최종배서가 백지식의 경우에 어음소지인은 소지하고 있다는 사실만으로써 어음상의 정당한 권리자로 추정되어 어음채무자가 권리자인 자격에 관하여 다툴 경우에는 어음채무자측에서 피배서인에게 권리가 없다는 것을 입증하여야 한다. 또한 어음채무자는 선의로 형식상 연속된 배서의 피배서인 또는 소지인에게 변제하면 그 자가 무권리자일지라도 책임을 면한다.

배서의 종류

❶ 기명식 배서

어음 뒷면에 피배서인을 기재하고 배서인이 기명날인 또는 서명한 배서를 말한다.

기명식 배서

앞면에 적은 금액을 B 또는 그 지시인에게 지급하여 주십시오. (목적 또는 부기) 거절증서 작성을 면제함. ○○○○년 ○월 ○일 주소 : 서울시 ○○구 ○○동 ○○번지 성명 : A ㉞
앞면에 적은 금액을 C 또는 그 지시인에게 지급하여 주십시오. (목적 또는 부기) 거절증서 작성을 면제함. ○○○○년 ○월 ○일 주소 : 서울시 ○○구 ○○동 ○○번지 성명 : B ㉞

❷ 백지식 배서

배서의 기재사항 중 피배서인을 지정하지 않은 채 배서인이 기명날인 또는 서명한 배서를 말한다.

백지식 배서에 의하여 어음상의 권리를 이전하는 효력과 담보적 효력 및 자격수여적 효력을 가지며, 백지를 보충하지 않고 또 배서도 하지 아니하고 어음을 제3자에게 양도할 수 있다.

백지식 배서

앞면에 적은 금액을 또는 그 지시인에게 지급하여 주십시오. (목적 또는 부기) 거절증서 작성을 면제함. ㅇㅇㅇㅇ년 ㅇ월 ㅇ일 주소 : 서울시 ㅇㅇ구 ㅇㅇ동 ㅇㅇ번지 성명 : A ㉞
앞면에 적은 금액을 또는 그 지시인에게 지급하여 주십시오. (목적 또는 부기) 거절증서 작성을 면제함. ㅇㅇㅇㅇ년 ㅇ월 ㅇ일 주소 : 서울시 ㅇㅇ구 ㅇㅇ동 ㅇㅇ번지 성명 : B ㉞

❸ 배서금지 배서

배서인이 배서를 할 때 '배서금지'라는 문구를 기재하고 한 배서를 말하며, 배서인은 자기로부터 직접 어음을 수취한 자에게만 담보적 책임을 지고, 그 후의 어음 취득자에 대해서는 담보책임을 지지 않는다.

❹ 무담보 배서

배서를 하면서 담보책임을 지지 않겠다는 배서를 말한다.

만약 거래선으로부터 이러한 어음을 수금하였다면 어음 부도시 무담보 배서를 한 거래선에 대해서는 소구권을 행사할 수 없고, 물품대금청구소송 등 소송의 종류를 달리하여 어음을 하나의 증거자료로 제출하여야 한다.

배서의 연속성

연속된 배서에 의하여 어음소지인은 적법한 소지인으로 추정된다.

실질적으로는 동일인이라고 하더라도 어음상의 기재에 동일인이라고 인정될 수 없는 경우에는 배서의 연속은 인정되지 않는다.

즉 수취인 A로부터 B에게, B로부터 C에게, C로부터 소지인에게 어음상 순차 배서양도의 기재가 있는 것을 말한다.

↘ 배서의 연속

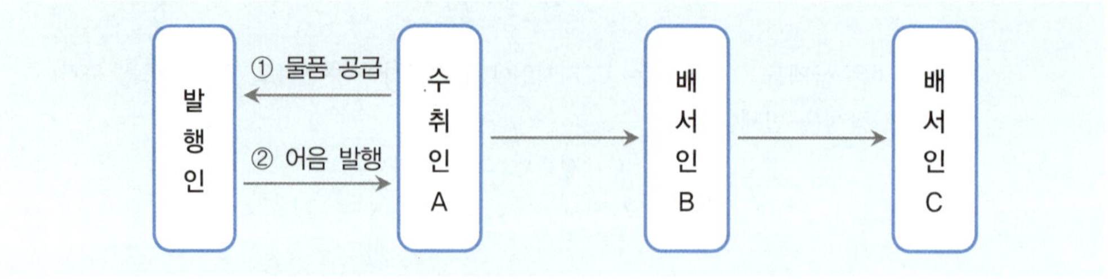

(1) 배서는 형식상 연속하기만 하면 된다(진정한 권리자인지 묻지를 않음).
(2) 배서가 기명식일 경우 피배서인이 다음 칸에 배서인으로 되어 있는지 확인한다.
(3) 무인을 찍었는지 확인한다(무효).
(4) 배서가 연속되어 있지 않으면 배서가 불연속된 이후의 배서인은 진정한 권리자로 추정받지 못한다.

어음 · 수표의 지급제시

어음 · 수표의 소지인이 발행인 또는 은행에게 액면상의 금액을 청구하는 것을 말하는데, 어음 · 수표 소지자는 지급제시기간 내에 제시하여야 하며, 백지어음 · 수표는 지급제시로서의 효력이 없다는 점을 명심하자.

❶ 어음의 지급제시기간

확정일 출급어음, 발행일자 후 정기지급어음, 일람 후 정기지급어음의 경우에는 지급을 하기로 한 날 또는 이에 이은 그 거래일 내에 지급제시를 하여야 한다. 어음의 지급제시기간은 지급기일을 포함해서 3일 내에 지급제시를 하여야 한다.

위 3일은 은행이 영업을 하는 날을 말한다. 예를 들어 만기일이 2021.6.10.(목) 인데 정상적으로 하면 만기일이 2021.6.12.(토)이나 은행이 영업을 하지 않는 공휴일이 있으면 포함하지 않으므로 2021.6.14.(월)이 만기이다.

❷ 수표의 지급제시기간

국내수표는 발행일로부터 10일 이내에 지급을 위한 제시를 하여야 한다. 이때 수표의 발행일은 포함하지 않으므로 수표의 소지인은 발행일을 포함하여 11일 내에 지급제시를 하면 된다(예 : 발행일이 2021.3.10.이라면 지급제시기간은 2021.3.20.까지임). 지급제시기간 내에 은행 휴무일이 있어도 포함시킨다(단, 말일이 은행 휴무일이면 다음날까지 지급제시 하면 됨).

❸ 지급제시를 하지 못한 경우의 효력

지급제시기간 내에 적법한 지급제시를 하지 않은 소지자는 약속어음 · 수표의 배서자, 수표의 발행자에 대한 소구권을 상실한다. 그러므로 배서인에 대하여 어음 · 수표청구소송을 하면 패소하며, 수표의 지급보증인에 대해서도 청구할 수 없다.

당좌수표나 가계수표인 경우에는 부정수표단속법으로 형사처벌받지 않는다.

* 실무상으로는 수표 수금시 발행일이 지급제시기간일로부터 촉박한 경우에는 은행에 수탁시키는 것보다는 따로 보관하고 있다가 직접 창구제시한다.

Part 05

SECTION 03

어음 · 수표가 부도처리되었다면

어음이나 수표를 받고난 이후에 기업내부의 확인절차를 거쳐 거래은행에서 신고된 계좌로 돈이 들어오면 아무런 문제가 없지만 발행인이 자신의 계좌에 돈을 입금시키지 않으면 이는 부도이다. 즉 부도란 어음 · 수표의 정당한 소지인이 지급제시기일 내에 지급제시를 하였으나 은행으로부터 지급을 받지 못한 경우를 말한다.

부도통보를 받으면 대금을 어떻게 회수할 것인가?

이제 회사 내에서 대책을 마련하기 시작해야 한다.

부도사유로는 다음과 같은 것들이 있다.

① 예금부족 또는 지급자금 부족
② 무거래
③ 형식불비
④ 안내서 미착
⑤ 사고신고서 접수
⑥ 위조, 변조
⑦ 제시기간 경과 또는 미도래
⑧ 인감, 서명 상이
⑨ 지급지 상이
⑩ 법적으로 가해진 지급제한
⑪ 가계수표 장당 발행한도 초과

부도발생시 대책 알아보기

❶ 부도사유 조사

지급은행에 부도사유를 확인한다(통상적으로 부도 발생시 통보함). 형식불비시에는 제시기간 내에 형식을 보완하여 다시 제시한다.

발행자 및 배서인에 대한 소재지 파악 및 재산조사를 실시한다.

❷ 어음의 지급책임의무

약속어음 발행인은 어음이 부도가 나면 주채무자이기 때문에 책임을 면할 수 없으며, 소멸시효(3년)가 경과될 때까지 지급책임의무를 진다. 만일 보증인이 있으면 보증인에게도 청구가 된다.

❸ 소구의무자에게 소구

소구의무자(약속어음의 배서인)는 어음상의 채무자로서 주채무자가 아니지만 청구할 수 있다.

❹ 어음 · 수표금청구소송의 제기

자발적인 변제가 어렵다고 판단될 시에는 어음 · 수표금청구소송을 제기한다(약속어음은 지급지, 수표는 발행지를 관할하는 법원에 소장 제출).

소구권

어음 · 수표의 소지인이 지급제시기간 내에 적법한(완전한) 어음 · 수표를 지급제시하였으나 지급을 받지 못하였을 경우에 어음 · 수표의 작성에 관여한 자에게 상환을 청구하는 것이다.

당사자 및 요건

① 소구권자는 지급제시기간 내에 적법한 지급제시를 하였으나 지급받지 못한 자이다.
② 완전한 어음(백지어음 · 수표가 아님)을 지급제시기간 내에 행사하지 않으면 소구권을 상실한다.
③ 소구권자에게 어음 · 수표금을 지급하였으면 자기앞의 배서인 또는 발행인에게 소구권을 행사할 수 있다.
④ 소구의무자란 약속어음 배서인, 배서인의 보증인, 수표의 발행인, 배서인, 보증인을 말한다.

부도발생시 대책

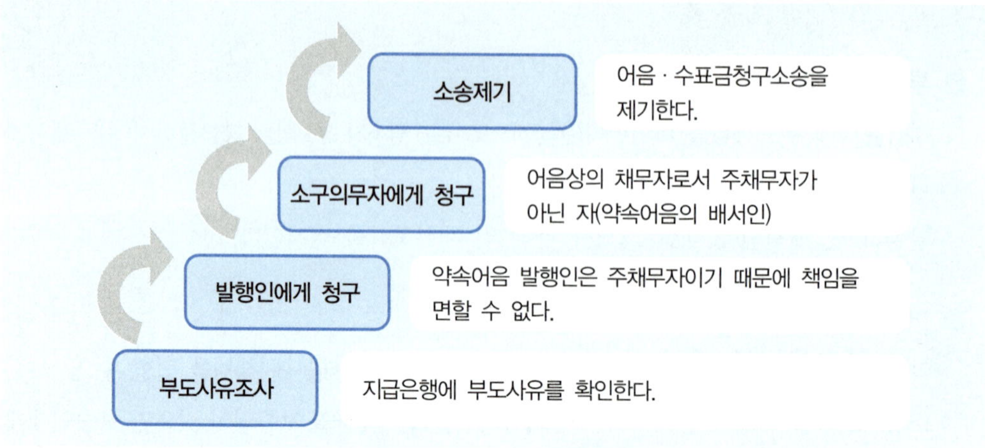

부도어음을 사전에 예방하는 방법

발행인의 업종과 발행인과 배서인의 인적관계에 유의해야 하며, 지급일이 공휴일인 경우 또는 발행인 및 배서인이 같은 필적일 때도 주의해야 하고, 배서인이 많거나 지방 배서인이 많은 경우에도 부도어음의 가능성을 확인하여 사전에 예방해야 한다.

어음 · 수표의 소멸시효기간 비교

구 분	권리의 종류	시효기간의 시작일	시효기간
약속어음	1. 어음소지인의 발행인 및 이의 보증인에 대한 청구권	만기일 다음날	3년
	2. 어음소지인의 배서인에 대한 소구권	거절증서 작성 면제시 만기일 다음날, 거절증서 작성시 증서 작성 다음날	1년
	3. 어음배서인이 자기보다 앞선 배서인에 대한 소구권	어음을 회수한 날 또는 제소된 날의 다음날	6월

구 분	권리의 종류	시효기간의 시작일	시효기간
수 표	1. 소지인의 배서인, 발행인, 보증인에 대한 소구권	제시기간 경과 후 다음날	6월
	2. 수표채무자의 다른 채무자에 대한 소구권	수표를 환수한 날 또는 제소된 날의 다음날	6월
	3. 지급보증인에 대한 청구권	제시기간 경과 후 다음날	1년

예방대책 알아보기

사고신고담보금이란 어음 · 수표의 발행인이 어음 · 수표금의 액면금액에 해당하는 금액을 지급은행에 예치하여 둔 자금을 말한다.

어음 · 수표의 발행인은 물품의 공급을 받는다거나, 용역을 제공받거나, 공사를 진행시키면서 어음 · 수표를 발행하게 된다. 만일 이러한 원인관계에 중대한 하자가 발생하였는데도 발행자가 어음 · 수표금을 지급하게 된다면 큰 손실이 아닐 수 없다. 그러므로 발행인은 미리 액면금액에 해당하는 자금을 만기일의 은행영업시간까지 지급은행에 별단예금으로 예치한다.

↘ 회수하는 방법

① 발행인(별단예금에 예치한 자)을 설득하여 회수한다.
② 어음금 · 수표금청구소송을 제기하여 회수한다.
③ 소지인이 사고신고예치금에 대하여 6개월 내에 소송을 제기하지 않으면 예치인이 찾아간다.
④ 지급은행에 대하여 소제기증명원 1부와 사고신고담보금을 소송이 진행 중이므로 소송이 종료될 때까지 제3자에게 지급하여 주지 말 것을 내용으로 하는 문서를 2부 작성하여 제출한다(1부는 은행제출, 다른 1부는 은행제출 확인용).
⑤ 지급은행은 은행의 다른 채무와 상계할 수 없고, 제3자의 채권가압류 · 압류의 대상도 되지 않는다.
⑥ 승소판결을 얻으면 판결이 확정됨과 동시에 송달증명원을 법원에서 발급받아 지급은행에 접수한 후 회수한다(어음 · 수표 실물, 판결문 정본, 확정증명원, 송달증명원, 법인인 경우 법인인감증명, 법인등기사항전부증명서, 위임장, 대리인 신분증, 재직증명서 등을 지참한다. 사전에 지급은행 당좌계에 제출서류를 확인함).

SECTION 04 위조 · 변조 및 전자어음

위조

아무런 권한없는 자가 타인의 기명날인 또는 서명을 도용하여 발행, 배서, 보증, 인수 등의 행위를 하는 것을 말한다.

① 위조를 당한 자는 책임을 지지 않는다.

② 위조를 당한 자가 대리권을 부여하였다거나, 대리권이 있음을 제3자가 인식하는 데 책임이 있다면 표현대리에 대한 책임을 지게 되는 경우가 있다.

③ 위조한 자는 어음 · 수표상의 책임을 부담하지 않는다. 다만, 유가증권 위조죄로 형사처벌을 받는다.

④ 위조한 어음 · 수표에 배서 및 보증한 자는 지급책임을 진다.

어음 · 수표의 위조와 그 효과

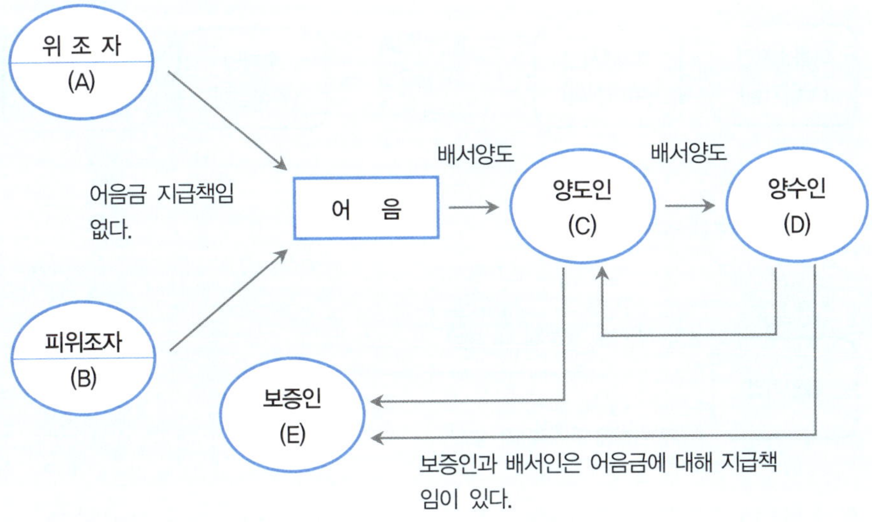

위 그림에서 A와 B는 어음금 지급책임이 없으며 E는 C, D에 대하여, C는 D에 대하여 어음상에 표기된 대로 어음금을 지급해야 한다.

변조

변조란 기명날인 또는 서명을 제외한 어음 · 수표상에 기재된 내용을 권한없이 변경하는 것을 말한다.

① 변조한 자는 어음 · 수표상에 기명날인 또는 서명이 되어 있지 않으므로 어음 · 수표상 책임을 지지 않는다.

② 변조자는 불법행위로 인한 손해배상 및 유가증권 변조죄로 형사처벌을 받는다.

③ 변조 전에 어음 · 수표에 기명날인 또는 서명한 자는 변조되기 전의 문언대로 책임을 진다.

④ 변조된 후에 어음 · 수표에 기명날인 또는 서명한 자는 변조 후의 문언대로 책임을 진다.

↘ 어음 · 수표의 변조와 그 효과

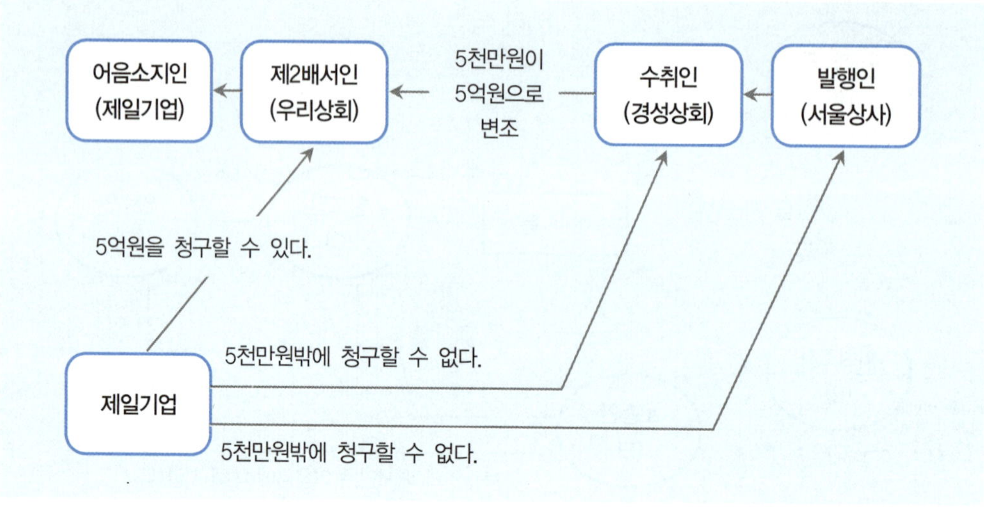

* 변조자가 어음 · 수표 문언을 변경하고 기명날인하지 않은 경우에는 어떠한 어음상 책임도 부담하지 아니한다.

위 · 변조자의 처벌

부정수표단속법을 통하여 위 · 변조자에게 엄격한 책임을 묻는다.

❶ 위조 · 변조자의 형사책임

수표를 위조하거나 변조한 자는 1년 이상의 유기징역과 수표금액의 10배 이하의 벌금에 처한다.

❷ 금융기관의 고발의무

금융기관에 종사하는 사람이 직무상 ① 가공인물의 명의로 발행한 수표, ② 금융기관(우체국을 포함)과의 수표계약 없이 발행하거나 금융기관으로부터 거래정지처분을 받은 후에 발행한 수표, ③ 금융기관에 등록된 것과 다른 서명 또는 기명날인으로 발행한 수표(발행인이 법인이나 그 밖의 단체인 경우를 포함) 또는 위조하거나 변조한 수표를 발견한 때에는 48시간 이내에 수사기관에 고발하여야 하며, 수표를 발행하거나 작성한 자가 수표를 발행한 후에 예금부족, 거래정지처분이나 수표계약의 해제 또는 해지로 인하여 제시기일에 지급되지 아니하게 한 경우(발행인이 법인이나 그 밖의 단체인 경우를 포함)에 수표를 발견한 때에는 30일 이내에 수사기관에 고발하여야 한다.

위 사항을 고발하지 아니하면 100만원 이하의 벌금에 처한다.

전자어음

일정규모 이상인 경우에는 전자어음의 발행을 의무화하고 있다.

❶ 목적

전자적 방식으로 약속어음을 발행 · 유통하고 어음상의 권리를 행사할 수 있도록 함으로써 국민경제의 향상에 이바지함을 목적으로 한다.

❷ 적용범위

전자어음에 관하여 전자어음의발행및유통에관한법률에서 정한 것 외에는 어음법에서 정하는 바에 따른다.

❸ 전자어음의 배서

- 전자어음에 배서를 하는 경우에는 전자어음에 배서의 뜻을 기재한 전자문서(배서전자문서)를 첨부하여야 한다.
- 배서전자문서에는 전자어음의 동일성을 표시하는 정보를 기재하여야 한다.
- 전자어음의 총배서횟수는 20회를 초과할 수 없다.

❹ 과태료

다음에 해당하는 자에게는 500만원 이하의 과태료를 부과한다.

주식회사의외부감사에관한법률 제2조에 따른 외부감사대상 주식회사 및 직전 사업연도 말의 자산총액 등이 대통령령으로 정하는 기준에 해당하는 법인사업자는 약속어음을 발행할 경우 전자어음으로 발행하여야 한다.

* 과태료는 법무부장관이 부과 · 징수한다.

Part 05

채 권 관 리 실 무

자산은 유지하고 기업가치는 올리는 채권관리

PART

06

위급상황! 채권보전

핵심 Key-Words

채권보전 | 가압류 | 가처분 | 안분배당

SECTION 01 채권보전! 왜 할까?

채권관리실무 CHECK

㈜대한은 기계부품을 생산 공급하는 회사인데 12년째 거래중인 한성(주)에 제품 10억원을 공급하고 2021년 1월 6억원을 회수하지 못하고 있는 상태이다. 미수채권을 회수하기 위해 영업팀에서는 법무팀, 채권관리팀과의 협의 후 한성(주)의 부동산, 채권가압류를 신청하기로 하였다.

TIP

채무자인 한성(주)는 채권자인 ㈜대한이 채권을 회수하기 위해서 재산조사를 한다는 것을 이미 알고 있으며, 본인 소유의 재산을 은닉, 매각, 양도를 하려고 할 것입니다. 신속히 채권보전(가압류) 조치를 한 이후에 민사소송(물품대금청구소송)이 승소되면 부동산에 대해서는 강제경매를 통한 회수, 채권가압류한 것은 채권압류 및 추심명령 또는 전부명령을 통해서 회수합니다.

채무자는 채권자의 강제집행을 미리 예상하여 주요 재산의 매각, 타인에 대한 담보의 제공 등으로 채무를 변제하지 않으려는 조치를 취하기 마련인데, 이때 채권자는 확정판결을 받기 전에 미리 채무자의 주요 재산이나 부동산에 대한 매각 등을 하지 못하도록 재산을 동결시켜 두거나 임시로 잠정적인 법률관계를 형성시켜 두는 등의 조치를 취함으로써 나중에 확정판결을 얻었을 때 그 판결의 집행을 용이하게 하기 위함이다.

급박한 상황에 대한 대비책

채권자는 채권의 확보를 위하여 일방이 계약조건에 따른 대금을 지급하지 못하게 되면 채권의 보전조치를 취하게 된다. 그러나 채권자가 근저당권 등의 담보권을 설정하지 못하였을 경우에는 채무자의 파악된 재산의 발견시 가압류 · 가처분 등의 조치를 취한 후 확정판결을 받아 채권을 회수하게 된다.

↘ 채권보전조치

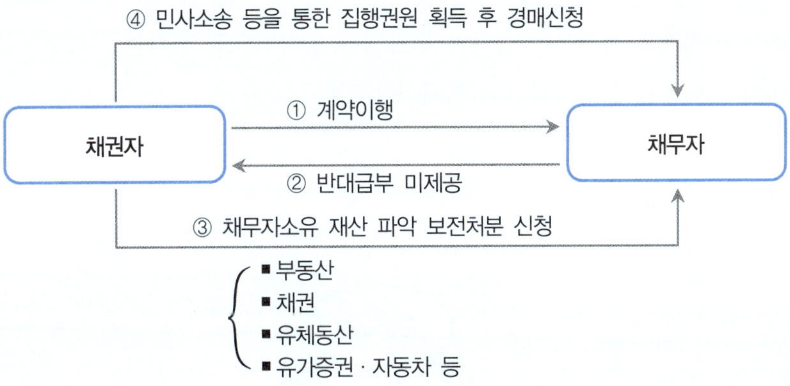

❶ 잠정성

보전처분은 확정판결의 집행보전을 위하여 법률관계를 잠정적으로 규율하기 위한 처분이어서 잠정적인 성질을 갖는다.

채권자가 가압류조치를 한 후 경매에 의한 배당시 배당금을 배당기일에 수령할 수 있는 것은 아니며, 집행권원을 취득한 후에 배당을 받아가게 되며, 우선변제청구권은 인정되지 않는다.

❷ 긴급성

긴급히 그 내용이 실현되지 않으면 소기의 목적을 달성할 수 없는 경우가 많기 때문에 재판 및 집행절차도 그 처리에 긴급성이 요구된다.

가압류와 가처분신청에 대한 재판은 변론없이 할 수 있도록 되어 있고, 재판에는 변론기일 또는 채무자가 참석할 수 있는 심문기일을 열어야 한다. 다만, 그 기일을 열어 심리하면 가처분의 목적을 달성할 수 없는 사정이 있는 때에는 심리하지 않을 수 있다.

❸ 부수성

보전처분은 본안소송에 부수하는 절차로서의 성질을 가지며, 제소명령을 어기고 본안소송을 제기하지 않으면 보전처분이 취소되고, 본안소송의 경과는 사정변경을 이유로 하여 보전처분을 취소하는 경우 중요한 참작사유가 된다.

❹ 밀행성

보전처분은 채무자의 재산상태나 다툼의 대상에 관하여 법률적 · 사실적 변경이 생기는 것을 막고자 함이 그 목적인데 상대방이 이를 미리 알면 그 본래의 목적을 달성할 수 없게 된다.

이러한 신청자의 목적을 달성하기 위해서는 원칙적으로 절차는 상대방이 알 수 없는 상태에서 비밀리에 심리되고 실행되어야 한다.

가압류 : 금전채권

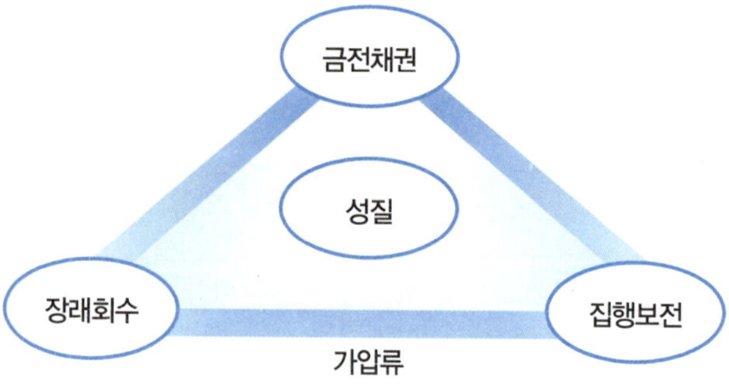

가압류는 채무자의 일반재산의 감소를 방지하고자 금전채권이나 금전으로 환산할 수 있는 채권에 대하여 장래에 그 집행을 보전하려는 목적으로 미리 채무자의 재산을 압류하여 그 처분을 중지시키려는 집행보전제도이다.

즉 신청인이 본안소송에서 승소하였을 경우 그 집행이 불능으로 돌아가거나 집행이 현저히 곤란할 염려가 있는 경우에 신청하는 것으로서 채무자의 책임재산의 낭비, 훼손, 포기, 은닉, 저가판매 등을 방지하기 위함이 그 목적이다.

집행의 대상이 되는 재산의 종류에 따라 부동산가압류, 선박 · 항공기 · 자동차 · 건설기계에 대한 가압류, 채권가압류, 유체동산가압류 등으로 구분하고 있다.

가처분 : 비금전채권

가처분은 금전채권 이외의 권리 또는 법률관계에 관한 확정판결의 강제집행을 보전하기 위한 집행보전제도이다.

❶ 다툼의 대상에 관한 가처분

채권자가 금전 이외의 물건이나 권리를 대상으로 하는 청구권을 가지고 있을 때 그 강제집행시까지 다툼의 대상이 처분 · 멸실되는 등 법률적 · 경제적 · 사실적 변경이 생기는 것을 방지하고자 다툼의 대상을 동결시키는 보전처분이다.

❷ 임시의 지위를 정하는 가처분

당사자간에 현재 다툼이 있는 권리 또는 법률관계가 존재하고 그에 대한 확정판결이 있기까지 현상의 진행을 그대로 방치한다면 권리자가 현저한 손해를 입거나 급박한 위험에 처하는 등 소송의 목적을 달성하기 어려운 경우에 그로 인한 위험을 방지하기 위해 잠정적으로 권리 또는 법률관계에 관하여 임시의 지위를 정하는 보전처분이다.

* 가처분이 가압류와 다른 점
가처분은 가압류와 달리 금전채권이 그 대상이 아니며, 채무자의 일반재산이 아닌 특정 다툼의 대상이다.

보전처분 절차 알아보기

보전처분의 신청은 서면으로 하여야 한다. 보전처분의 신청이 있으면 법원은 그 필요적 기재사항, 즉 청구채권의 표시, 그 청구채권이 일정한 금액이 아닌 때에는 금전으로 환산한 금액, 가압류의 이유가 될 사실의 표시가 기재되어 있는가의 여부와 인지가 부착되어 있는가를 심사하여 그 부족된 부분이 있으면 채권자에게 그 보정을 명하고 채권자가 그 보정명령에 응하지 않을 경우 재판장은 명령으로 신청을 각하한다.

실무적으로는 채권자가 보전처분의 신청시 채무자 모르게 채권자의 주장과 소명자료만으로 채권자의 신청을 받아들일 것인지, 기각할 것인지가 결정된다.

보전소송의 심리방법

구 분	내 용
심 문	심문은 당사자에게 서면 또는 구술로서 사건에 관한 의견을 진술할 기회를 준다.
변 론	변론기일을 열어 심리하는 경우에는 변론기일을 지정하여 당사자를 소환한다.

가압류명령(민사집행법 제280조)

① 가압류신청에 대한 재판은 변론없이 할 수 있다.
② 청구채권이나 가압류의 이유를 소명하지 아니한 때에도 가압류로 생길 수 있는 채무자의 손해에 대하여 법원이 정한 담보를 제공한 때에는 법원은 가압류를 명할 수 있다.
③ 청구채권과 가압류의 이유를 소명한 때에도 법원은 담보를 제공하게 하고 가압류를 명할 수 있다.
④ 담보를 제공한 때에는 그 담보의 제공과 담보제공의 방법을 가압류명령에 적어야 한다.

담보의 성질

보전처분은 피보전권리의 존부에 관한 확정적 판단없이 소명으로 사실을 인정하고 채무자의 재산을 동결하고 일정한 행위를 금지시키거나 임시의 법률관계 등을 형성하는 처분을 하는 것이기 때문에 채무자는 때에 따라서 손해를 입게 되는 경우가 발생하게 되는데 채무자에게 발생할지도 모르는 손해에 대해서 미리 법원에서는 담보의 제공을 명하게 된다.

서울지방법원의 담보제공기준(서울지방법원 2014년 4월 기준)

구 분	변경 전	변경 후	비 고
무공탁	대한민국, 공공기관, 금융기관 등	대한민국	사실상 폐지
부동산 자동차	청구금액의 1/10	청구금액의 1/10 (현금 또는 보증서)	변동 없음
채 권	청구금액의 1/5 (현금 또는 보증서)	청구금액의 2/5 (급여, 영업자예금의 경우 1/5 이내의 현금공탁 포함)	기준 강화
유 체 동 산	청구금액의 1/3 (원칙적 현금)	청구금액의 4/5 (청구금액의 2/5 이내의 현금공탁 포함)	기준 강화
기 타		소명 정도에 따라 담보제공액 중 일정부분에 대하여는 현금공탁만을 허용	

담보제공명령

법원은 통상 보전처분을 결정하기에 앞서 일정한 기간(보통 3일 내지 5일)을 정하여 일정액의 담보를 제공하라는 명령을 내린다.

담보의 제공은 금전 또는 법원이 인정하는 유가증권을 공탁하거나 대법원규칙이 정하는 바에 따라 지급을 보증하겠다는 위탁계약을 맺은 문서를 제출하는 방법으로 한다.

공탁보증보험 가입절차

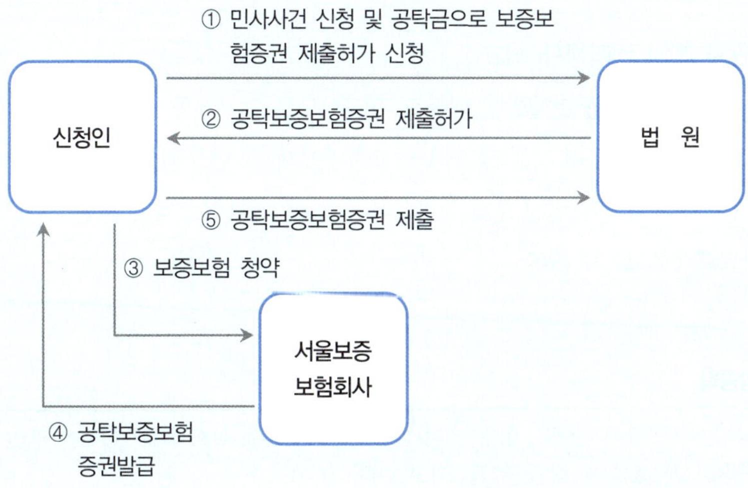

보험료율

보험계약자	기본요율
국가 · 지방자치단체 · 정부투자기관(재투자기관 · 출연 · 보조 등 재정지원기관 포함) · 금융기관	0.375%
상장기업체 · 비상장업체 중 우량기업 A1 · A2 및 B군	0.525%
기타	0.75%

담보취소 사유

❶ 담보사유의 소멸

담보를 제공한 원인이 부존재하거나 손해발생의 가능성이 없는 경우로서 채권자가 본안의 승소확정판결을 얻은 때가 이에 해당한다.

❷ 채무자의 동의

채무자의 동의는 서면으로 하며, 법원이 담보취소결정을 할 경우 그에 대한 항고권을 포기한다는 채무자의 서면까지 동의서에 첨부하여 채권자가 담보취소신청을 한다.

❸ 소송 완결 후의 권리행사 최고

소송이 완결된 때에는 손해발생 여부도 확정되므로 담보제공자의 신청에 의하여 법원이 일정한 기간(통상 1주 정도)을 정하여 담보권자에게 그 담보권의 행사를 최고하고, 만약 위 기간이 경과하도록 담보권을 행사하지 않으면 담보취소에 동의한 것으로 간주하여 담보취소결정을 할 수 있다.

해방공탁

가압류명령에는 가압류의 집행을 정지시키거나 집행한 가압류를 취소시키기 위하여 채무자가 공탁할 금액을 적어야 하는데 이를 해방공탁금이라고 한다.
가압류는 금전적 청구권을 보전하기 위한 수단이므로 집행목적재산 대신 상당한 금전을 공탁하면 구태여 가압류집행을 할 필요없이 채권보전의 목적을 달성할 수 있게 되므로 채무자로 하여금 불필요한 집행을 당하지 않도록 하기 위하여 마련한 제도이다.

집행의 실시

채무자의 주소에서 집행을 실시하게 될 경우 채무자나 그 친족, 고용인을 만나지 못한 때에는 성년자 2명이나 구청, 동직원 또는 경찰관 1명을 증인으로 참여하게 하여야 한다. 실무에서는 채권자가 2명의 증인만으로 집행을 실시하게 되는 경우가 많이 있다.

또한 문이 잠겨져 있는 등 채무자와의 접촉이 어려운 경우에는 채권자가 사전(집행관과 시간 배정을 논의한 이후)에 집행보조자를 대동하고, 이에 집행관의 허가로 강제로 집행할 수 있다.

공무원이 그 직무에 관하여 실시한 봉인 또는 압류 기타 강제처분의 표시를 손상 또는 은닉하거나 기타 방법으로 그 효용을 해한 자는 5년 이하의 징역 또는 700만원 이하의 벌금에 처한다.

압류물을 이전한 경우 또는 점유이전금지가처분에 위반하여 점유를 이전한 경우는 처벌대상임을 명심하자.

가압류집행의 효력

가압류명령의 집행은 가압류의 목적물에 대하여 채무자가 매매, 증여 혹은 질권 따위의 담보권의 설정, 기타 일체의 처분을 금지하는 효력이 있다.

채무자가 처분금지를 어기고 가압류된 물건을 타인에게 처분하는 행위를 하였을 경우에는 이 처분행위가 절대적으로 무효가 되는 것이 아니고, 가압류권자에 대한 관계에서만 상대적으로 무효가 된다.

가압류 후의 처분은 가압류채권자에게 대항할 수 없으므로 그 처분의 상대방과 그 이후의 취득자도 마찬가지의 제한을 받게 된다.

채무자의 구제

보전처분은 채권자의 일방적 소명에 의하여 행하여지므로 채무자는 담보의 제공, 제3자에 대한 처분 등을 하는 데 있어서 어려움을 겪게 된다. 이러한 채무자를 보호하기 위하여 다음과 같은 구제방법이 마련되어 있다.

↘ 신청과 접수

구 분	내 용
이의신청인	이의신청을 할 수 있는 사람은 보전처분의 채무자와 그 일반 승계인, 파산관재인 등이다.
이의신청	① 가압류 · 가처분결정에 대하여 채무자는 이의신청을 할 수 있다. ② 이의신청이 있으면 법원은 변론기일 또는 당사자 쌍방이 참여할 수 있는 심문기일을 정하고 당사자에게 이를 통지한다(민사집행법 제286조).

구 분	내 용
이의신청	③ 법원은 결정으로 가압류의 전부나 일부의 인가 · 변경 또는 취소를 할 수 있다(민사집행법 제286조 제5항). ④ '③'의 경우 법원은 적당한 담보를 제공하도록 명할 수 있다. ⑤ 보전처분의 취소변경을 명하는 판결이 확정되면 채무자는 그 판결 정본을 집행기관에 제출하여 집행의 취소를 구한다.
이의신청에 대한 재판	① 이의신청이 있는 때에는 법원은 변론기일 또는 당사자 쌍방이 참여할 수 있는 심문기일을 정하고 당사자에게 이를 통지하여야 한다. ② 법원은 결정으로 가압류의 전부나 일부의 인가 · 변경 또는 취소를 할 수 있다. ③ '②'의 경우에 법원은 적당한 담보를 제공하도록 명할 수 있다.

❶ 보전처분에 대한 이의신청

이의사건은 보전처분을 결정한 법원의 전속관할에 속한다.

❷ 보전처분의 취소

보전처분명령 후의 사정변경이나 특별사정 기타의 사유에 의하여 현재 보전처분을 유지할 수 없는 사유가 있음을 이유로 그 명령의 취소를 구하는 재판절차이다.

❸ 제소기간 경과로 인한 취소

채무자는 보전처분결정에 대하여 일정기간(채권자에게 2주 이상으로 정하여야 함, 민사집행법 제287조 제2항) 내에 본안소송을 제기할 것을 명령하게 된다.

채권자가 제소명령을 받고도 그 기간 내에 본안소송을 제기하지 않으면 채무자는 이를 이유로 보전처분의 취소를 법원에 신청할 수 있다.

❹ 사정변경에 의한 취소

보전처분명령 후 보전처분의 이유가 소멸하였거나 기타 사정의 변경으로 보전처분을 유지함이 상당하지 않게 된 때에는 채무자는 관할법원에 보전처분의 취소를 구할 수 있다.

- 채무자가 변제를 하여 피보전권리가 소멸된 경우
- 채권자가 본안소송에서 패소 확정된 경우
- 채권자가 충분한 담보를 얻은 경우
- 채권자가 본안소송에서 승소하고 집행권원을 획득하였음에도 본 집행에 착수하지 않은 경우
- 가압류 및 가처분의 집행기간을 넘긴 경우
- 가압류가 집행된 후에 3년간 본안소송을 제기하지 않은 경우

⑤ 담보제공으로 인한 가압류의 취소

채무자는 법원이 정한 담보를 제공하고 가압류의 취소를 구할 수 있다.

채권자의 집행취소 신청

채권자는 보전처분의 집행상태가 계속되고 있는 한 언제든지 그 집행취소를 신청할 수 있으며, 채무자의 동의없이도 집행취소 신청이 가능하다.

해방금액의 공탁으로 인한 취소신청

채무자가 가압류명령에 기재된 해방금액을 공탁하였을 때에는 법원은 집행한 가압류를 취소하여야 한다.

보증공탁금 회수

채권자가 보전처분 신청을 하면서 담보로 제공한 보증공탁금을 회수하기 위해서는 먼저 담보취소의 결정을 받은 후에 담보취소결정본과 그 확정증명 및 공탁금회수청구서를 공탁관에게 제출하여 공탁관의 회수청구에 관한 인가를 받아 공탁은행에 가서 공탁금을 찾게 된다.

SECTION 02

유체동산가압류, 활용하기

채권관리실무 CHECK

㈜한국은 전동공구를 생산 · 공급하는 회사인데 대리점에 제품을 공급하였으나 2020년 7월 미수채권 1억원을 받지 못하는 상태에서 채권을 회수하기 위한 방법으로 채무자가 거주하는 서울 역삼동 소재 아파트에 대한 유체동산가압류신청을 하였다. 법원의 결정으로 아파트를 방문하여 1차 집행을 하려고 하였으나 문이 잠겨 있어 실패했다. 재집행 신청을 한 이후 법원에 참석하여 집행시간을 확인 후 증인으로 동행한 직원 2명과 미리 문을 열 수 있는 기술자를 대동하고 아파트 문앞에서 집행관을 만나, 문이 잠겨있는 상태에서 증인이 조서에 기재한 이후 기술자를 통해서 문을 열고 가재도구에 유체동산가압류집행을 완료하였다.

TIP

채권회수에 있어서 유체동산가압류신청은 채무자에게 가장 심적으로 큰 부담감을 줄 수 있는 방법 중 하나입니다. 법원에서 집행한 표식(일명 딱지)이 눈에 띈다는 것이 본인 스스로, 주변의 인식 등이 큰 심리적 큰 부담으로 작용합니다. 그러나 회수 실익면에서는 회수금액이 크지 않고 회수하려면 집행권원(판결문)을 획득하여야 합니다.

유체동산가압류 집행을 하면 법원에서 현금을 받게 되는 것은 아니다. 모든 가압류의 공통점은 나중에 채무자를 상대로 집행권원(판결문 등)을 받은 이후에 강제집행을 통해서 회수하게 된다는 것인데, 채무자 소유 유체동산에 가압류 집행을 먼저 하게 되는 경우 채무자가 자진해서 변제를 하는 경우도 많다.

유체동산가압류 실행하기

채권자는 채무자 소유의 가재도구 · 기계 · 기구 등 유체동산에 대하여 가압류할 물건의 소재지를 관할하는 지방법원이나 본안의 관할법원에 가압류명령 신청을 할 수 있으며, 집행관이 금전을 가압류하였을 경우에는 이를 바로 채권자에게 인도하여 주지 않고 공탁한다.

집행관에게 집행을 위임하여 동산압류의 방식에 의하여 집행하며, 집행위임에는 채권자, 채무자 및 대리인의 표시, 가압류명령의 표시, 가압류목적물인 유체동산의 소재장소, 가압류채권의 일부에 관하여 집행을 구하는 때에는 그 범위를 명시하고, 가압류명령정본을 첨부하여야 한다.

❶ 공탁

일반적으로 청구금액의 5분의 4를 공탁하도록 명하는 것이 보통이며, 청구금액의 5분의 2 이내의 현금공탁을 하게 한다(서울지방법원 2014년 4월 기준).

❷ 가압류물의 환가

가압류한 유체동산은 원칙적으로 환가할 수 없으나 가압류된 물건의 가격이 현저히 감소될 염려가 있거나(음식물 등 부패가 가능한 물건) 그 보관에 과다한 비용을 요할 경우에는 집행관이 환가를 실시할 수 있다.

집행관은 가압류물을 매각한 때에는 그 매득금을 공탁하여야 한다.

❸ 압류가 금지되는 물건(민사집행법 제195조)

① 채무자 및 그와 같이 사는 친족(사실상 관계에 따른 친족을 포함한다. 이하 "채무자 등"이라 함)의 생활에 필요한 의복 · 침구 · 가구 · 부엌기구, 그 밖의 생활필수품

② 채무자 등의 생활에 필요한 2월간의 식료품 · 연료 및 조명재료

③ 채무자 등의 생활에 필요한 1월간의 생계비로서 대법원규칙이 정하는 액수의 금전

④ 주로 자기 노동력으로 농업을 하는 사람에게 없어서는 아니될 농기구 · 비료 · 가축 · 사료 · 종자, 그 밖에 이에 준하는 물건

⑤ 주로 자기의 노동력으로 어업을 하는 사람에게 없어서는 아니될 고기잡이 도구 · 어망 · 미끼 · 새끼고기, 그밖에 이에 준하는 물건

⑥ 전문직 종사자 · 기술자 · 노무자, 그 밖에 주로 자기의 정신적 또는 육체적 노동으로 직업 또는 영업에 종사하는 사람에게 없어서는 아니될 제복 · 도구, 그밖에 이에 준하는 물건

⑦ 채무자 또는 그 친족이 받은 훈장 · 포장 · 기장, 그밖에 이에 준하는 명예증표
⑧ 위패 · 영정 · 묘비, 그밖에 상례 · 제사 또는 예배에 필요한 물건
⑨ 족보 · 집안의 역사적인 기록 · 사진첩, 그밖에 선조숭배에 필요한 물건
⑩ 채무자의 생활 또는 직무에 없어서는 아니될 도장 · 문패 · 간판, 그밖에 이에 준하는 물건
⑪ 채무자의 생활 또는 직업에 없어서는 아니될 일기장 · 상업장부, 그밖에 이에 준하는 물건
⑫ 공표되지 아니한 저작 또는 발명에 관한 물건
⑬ 채무자 등이 학교 · 교회 · 사찰, 그 밖의 교육기관 또는 종교단체에서 사용하는 교과서 · 교리서 · 학습용구, 그밖에 이에 준하는 물건
⑭ 채무자 등의 일상생활에 필요한 안경 · 보청기 · 의치 · 의수족 · 지팡이 · 장애보조용 바퀴의자, 그밖에 이에 준하는 신체보조기구
⑮ 채무자 등의 일상생활에 필요한 자동차로서 자동차관리법이 정하는 바에 따른 장애인용 경형자동차
⑯ 재해의 방지 또는 보안을 위하여 법령의 규정에 따라 설비하여야 하는 소방설비 · 경보기구 · 피난시설, 그밖에 이에 준하는 물건

유체동산가압류 집행하기

유체동산가압류 결정문을 고지받은 날로부터 2주 이내에 집행한다.

채무자와의 접촉에 실패해 집행을 하지 못한 상태에서 2주간이 지나면 집행기간의 경과로 다시 신청한 후 집행을 해야 한다.

* 유체동산가압류 결정문을 받은 채권자는 2주간을 넘기면 안되고 2주이내에 반드시 집행한다.
가압류에 대한 재판의 집행은 채권자 재판을 고지한 날부터 2주를 넘긴 때에는 하지 못한다(민사집행법 제292조).

↘ 유체동산가압류 프로세스

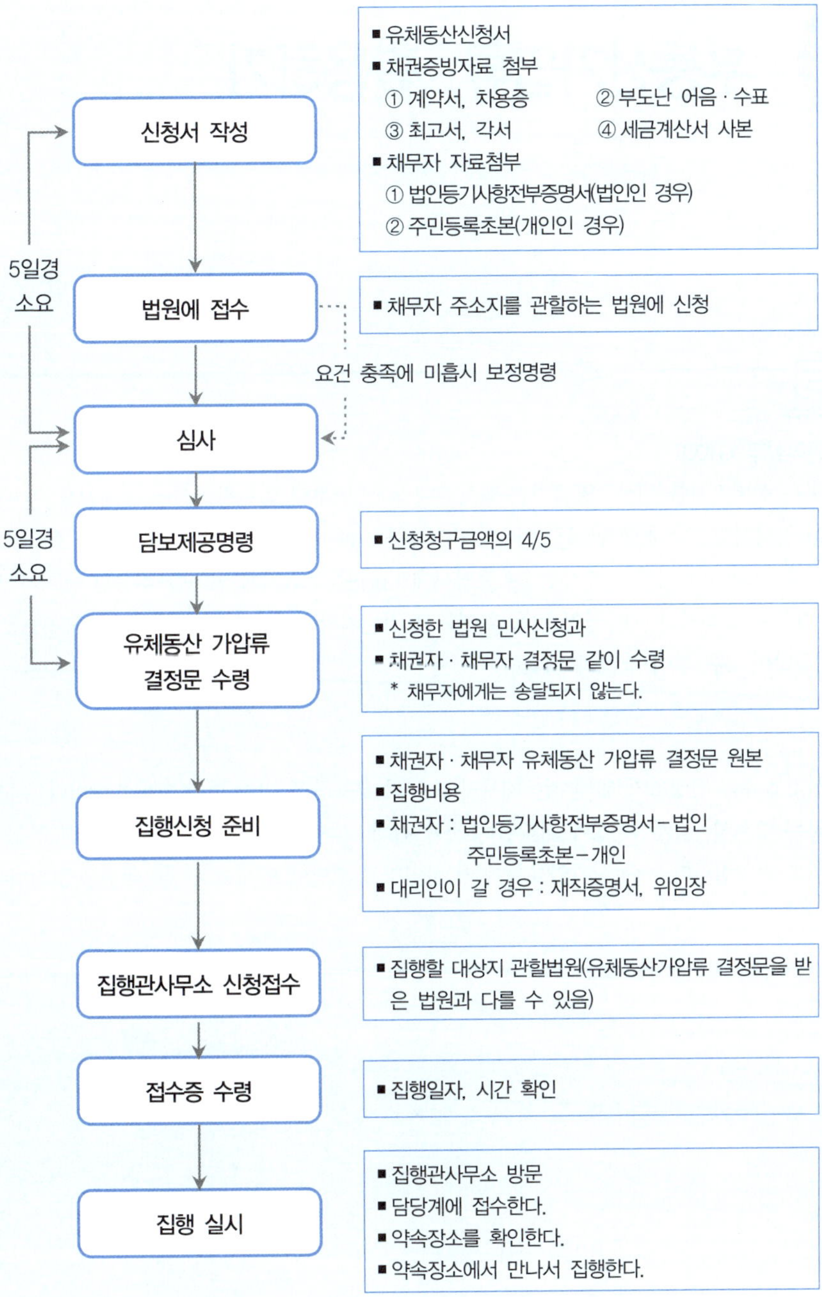

Part 06

SECTION 03 부동산가압류, 활용하기

채권관리실무 CHECK

㈜선진은 전력기기를 생산 · 공급하는 회사인데 2005년부터 인천광역시에 소재지를 둔 ㈜화성에 제품을 공급하였으나 2020년 8월 미수채권 2억원을 받지 못하는 상태에서 채권을 회수하기 위한 방법으로 ㈜화성의 법인 등기사항전부증명서에 나타난 주소지에 위치한 부동산 등기사항전부증명서 갑구에 소유자가 ㈜화성인 것을 확인하고 인천지방법원에 가압류신청 청구금액으로 2억원을 신청하여 2주 후에 결정이 되었다.

TIP

부동산가압류를 신청하기 위해서는 채무자 소유의 부동산을 먼저 파악하여야 합니다. 가장 기본적으로는 주소지, 홈페이지상에 나타난 주소를 검색, 감사보고서상에 나타난 부동산 주소에 대한 소유권을 파악합니다. 부동산가압류를 먼저 하였다고 배당에 있어서 우선순위권을 보장받는 것은 아닙니다.

부동산가압류 프로세스

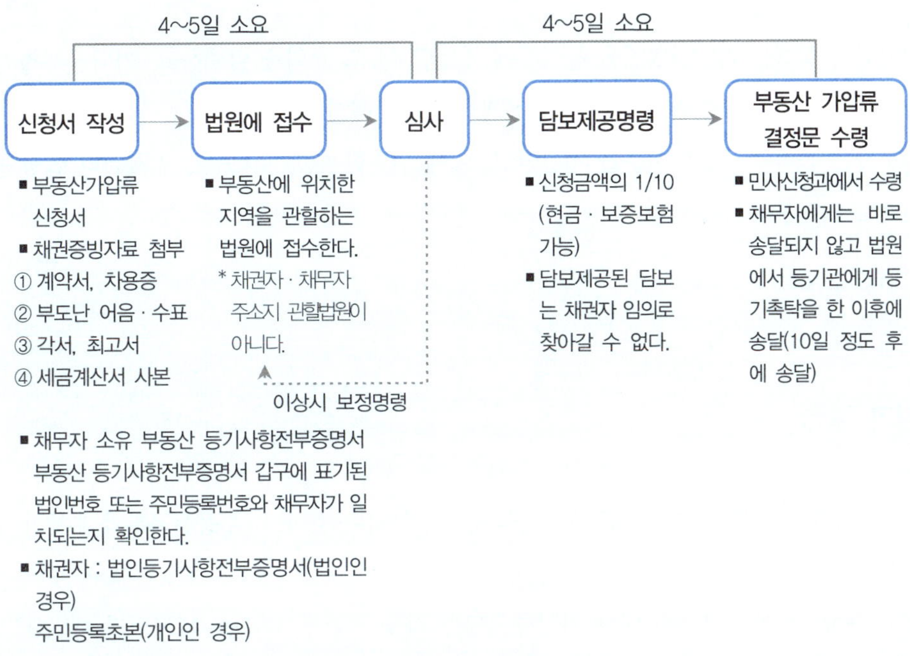

부동산가압류는 채무자로 하여금 목적부동산의 처분을 하지 못하게 함으로써 채권자가 장차 얻을 금전채권 집행권원에 기한 강제집행을 보전함을 목적으로 하며, 강제경매 보전을 목적으로 하는 부동산소유권에 대한 가압류와 강제관리 보전을 목적으로 하는 부동산수익권에 대한 가압류의 두 가지 방법이 있다.

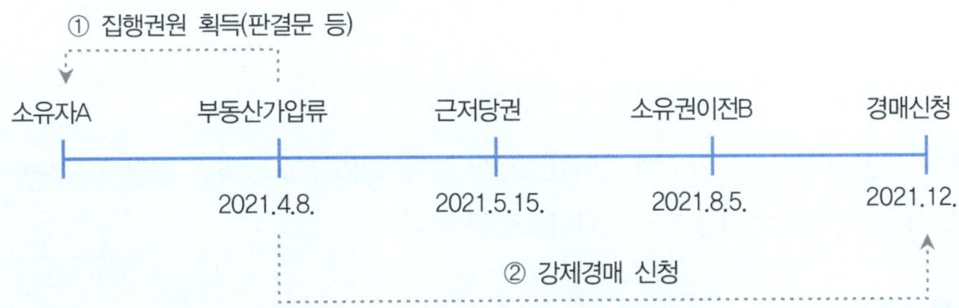

1. 가압류권자는 소유자A를 상대로 하여 집행권원을 획득(판결문 등)한다.
2. 집행권원을 첨부하여 소유권이 B로 이전되어 있음에도 불구하고 B의 부동산에 대하여 부동산소재지 관할법원에 강제경매 신청한다.
3. 가압류권자는 근저당권자와 안분하여 배당을 받는다.

* 가압류조치가 소유권이 B에게 이전되기 전에 이루어지지 않았으면 가압류권자의 채권확보는 어렵게 채무자의 부동산 등을 파악하고도 위 부동산을 통해서는 회수할 수 없게 된다.

효력

가압류의 집행은 가압류명령을 등기부에 기입할 때 그 효력을 발생하고, 가압류신청취하, 집행신청취하, 가압류명령취소, 가압류집행취소에 의해서 소멸한다.

채무자는 목적부동산의 처분을 제한받고, 이에 위반한 매매, 담보권, 임차권의 설정 등은 채권자에게 대항하지 못한다.

신청과 결정

부동산가압류를 신청시에는 송달료, 등록세를 납부하여야 하며, 부동산목록과 부동산 등기사항전부증명서를 같이 제출하여야 한다.

또한 전체가 아닌 지분에 대한 가압류시에는 서울 ○○구 ○○동 ××번지 대 100평에 대한 100분의 50 지분과 같이 정확히 지분을 표시하여야 한다.

부동산가압류사건은 청구채권금액의 10분의 1을 보증금액(보험금액)으로 하는 보증서 원본을 제출하는 방법으로 담보제공의 허가신청을 할 수 있다.

집행

가압류의 재판을 부동산등기부에 기입함으로써 하며, 가압류를 발령한 법원이 동시에 집행법원이 되어 등기소에 기입등기를 촉탁함으로써 한다.

❶ 사용 · 관리 · 수익에 관한 효력

가압류의 집행은 채무자에 대하여 처분금지의 제한에만 그치지 않고 그 목적달성을 위한 범위 내에서 가압류물건의 사용 · 관리 · 수익까지 제한하는 효력이 있는 것이 원칙이나 부동산이 가압류된 경우에는 채무자가 목적물의 이용 및 관리의 권리를 갖는다.

❷ 다른 절차와의 경합

동일한 가압류 대상물에 대한 가압류집행의 경합이 허용되며, 중복압류절차에 의하여 집행한다.

가압류채권자 상호간에는 서로간에 우열이 없다.

❸ 강제집행과의 경합

가압류의 목적물에 대하여 금전채권의 강제집행을 하는 것은 가능하고, 첫 경매개시결정 등기 전에 등기된 가압류채권자는 당연히 배당받을 권리를 가진다.

경매개시결정이 등기된 뒤에 가압류를 한 채권자도 배당요구 종기 전까지 배당요구를 할 수 있다.

❹ 체납처분과의 경합

체납처분은 재판상의 가압류 또는 가처분으로 인하여 그 집행에 영향을 받지 아니하며, 국세 · 가산금 또는 체납처분비는 다른 공과금 기타 채권에 우선하여 징수한다. 따라서 가압류집행이 선행되었다 하더라도 국세체납처분은 아무런 장애없이 집행할 수 있다.

가압류된 부동산이 경매되면(매각금액 6천만원)

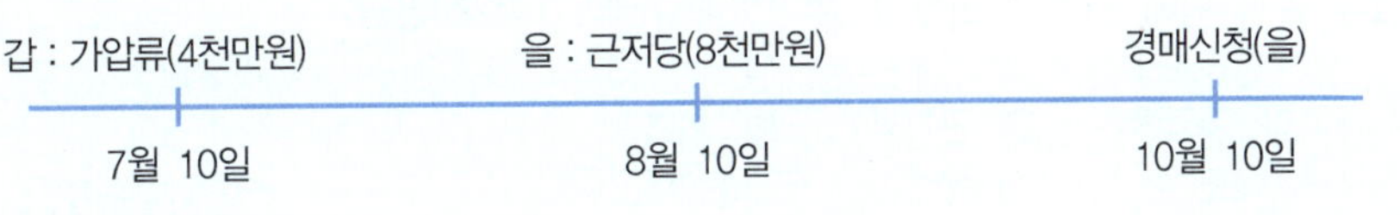

- 가압류권자(갑) : 6천만원×4천만원/(4천만원+8천만원)=2천만원
- 근저당권자(을) : 6천만원×8천만원/(4천만원+8천만원)=4천만원

* 가압류권자인 갑과 근저당권자인 을은 서로에 대한 우선변제권을 주장할 수 없고, 같은 순위로서 안분배당을 통해서 채권을 회수한다.

↘ 가압류된 부동산이 경매되면(매각금액 1억5천만원)

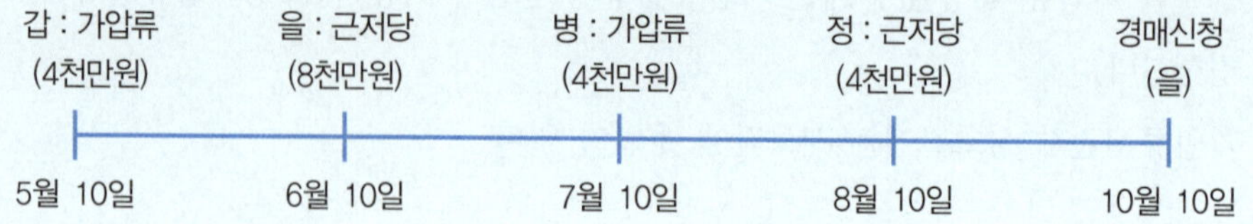

- 가압류권자(갑) : 1억5천만원×4천만원/(4천만원+8천만원+4천만원+4천만원)=3천만원
- 근저당권자(을) : 1억5천만원×8천만원/(4천만원+8천만원+4천만원+4천만원)=6천만원
- 가압류권자(병) : 1억5천만원×4천만원/(4천만원+8천만원+4천만원+4천만원)=3천만원
- 근저당권자(정) : 1억5천만원×4천만원/(4천만원+8천만원+4천만원+4천만원)=3천만원
- 실제배당 : 갑 3천만원 / 을 8천만원 / 병 2천만원 / 정 2천만원

우선 가압류권자인 갑에게 3천만원을 배당하고, 근저당권자인 을에게는 채권최고액 전부인 8천만원을 병, 정이 배당받아야 할 금액에서 흡수배당시킨다.

그 이후 남은 배당금액 4천만원을 가지고 병, 정의 배당요구 금액대로 안분배당한다. 만일 병이 근저당권자였고 정이 가압류권자였다면 병이 4천만원 모두 배당받고 가압류권자인 정의 배당금액은 0원이 된다.

↘ 근저당의 앞과 뒤에 가압류 신청이 있다면(매각금액 1억2천만원)

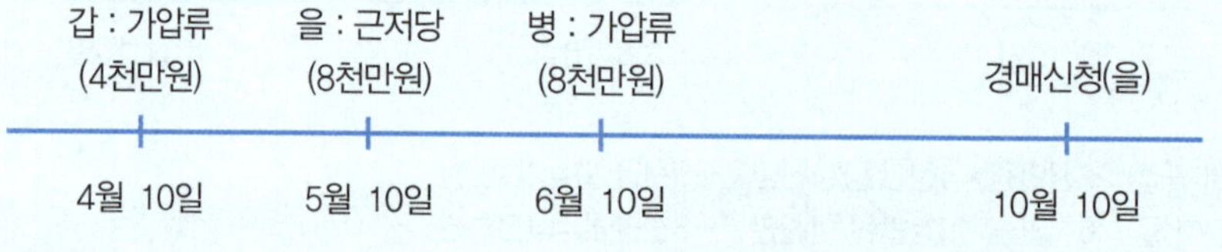

- 가압류권자(갑) : 1억2천만원×4천만원/(4천만원+8천만원+8천만원)=2천4백만원
- 근저당권자(을) : 1억2천만원×8천만원/(4천만원+8천만원+8천만원)=4천8백만원
- 가압류권자(병) : 1억2천만원×8천만원/(4천만원+8천만원+8천만원)=4천8백만원
- 안분흡수 배당된다 : 갑 2천4백만원 / 을 8천만원 / 병 1천6백만원

위의 사례에서 왜 갑은 2천4백만원이고 병은 1천6백만원일까?

이유는 가압류권자인 갑과 병은 동순위이기 때문에 1차적으로 안분배당되어 갑 2천4백만원, 을 4천8백만원인데, 실제 배당금을 지급할 때에는 근저당권자인 을은 순위보전을 받기 때문에 자신의 채권을 전부 받아가고 그 나머지를 가압류권자인 병이 받게 된다.

가압류된 부동산이 경매되면(매각금액 1억5천만원)

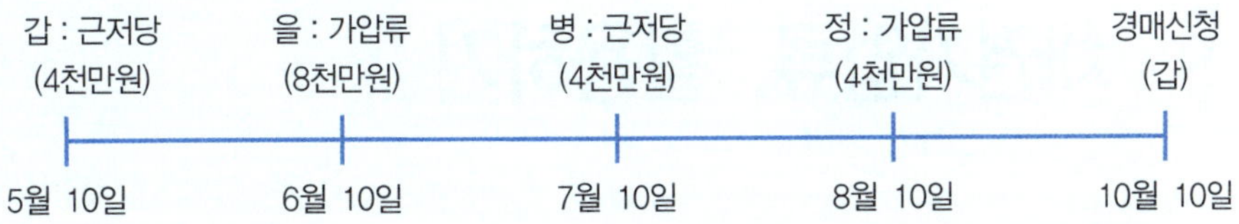

- 근저당권자(갑) : 4천만원
- 가압류권자(을) : 1억1천만원×8천만원/(8천만원+4천만원+4천만원)=5천5백만원
- 근저당권자(병) : 1억1천만원×4천만원/(8천만원+4천만원+4천만원)=2천7백5십만원
- 가압류권자(정) : 1억1천만원×4천만원/(8천만원+4천만원+4천만원)=2천7백5십만원

근저당권자인 갑은 우선배당으로 4천만원 전액 배당받고 가압류권자인 을은 매각금액 1억5천만원에서 갑의 배당금액을 제외한 1억1천만원을 안분배당하여 5천5백만원을 배당받는다.

근저당권자인 병은 2천7백5십만원을 배당받는 것이 아니라 채권최고액인 4천만원을 정이 받을 금액에서 흡수배당받고 가압류권자인 정은 1천5백만원을 배당받는다.

* 부동산가압류권자는 배당기일 전에 채권계산서를 제출하고 배당일에 출석하여 기다려도 현금 배당을 주지 않는다. 아직은 배당금을 수령할 권리가 확정되지 않은 상태(가+압류)로서 우선 법원경매계에서는 공탁을 해놓고 기다린다. 채권자는 채무자를 상대로 집행권원을 받은 다음에 법원에 신청하여 공탁되어 있던 배당금을 수령한다.

부동산가압류는 언제까지 신청할 수 있나!

채권자가 받을 채권이 있는 상태에서 채무자의 부동산 등기사항증명서를 입수하여 확인하였는데 법원에서 경매가 진행 중에도 경락기일 이전이면 부동산가압류신청이 가능하다.
단지 경매개시등기가 부동산 등기사항증명서 갑구에 기입되기 이전에 가압류한 채권자는 배당요구를 하지 않아도 배당에서 제외되지 않으나, 갑구에 기입된 이후 배당요구 종기일 전에 가압류 채권자는 배당요구를 하지 않으면 배당에서 제외시킨다.

SECTION 04

채권가압류, 활용하기

채권관리실무 CHECK

㈜경성은 욕실용품을 생산 · 공급하는 회사인데 2015년부터 부산광역시에 소재지가 있는 ㈜광안에 제품을 공급하였으나 2020년 3월 미수채권 2억원을 받지 못하는 상태에서 채권을 회수하기 위한 방법으로 ㈜광안이 거래하고 있다고 추정되는 ㈜서면에 채권가압류 2억원을 신청하였으며 결정문을 2주후에 수령하였다. ㈜경성의 담당자는 ㈜서면을 방문하여 ㈜광안과의 거래내역을 확인코자 하였으나 ㈜서면의 비협조로 확인을 할 수 없었다.

TIP

채권가압류를 하기 위해서는 거래 당시부터 ㈜광안이 거래하고 있는 매출처, 거래은행 등을 파악하고 있어야 합니다. 채권을 회수하는 프로세스는 채권가압류를 한 이후 채무자인 ㈜광안을 상대로 민사소송(여기서는 물품대금청구소송)을 하여 승소가 되어 집행권원을 획득한 이후에 ㈜서면을 제3채무자로 채권압류및추심명령 또는 전부명령을 통해서 회수하게 됩니다. 담보를 확보하고 있지 못하다면 채권회수에 있어서 중요한 회수방법 중 하나입니다.

거래당시부터 거래선의 매출처를 파악하고 있다가 채권을 변제받지 못하면 제3자의 채권을 가압류해야 한다.

가압류할 채권은 제3채무자가 어떠한 채권에 대하여 가압류의 효력이 미치는지 여부를 인식할 수 있을 정도로 특정되어야 하며, 장래 발생할 채권이나 조건부채권도 현재 그 권리의 특정이 가능하고 가까운 장래에 발생할 것이 어느 정도 기대되는 경우에는 이를 압류할 수 있다.

채권가압류사건은 청구채권금액의 5분의 2를 보증금액(보험금액)으로 하는 보증서 원본을 제출하는 방법으로 담보제공의 허가신청을 할 수 있다.

채권가압류의 명령

지명채권을 가압류할 경우에는 주문에 가압류의 목적인 특정의 채권을 기재하고 이를 가압류한다는 뜻을 선언함과 동시에 제3채무자에 대하여 채무자에게 지급하여서는 아니된다는 명령만을 한다.

이때 채권가압류의 집행법원은 가압류명령을 한 법원으로 한다.

❶ 금전채권

집행의 대상으로 되는 금전채권이란 집행채무자가 제3채무자에 대하여 가지는 금전의 급여를 목적으로 하는 채권을 말한다(외화채권도 포함).

❷ 피압류채권이 될 수 있는 조건

채권이 집행채무자의 책임재산에 속하여야 하며, 독립된 재산으로서 재산적 가치가 있어야 한다. 또한 제3채무자에게 재판권이 있어야 하고, 양도할 수 있어야 하며, 법률상 압류금지채권이 아니어야 한다.

채권가압류 흐름

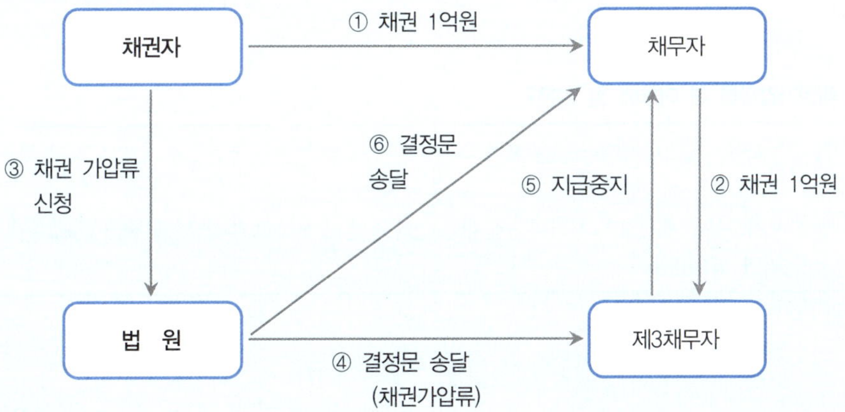

1. 제3채무자는 가압류결정문을 송달받으면 채무자에게 채무를 지급해서는 안되는데, 이중으로 지급할 우려가 있기 때문이다.
2. 제3채무자에게 실제로 채무자에게 지급할 채무가 존재하는지 등을 조사해 보기 위해서 제3자 진술최고명령을 가압류신청과 병행하기도 한다.

채권가압류의 집행과 효력

❶ 집행

채권의 가압류는 제3채무자에 대한 지급을 금하는 명령이 기재된 가압류 재판 정본을 송달함으로써 집행한다.

❷ 효력

가압류의 효력은 제3채무자에게 정본이 송달됨으로써 발생하며, 그 결과 제3채무자가 그 송달을 받고도 채무자에게 채권을 지급하였다면 채권자에게 대항할 수 없게 된다.

예금채권에 대한 가압류(피압류예금채권)

통상적으로 채무자에게 여러 종류의 예금이 있는 때에는 다음 순서에 의하여 가압류한다.

① 정기예금
② 정기적금
③ 보통예금
④ 당좌예금
⑤ 별단예금

* 문제점으로는 은행의 예금종류가 늘어남에 따라 새로운 예금에 대한 가압류의 효력이 미치게 하는 문제점이 발생하며, 지점에 예치된 예금자의 예금채권에 대한 가압류명령이 본점으로 송달되더라도 그 효력은 유효하다.

채권가압류를 한 이후에 할 일은?

채권자는 채무자를 상대로 집행권원을 획득(민사소송 승소)하여 제3채무자를 상대로 하여 채권압류 및 추심 · 전부명령을 신청한다.
만일 제3채무자로부터 채권자의 채권회수에 대한 만족을 얻지 못하면 추심금 · 전부금청구소송을 통해서 승소가 되면 회수한다.

SECTION 05

가처분, 활용하기

채권관리실무 CHECK

㈜울산은 화학제품 원료를 생산 · 공급하는 회사인데 경기도에 있는 ㈜수인과 2013년 거래를 시작하였으나 2개월째 물품 대금이 수금되지 않자 ㈜수인이 자체 창고에 보관중인 당사의 제품을 판매, 양도 등을 하게 한다면 채권회수에 큰 어려움이 있을 것으로 판단하여 계약서상에 나타난 ㈜수인이 대금을 전액 변제하기까지는 소유권이 공급자인 ㈜울산 소유라는 "소유권유보 조항"을 근거로 법원에 "점유이전금지가처분"을 신청하여 결정을 받고 집행관을 통하여 경기도 소재 창고를 방문하여 집행을 완료하였다.

TIP

소유권이 "을"에게 이전하는 시점은 계약조건을 "을"이 이행하는 시점임을 분명히 하며, 가처분을 통하여 채권을 보전할 수 있는 근거조항이 됩니다. "을"이 계약조건을 이행하지 못할 경우에는 민사소송 등을 통하여 회수할 수 있는 근거조항이 됩니다.

소유권 유보 조항의 예시

1) 본계약 제품의 소유권은 "을"의 대금완불과 동시에 "갑"으로부터 "을"에게 이전되며, "을"은 대금완불 전에는 동 계약제품의 사용, 이전, 분해, 매매, 양도, 제한물건 설정 등 일체의 처분 행위를 할 수 없다.

가처분은 금전채권 이외의 특정의 지급을 목적으로 하는 청구권을 보전하기 위함이거나 또는 다투어지고 있는 권리관계에 관하여 임시의 지위를 정함을 목적으로 하는 권리이다.

즉 상대방에게서 자신의 권리를 방해받는 경우 우선 그 권리를 보호하려는 것이 목적이다. 나중에 재판에서 승소하여도 그 권리가 이미 침해(부동산 매각, 유가증권 처분 등)되었다면 남는 것은 집행권원(판결문)만 남기 때문이다.

Part 06

가처분 활용하기 : 부동산

처분금지가처분

목적물에 대한 채무자의 소유권이전 · 저당권 · 전세권의 설정 · 임차권 설정 등 일체의 처분행위를 금지시켜 채권자의 피보전권리의 행사를 쉽게 하기 위하여 하는 가처분이다.

부동산처분금지가처분은 채권자가 특정한 부동산의 소유권에 대하여 소유를 주장하면서 그 목적부동산이 다른 제3자에게 이전되는 것을 미리 막아 승소확정 후 그 소유권을 이전받으려는 목적으로 이용된다. 즉 금전채권을 위한 채권보전이 아니라 그 해당 부동산의 소유권을 주장하는 경우에 취해지는 보전처분이다.

❶ 목적

목적물에 대한 채무자의 소유권이전, 저당권, 전세권, 임차권의 설정 그밖에 일체의 처분행위를 금지하고자 하는 가처분이다.

목적물의 처분을 가처분으로 금지하여 두면 그 이후 채무자로부터 목적물을 양수한 자는 가처분채권자에게 대항할 수 없게 되어 피보전권리의 실현을 할 수 있게 된다.

금전채권은 처분금지가처분의 피보전권리가 될 수 없다.

❷ 가처분 목적물

- 등기된 부동산에 한해서 원칙적으로 처분금지가처분을 허용한다.

  미등기부동산이나 채무자에 대한 권리가 등기되지 아니한 경우라면 그 등기를 병행하거나 선행할 수 있는 경우에 한하여 처분금지가처분을 허용한다.
- 미등기부동산이라도 보존등기가 가능한 경우에는 가처분이 가능하다.

  이 경우에는 가처분 발령법원에서 보존등기와 동시에 가처분의 기입촉탁을 하는 방법으로 집행하므로 심리단계에서 보존등기가 가능한지 여부를 심사한다.
- 가처분기입등기를 하는 방법에 의하여 집행한다.

  상속등기를 하지 않은 채무자 소유의 부동산에 대한 가처분은 가처분채권자가 가처분결정을 부동산등기법 제52조의 소정의 대위원인을 증명하는 서면으로 하여 대위상속등기신청을 하고, 이어서 가처분기입등기를 하는 방법에 의하여 집행한다.

③ 신청

처분금지가처분을 신청함에는 일반적인 송달료를 납입하여야 한다.
목적물이 부동산일 경우 부동산목록과 부동산 등기사항전부증명서를 같이 제출하여야 한다.
만약 전체의 필지가 아닌 일부에 대한 소유권이전등기청구권 보전을 위하여는 그 다툼의 대상 부분만을 특정하여 가처분을 신청하여야 한다.
즉 서울특별시 ㅇㅇ구 ㅇㅇ동 ××번지 대지 100평방미터 중 별지도면 표시 가, 나, 다, 라, 가의 각 점을 순차로 연결한 선내의 (1)부분 59평방미터라고 표시를 하여야 한다.
도면은 가처분을 위한 분할등기의 기초가 되므로 정확한 측량도면이어야 한다.

④ 집행

가처분법원이 집행법원이 되어 등기공무원에게 등기부에 가처분기입등기를 촉탁하며, 처분금지가처분집행이 된 후에 채무자로부터 목적물을 양수한 자는 가처분권자에게 대항할 수 없다(채권자가 채무자에 대하여 본안소송에서 확정판결을 받아 채권을 확보한 후 말소시킴).

점유이전금지가처분

① 목적

부동산 및 동산에 대한 인도 · 명도청구권을 보전하기 위하여 채권자가 목적물의 현상의 변경을 금지시키는 가처분이다.

② 가처분의 대상

가처분의 대상은 피보전권리가 되는 인도 · 명도청구권은 채무자에게 대항할 수 있는 모든 권리이다.

③ 신청

- 채권자가 법원으로부터 가처분명령정본을 받고 이를 가지고 집행관에게 집행위임을 하여 가처분집행을 한다.
- 집행관은 목적물이 집행관의 점유하에 있음을 밝히는 공시서를 적당한 장소에 부착한다.

- 그 후 채무자에게 가처분의 취지를 고지하고 집행조서를 작성한다.
- 채무자는 목적물의 객관적 현상변경을 할 수 없다.
- 채무자가 목적물에 대한 현상을 변경하였다면 집행관은 가처분법원으로부터 그 제거를 위한 집행명령을 얻어 원상회복을 할 수 있다.

가처분 활용하기 : 유체동산

점유이전금지가처분

동산점유이전금지가처분을 신청함에는 그 대상이 되는 동산을 반드시 특정하여야 하며 현재 그 물건의 소재지를 명시하여야 한다.

또한 담보공탁금의 산정편의를 위하여 그 가액의 산출자료를 첨부하여야 한다.

인도단행가처분

동산의 경우에도 채권자의 인도청구권보전을 위해서 또는 채권자에게 임시의 지위를 부여하기 위하여 인도단행가처분을 할 수 있다.

사용금지가처분

채무자의 물건에 대한 사용을 금지시키는 가처분이다.

가처분 활용하기 : 유가증권

어음 · 수표 등 유가증권의 인도청구권을 보전하기 위하여 그 증권에 대한 채무자의 점유를 박탈하거나 그 처분을 금지하는 가처분신청을 할 수 있다.

유가증권에 대한 가처분을 신청함에는 그 유가증권을 특정할 수 있도록 표시하여야 하며 현재의 소재지를 밝혀야 한다.

Part 06

채권관리실무

자산은 유지하고 기업가치는 올리는 채권관리

PART

07

부실채권 예방!

핵심 Key-Words

소멸시효 | 채권양도 | 상계 | 채권자취소권

SECTION 01

소멸시효관리, Why?

채권관리실무 CHECK

㈜서울은 전기부품을 공급하는 회사인데 2008년부터 ㈜화성과 거래를 유지하다가 2015년 ㈜화성의 자금사정 악화를 원인으로 거래가 중단되었다. 미수채권 1억원의 부실채권이 발생되었으며 회수노력을 하였으나 회수하지 못했다. 회계팀에서는 1년에 2회 잔고확인서를 보내고 있으나 회수하지 못하고 있는 상황에서 2020년 ㈜화성의 부동산을 파악하고 부동산가압류를 하였다. 2021년 물품대금청구소송을 제기하였는데 소송이 진행되는 도중에 ㈜화성의 대표이사가 3년 시효완성을 주장하면서 결국 법원에서 원고패소판결을 받았다.

TIP

미수채권에 대해서는 끝까지 회수하는 것이 중요합니다. 그러나 채무자의 재산을 파악하지 못했어도 받을권리를 소멸시켜서는 안 된다고 봅니다. 시효관리조치 대책을 진행했어야 합니다(영업팀 차원이 아닌 전사적인 차원에서 자산을 관리하는 부서인 회계, 자금부서에서는 문제인식을 하고 대책이 강구되어야 합니다).

*회사 차원에서 전체적으로 꼭 채권의 시효를 다시 한 번 확인하시기 바랍니다. 자산이 소멸됩니다.

소멸시효는 왜 관리할까? 내가 매출한 채권인데 관리는 무슨 관리? 이렇게 생각 할 수도 있겠으나 매출채권에 대하여 채권의 권리행사를 일정기간 하지 않는 경우에는 받을 수 있는 권리를 소멸시키는 제도로서, 즉 받을 채권이 있어도 일정한 사실상태가 일정한 기간 동안 계속된 경우에 그 사실상태가 진실한 권리관계에 합치하느냐의 여부에 관계없이 법률상 일정한 효과를 부여하는 제도이며 취득시효와 소멸시효가 있다.

소멸시효의 기본목적

소멸시효의 기본목적은 다음과 같다.

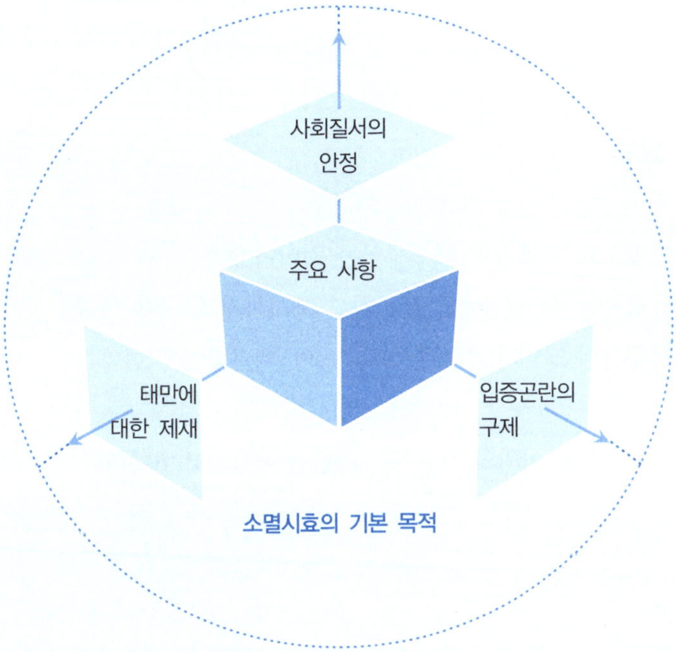

❶ 사회질서의 안정

일정한 사실상태가 계속되면 이러한 사실을 바탕으로 사회질서가 형성되는데, 이러한 상태를 부인한다면 사회질서가 흔들리게 된다. 이에 법은 이러한 것을 믿고 계속적으로 거래한 제3자의 신뢰를 보호하고 사회질서를 안정시키기 위함이다.

❷ 입증곤란의 구제

일정한 사실상태가 계속되면 그 동안에 진정한 권리관계를 입증한다는 것은 어려우며 또한 증거도 없어지게 된다.

❸ 권리행사의 태만에 대한 제재

오랜 기간 동안 자기의 권리를 행사하지 아니한 자, 즉 '권리 위에 잠자는 자'는 보호할 가치가 없다.

소멸시효의 요건

① 권리가 소멸시효의 목적이 될 수 있는 것이어야 한다.
② 권리자가 행사할 수 있음에도 불구하고 행사하지 않아야 한다.
③ 그 권리불행사의 상태가 일정한 기간 동안 계속되어야 한다.

민법은 채권 및 소유권 이외의 재산권은 20년간 행사하지 아니하면 소멸시효가 완성된다고 규정하고 있다.

↘ 소멸시효기간

구 분	내 용
일반민사채권	일반채권의 소멸시효기간은 10년이다. 다만, 상행위로 생긴 채권의 소멸시효 기간은 5년이다.
3년의 단기소멸시효에 걸리는 채권	▪ 이자, 부양료, 급료, 사용료 기타 1년 이내의 기간으로 정한 금전 또는 물건의 지급을 목적으로 한 채권 ▪ 의사, 조산사, 간호사 및 약사의 치료, 근로 및 조제에 관한 채권 ▪ 도급받은 자, 기사 기타 공사의 설계 또는 감독에 종사하는 자의 공사에 관한 채권 ▪ 변호사, 변리사, 공증인, 공인회계사 및 법무사에 대한 직무상 보관한 서류의 반환을 청구하는 채권 ▪ 변호사, 변리사, 공증인, 공인회계사 및 법무사의 직무에 관한 채권 ▪ 생산자 및 상인이 판매한 생산물 및 상품의 대가 ▪ 수공업자 및 제조자의 업무에 관한 채권

구 분	내 용
1년의 단기소멸시효에 걸리는 채권	■ 여관, 음식점, 대석, 오락장의 숙박료, 음식료, 대석료, 입장료, 소비물의 대가 및 체당금의 채권 ■ 의복, 침구, 장구 기타 동산의 사용료의 채권 ■ 노역인, 연예인의 임금 및 그에 공급한 물건의 대금채권 ■ 학생 및 수업자의 교육, 의식 및 유숙에 관한 교주, 숙주, 교사의 채권
판결 등으로 확정된 채권	■ 소멸시효가 완성되기 전에 소를 제기하면 시효의 진행은 중단되고, 소멸시효는 재판이 확정된 때로부터 새로이 진행한다. ■ 재판이 확정된 때에는 그 시효는 단기소멸시효에 해당하여도 10년이다. ■ 화해, 조정, 파산절차 등에 의하여 확정된 채권은 10년이다.
기타	■ 수표채권 : 6월 ■ 공증어음 : 3년

소멸시효의 중단조치

소멸시효가 진행하는 도중에 권리의 불행사라는 소멸시효의 기초가 되는 사실을 깨뜨리는 원인이 발생한 경우에 이미 진행한 시효기간의 효력을 상실케 하는 제도이다.

이때 소멸시효가 중단되면 그때까지 경과한 시효기간은 이를 산입하지 아니하고 중단사유가 종료한 때로부터 새로이 진행한다.

시효관리의 중요성

시효관리란 채권이 시효로 소멸되지 않도록 하기 위하여 시효완성을 방해하는 것을 말한다.

채무자의 재력이 현재 없다고 받을채권을 방치함으로써 시효를 완성시켜서는 안되며, 시효를 연장시키고 지속적으로 재산조사를 실시하여 채권을 회수하도록 노력하여야 한다.

시효중단사유

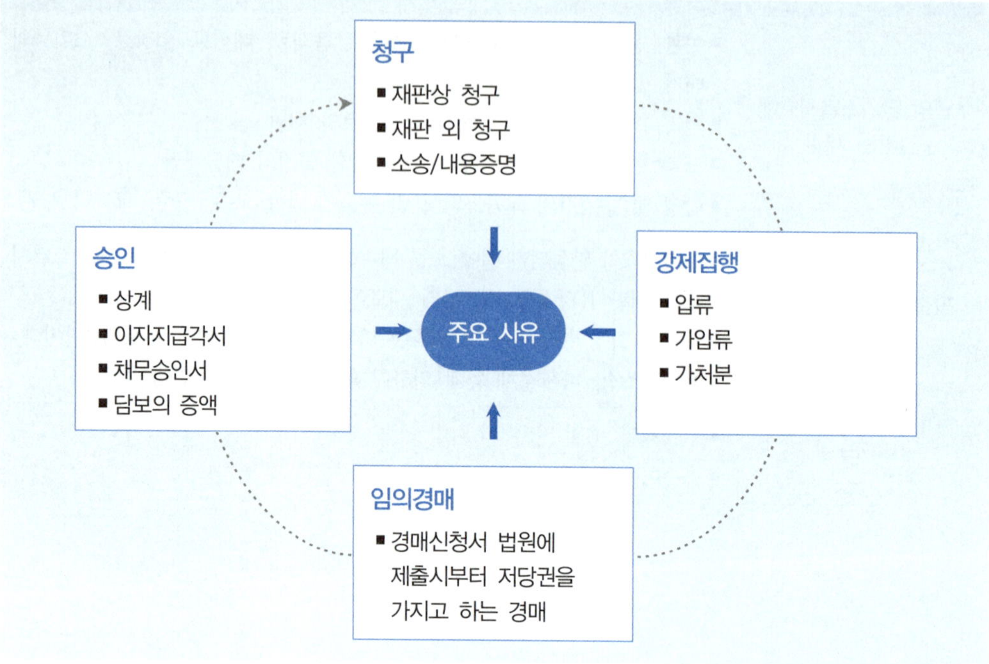

❶ 청구

청구란 권리를 행사하는 것이며, 재판상 청구와 재판 외 청구로 구분한다.

구 분	내 용
재판상 청구	▪ 소(訴)의 제기(소의 각하, 기각, 취하의 경우는 효력이 발생하지 않음) ▪ 지급명령 ▪ 화의절차참가 ▪ 회사정리절차참가 ▪ 파산선고의 신청 ▪ 민사집행법에 의한 배당요구 ▪ 경매대금에 대한 청구 ▪ 파산절차참가(채권자의 취소, 청구의 각하시는 효력이 발생하지 않음)
재판 외의 청구	▪ 내용증명우편에 의한 청구 ▪ 재판 외의 청구 후 6개월 이내에 소제기, 가압류, 가처분 등의 재판상 청구를 취해야 시효중단의 효력이 있다.

❷ 강제집행 : 압류 · 가압류 · 가처분

신청한 때부터 시효중단되고, 권리자의 청구에 의하여 또는 법률의 규정에 따르지 아니함으로 인하여 취소된 때에는 시효중단의 효력이 없다.

압류 · 가압류 · 가처분은 시효의 이익을 받은 자에 대하여 하지 아니한 때에는 이를 그에게 통지한 후가 아니면 시효중단의 효력이 없다.

Part 07

❸ 임의경매

담보권실행을 위한 경매의 경우에는 경매신청서를 관할법원에 제출한 때부터 시효중단의 효력이 발생한다.

❹ 승인

승인이란 시효의 이익을 받을 당사자가 시효로 말미암아 권리를 잃을 자에 대하여 그 권리를 인정한다는 관념의 통지이다.

- 상계
- 채무감액신청, 이자감면신청
- 이자지급각서
- 채무승인서, 잔액확인서 수령
- 채무변제 이행각서 수령
- 신담보의 제공
- 담보의 증액
- 변제유예신청서 수령 등

소멸시효의 이익포기

❶ 시효기간 완성 전의 포기

- 소멸시효의 이익은 시효기간이 완성하기 전에는 미리 포기하지 못한다.
- 소멸시효의 완성을 어렵게 하는 특약은 무효이다(소멸시효 배제 · 연장 · 가중).
- 소멸시효는 단축 또는 경감할 수 있다.

❷ 시효기간 완성 후의 포기

소멸시효가 완성한 후에 시효이익을 포기하는 것은 유효하다.

❸ 종속된 권리에 대한 효력

- 주채무가 소멸하면 보증채무도 소멸한다.
- 주채무가 시효중단하면 보증채무도 시효중단한다.
- 보증채무가 시효중단되면 주채무에는 아무런 영향이 없다.

SECTION

02 거래선이 바뀌면? 새 술은 새 부대에

오랜기간 동안 거래를 하다 보면 거래선의 주체가 개인에서 법인기업 등으로 변경되는 경우를 볼 수 있는데, 이때에는 변경된 새로운 주체와의 계약을 필요로 한다. 일반적으로 개인적으로 사업을 하다가 법인을 설립하여 주식회사 등으로 주체(즉 파트너)가 변경되는 경우인데 이러한 경우 변경된 거래선에서 기존의 채무를 자동적으로 승계하지 않는다는 것이다. 채권자의 입장에서는 변경된 거래선에 채무를 부담시켜야 하므로 큰 고민이 아닐 수 없다.

개인사업자의 대표자 변경

대표자 변경시 기존의 대표자에 대하여 채무를 회수하든가 새로운 대표자와 더불어 중첩적으로 채무인수계약을 체결해야 한다. 대표자가 추가되는 경우에도 기존채무에 대한 채무연대이행 확약서를 받는다.

↘ 개인사업자의 대표자 변경

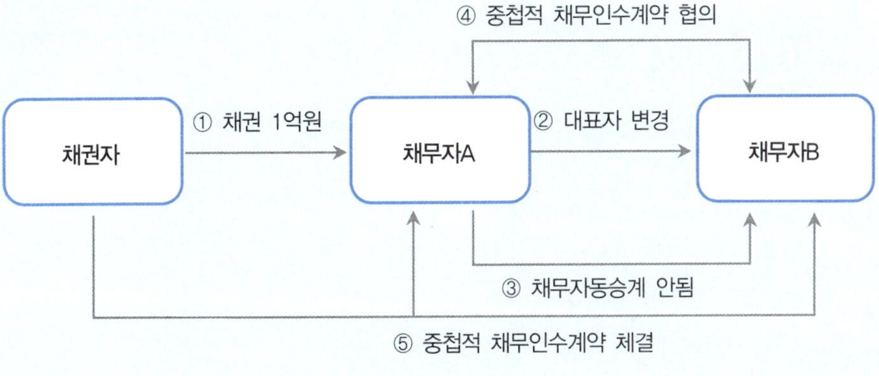

❶ 채무자가 사망한 경우

채무자의 제적등본을 입수하여 상속인을 확인한다. 채무자가 사망 전에 재산을 은닉 · 임의처분하였는지 조사한다.

❷ 영업양수도로 인한 채무자 변경

보증 및 담보에 대하여 보증인 및 담보제공자의 동의서를 받는다. 신채무자와 구채무자가 중첩적 계약인수하도록 한다.

❸ 개인사업자가 법인을 설립

개인사업자의 채무가 법인에 자동적으로 인수되는 것은 아니다.

개인사업자가 신설되는 법인의 대표자일 경우 중첩적으로 채무를 인수하도록 한다.

신설법인의 이사회결의서 및 채무인수결의서를 받는다.

실질적인 대표자가 따로 있는 경우에는 실질적인 대표자의 연대보증을 받도록 한다.

↘ **개인사업자의 법인사업자 전환**

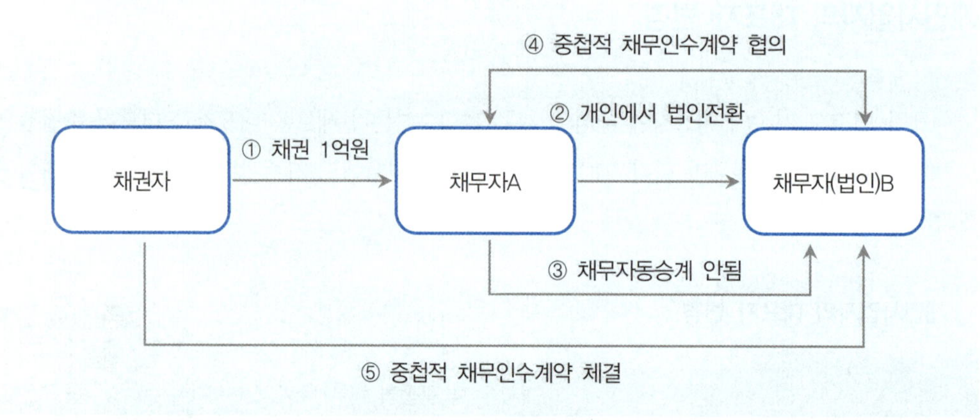

법인사업자의 변경

❶ 법인의 합병, 파산, 해산, 정리절차의 경우

법인등기사항전부증명서를 발급받아 확인한 후 소송의 진행 및 담보권실행을 위한 임의경매 등을 준비한다.

- 합병의 경우에는 채권 · 채무는 자동적으로 인수된다.
- 법인에서 대표자 변경, 상호 · 주소의 변경 등은 별도의 조치가 없어도 된다.
- 실질적인 운영자의 연대보증을 받아 놓는다.
- 기존사업을 제3자가 양수함에 따라 대표자가 변경되는 경우에는 신 · 구채무자에 대하여 중첩적 계약인수를 받아 놓도록 한다.

❷ 법인의 합병

- 신설합병 : 양 법인이 소멸하고, 소멸법인의 권리의무를 신설법인이 포괄적으로 승계한다.

↘ 신설합병의 채무관계

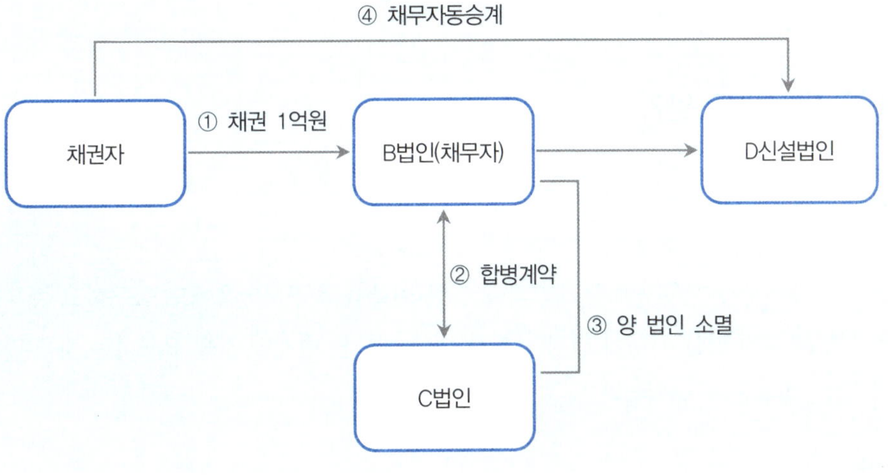

- 흡수합병 : 기존의 법인 중 1법인이 소멸하고 존속하는 법인이 소멸하는 법인의 권리의무를 포괄적으로 승계한다.

SECTION 03

임의회수 바로 알기!

임의적 수단에 의한 채권회수라 함은 강제경매신청을 통한 회수와 같은 국가의 강제권력을 동원하여 강제적 수단을 통하지 않고 채권자가 채무자를 설득하여 채권을 회수하는 방법을 말한다.

채권의 회수측면에서 볼 때 채무자를 설득하고 채무자가 제3자에게 행사할 수 있는 권리를 양도받아 회수하는 것과 같은 임의회수의 방법을 실무적으로 우선적용하게 되며, 채무자가 채무를 변제할 의사가 없는 것으로 파악되면 강제적 수단을 강구하게 된다.

임의적 방법에 의한 회수방법으로는 독촉을 통한 변제수령, 변제, 대물변제, 변제공탁, 상계, 채권양도, 채무인수 등의 방법이 있다.

임의회수기법 바로 알기

독촉

독촉이란 채권자가 채무자에게 계약의 완전한 이행을 촉구하였음에도 불구하고 채무자가 계약의 이행을 하지 않을 경우에 일정한 기간 내에 채무를 변제할 것을 요구하는 것을 말하며 다음과 같은 방법들이 동원된다.

❶ 전화

채무의 변제가 이루어지지 않는 초기에 효과적인 방법이며, 전화를 통하여 독촉을 함으로써 채무자는 상당한 심리적인 부담이 된다(야간에 전화를 할 때에는 너무 늦은 시간에 하지 않도록 하며, 채무자가 녹음을 할 수 있음에 주의하여야 함).

❷ 일반문서에 의한 독촉

전화에 의한 독촉을 하여도 채무를 변제할 기미가 없다고 판단할 시에는 대금을 지정한 일시까지 변제하여 주기 바란다는 협조문식으로 문서를 발송하여 1~2차례 독촉을 한다.

협조문에는 대금의 회수를 위하여 법적인 진행 등을 할 수 있게 됨을 나타내는 문구를 표기한다.

❸ 배달증명부 내용증명우편에 의한 청구

일반우편에 의한 독촉은 거래선이 최고서를 받았는지 여부를 증명할 증거가 불충분하기 때문에 다툼의 소지가 많다.

따라서 실무상 독촉을 할 때는 배달 및 그 내용을 우체당국에 의해서 입증받을 수 있는 배달증명부 내용증명우편으로 독촉장을 발송한다(3통을 작성함).

* 법원우체국에서 발송하면 채무자는 심리적으로 위축된다.

내용증명이란?

우체국에서 우편물의 문서내용을 발송하였다는 것을 증명하는 제도를 말한다.

내용증명은 후일 분쟁의 발생시 또는 소(訴) 제기시 문서를 당사자에게 발송하였다는 증거가 되며, 문서에 확정일자를 부여하는 효력이 있다.

당사가 1인인 경우 3통을 작성하여 1통은 당사자에게 통보하고, 1통은 우체국에서 3년간 보관하고, 1통은 반환하여 준다.

그러나 문서의 진실성에 대하여 우체국에서 보증을 해주는 것은 아니고, 단지 그러한 문서를 발송하였다는 사실을 증명하여 주는 효과만 있다.

❹ 고문변호사를 이용한 독촉

고문변호사가 회사에 선임되어 있으면 고문변호사 명의로 독촉장을 발송한다. 독촉장을 받은 채무자로서는 상당한 심리적 압박감을 느낄 것이다.

독촉효과

- 채권의 소멸시효 중단
- 변제기의 정함이 없는 채권의 이행지체의 책임 발생
- 계약해지 · 해제 발생 등의 효과가 발생

물품대금 채무의 독촉최고서

수 신　나대로 귀하
서울특별시 양천구 ㅇㅇ동 337

청구금액 10,000,000원정

1. 귀하의 건승과 사업의 번창을 기원합니다.

2. ㅇㅇㅇㅇ년 ㅇㅇ월 ㅇㅇ일 현재 귀하가 당사에 지불해야 할 물품대금 미지급금은 10,000,000원으로서 동 금액의 채무변제가 장기간 지체되고 있어 당사의 자금사정 및 업무처리에 막대한 지장을 초래하고 있음을 심히 유감스럽게 생각합니다.

3. 따라서 당사는 귀하의 거래에 따른 기한의 이익은 상실되었음을 통지하오며 위 채무금은 즉시 변제되어야 함을 최고하오니 ㅇㅇㅇㅇ년 ㅇㅇ월 ㅇㅇ일까지 전액 변제하여 주시기 바랍니다.

4. 만일 위 기한까지 이를 이행치 아니할 경우 본의는 아니오나 부득이 채무완제시까지 법정청구 최고이자율인 20%의 지체이자율을 가산적용하여 법정청구할 것을 통지하오니 양지하시기 바랍니다.

ㅇㅇㅇㅇ년 ㅇㅇ월 ㅇㅇ일

발 신 : 홍 길 동 ㉮

주 소 : 서울특별시 강남구 ㅇㅇ동 458
연락처 : ㅇㅇㅇ-ㅇㅇㅇㅇ-ㅇㅇㅇㅇ

SECTION 04

채권양도 바로 알기!

Part 07

채권관리실무 CHECK

㈜성동제지는 종이제품을 공급하는 회사인데 거래선인 하성(주)의 부도로 미수채권이 3억원 발생하였다. 미수채권을 회수하기 위하여 하성(주)의 재산을 파악하였으며 부동산과 채권가압류를 위한 제3거래선을 내부적으로 파악하였다. 그러나 먼저 하성(주)의 협조를 통하여 채권양도를 받는 것을 진행하기로 하였다.

TIP

가압류를 우선적으로 신청하는 방법도 고려할 수 있으나 가압류는 우선배당을 받을 수 없다는 단점이 있으므로 독점적으로 회수할 수 있는 채권을 양도받는 것이 효과적입니다. 가압류 등 법적인 조치 준비는 하고 있다가 우선 채권양도를 받는 것을 협의해보고 진행하여도 늦지 않습니다.

* 가압류를 먼저 신청하면 채무자인 하성(주)의 감정을 건드리게 되고 자발적인 협조를 받기 어렵습니다.

채권양도란 양도인(구채권자)과 양수인(신채권자) 사이의 계약에 의한 채권의 이전을 말한다. 이와 같이 채권의 이전을 직접 목적으로 하는 계약이 채권양도계약이며, 일반적으로 채권양도는 채권양도계약을 가리킨다.

채권의 양도성

① 채권은 양도할 수 있다. 그러나 채권의 성질이 양도를 허용하지 아니하는 때에는 그러하지 아니하다.
② 채권은 당사자가 반대의 의사를 표시한 경우에는 양도하지 못한다. 그러나 그 의사표시로써 선의의 제3자에게 대항하지 못한다.

채권양도계약

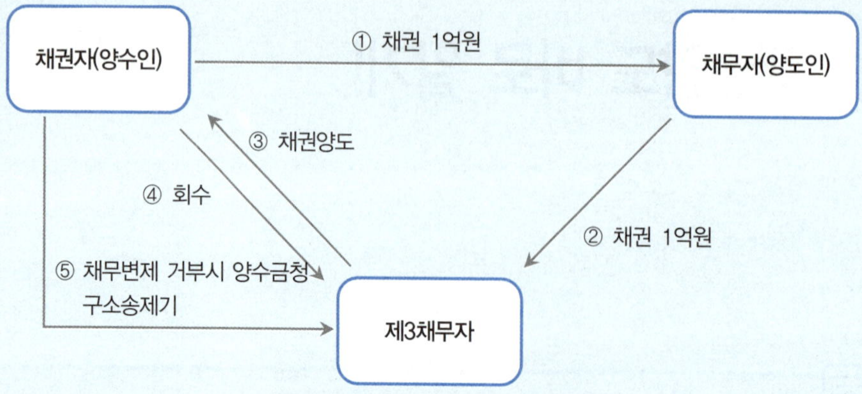

〈양도인 · 양수인 · 제3채무자 합의시〉

1. 3자(양도인 · 양수인 · 제3채무자)가 채권양도계약을 체결하고 제3채무자는 양수인에게 채무를 변제한다.
2. 양수인은 채권양도계약서에 대한 확정일자를 받아둔다. 확정일자를 부여받으면, 양도인의 이중양도 또는 채무자의 다른 채권자들로부터 채권가압류 등 이의신청시 권리의 우선순위를 정할 때 채권양도의 효력이 우선한다.
3. 채권양도계약서에는 제3채무자가 변제하지 못할 시 채무자(양도인)는 연대하여 채무를 계속 부담한다는 문구를 넣는다.

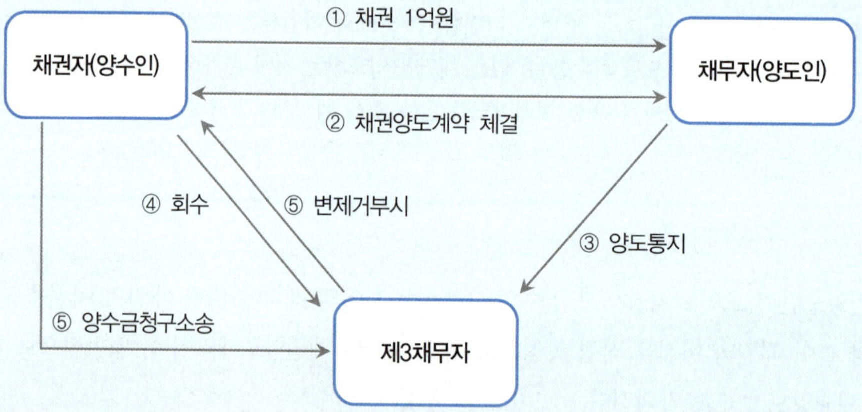

〈제3채무자의 동의가 없을시〉

1. 제3채무자의 동의가 없어도 채권양도의 효력은 인정된다. 단, 제3채무자에게 채권양도통지가 송달되어야 한다. 양도통지는 내용증명으로 보낸다.
2. 후에 채무자(양도인)의 채권자들로부터 제3채무자를 상대로 채권가압류시 순위의 우열을 가린다.
3. 채무자(양도인)와 제3채무자간에 채권양도금지특약이 체결되어 있으면 채권양도의 효력은 부인된다.
4. 양수인이 제3채무자로부터 채권을 회수받지 못할 시 제3채무자를 상대로 하여 양수금청구소송을 제기하여 승소 후 강제회수한다.

❶ 채권양도의 주체

채권양도계약의 당사자는 양도할 채권의 현재의 채권자(양도인)와 채권을 양수할 자(양수인, 신채권자)이며, 양도되는 채권의 채무자는 계약의 당사자가 아니다.

- 양도인은 양도되는 채권의 진정한 채권자이어야 한다.
- 양도인이 양도의 목적인 채권을 가지지 아니하거나 그 채권이 존재하지 아니하는 경우에는 양도는 무효이다.
- 2인 조합에 있어서는 2인 공동으로만 조합채권에 대한 처분권을 가지므로 조합원 1인이 다른 조합원의 동의없이 조합채권을 양도한 경우에는 그 양도는 효력이 없다.

Part 07

❷ 채권양도의 객체

채권양도의 객체는 채권이며, 채권이 양도의 객체가 될 수 있으려면 양도성이 있어야 하며, 원칙적으로 독립된 개개의 채권이어야 한다.

그러므로 독립성이 없는 단순한 보조적 청구권은 분리하여 양도의 대상이 될 수 없다(예 원본채권에 부속되는 이자채권 등).

❸ 일부 양도

채권자(양도인)가 한 개의 채권의 일부를 타인에게 양도하고 나머지는 자신이 보유하거나, 한 개의 채권을 여러 개로 분할하여 각각 다른 사람에게 양도하는 것을 말한다.

❹ 채권의 양도제한

채권관계는 인적신뢰를 바탕으로 한 관계이기 때문에 당사자의 개성이 특별히 중요시되는 경우가 있으며, 이러한 경우에 채권자가 변경되면 채권관계에 중대한 영향을 미칠 수 있으므로 채권자의 자유로운 변동을 제한할 필요가 있다.

구 분	내 용
채권자가 변경되면 급부내용이 완전히 달라지는 채권	채권 중에는 채권자가 변경되면 그 급부내용이 크게 달라지는 채권이 있으며, 이러한 채권은 일반적으로 양도가 금지된다. 예를 들면 특정한 사람을 가르치게 하는 채권, 계약에 의하여 특정한 사람을 부양하게 하는 채권 등이다.
채권자가 변경되면 채권의 행사에 커다란 차이가 생기는 채권	차주는 계약 또는 그 목적물의 성질에 의하여 정하여진 용법으로 이를 사용, 수익하여야 한다. 임차인은 임대인의 동의없이 그 권리를 양도하거나 임차물을 전대하지 못한다.

⑤ 양도금지의 효력

양도금지를 위반하여 채권이 양도된 경우에 선의의 양수인에 대해서는 양도금지로써 대항할 수 없고, 악의의 양수인에 대해서는 양도금지의 효력을 주장할 수 있다.

양도금지에 관한 의사표시의 존재 및 제3자의 악의에 대한 입증은 채무자가 부담한다.

구 분	내 용
양도와 압류가 모두 금지되는 채권	▪형사보상청구권 ▪국가배상청구권 ▪산업재해보상보험법에 의한 보험급여를 받을 권리 ▪약혼해제로 인한 위자료청구권 ▪부양청구권 ▪근로기준법에 의한 보상을 받을 권리
압류 · 양도 및 담보제공이 금지되는 채권	▪국민연금법에 의한 급여를 받을 권리 ▪군인보험법에 의한 보험금청구권 ▪국가유공자등예우및지원에관한법률에 의하여 보상금을 받을 권리

⑥ 효력 발생

- 통지권자는 양도인이다(양수인은 통지권을 가지지 못함).
- 통지의 상대방은 채무자에 대하여 하여야 하며, 채권자가 연대채무자 전원에 대한 채권을 양도하는 경우에는 양도인은 연대채무자 전원에 대하여 통지하여야 한다.
- 통지의 내용은 어느 특정된 채권이 특정의 양수인에게 양도되었다는 사실이다.
- 통지의 시기는 반드시 양도행위와 동시에 할 필요는 없고, 양도 후에 하더라도 통지로서의 효력을 발생한다.
- 통지가 적법하게 이루어지면 양수인은 채무자 및 제3자에 대하여 채권양도를 주장할 수 있다.

> - 채권이 양도되었다는 것을 양도인이 통지하거나 양수인이 승낙하여야 한다.
> - 제3채무자의 승낙이 반드시 있어야 효력이 발생하는 것은 아니다.
> - 제3채무자 이외의 제3자에게 주장하려면 통지나 승낙을 내용증명으로 하여야 한다.
> - 채권양도에 대하여 다른 채권자와 2중으로 양도가 되었을 때에는 내용증명에 나타난 일자를 기준으로 우선순위를 구분한다.

확정일자 있는 증서에 의한 통지 · 승낙

확정일자란 당사자가 후에 임의적으로 변경하지 못하는 일자이며, 확정일자 있는 증서에 의한 통지 · 승낙은 원칙적으로 도달한 때에 그 효력이 발생한다.

확정일자 요건을 갖춘 경우(A)와 갖추지 못한 경우(B)

채권이 2중으로 양도된 이후에 먼저 채권양도를 받은 양수인(B)가 제3채무자에게 단순한 통지를 하고, 나중에 채권양도를 받은 양수인(A)가 제3채무자에게 확정일자 있는 증서에 의한 통지를 한 경우에는 먼저 채권양도를 받은 B는 A에 대해서 우선적인 채권양수를 주장할 수 없다.

채권양도 계약서

채무자 나대로와 채권자 홍길동은 채무자가 채권자에 대하여 현재 및 장래 부담할 채무의 담보를 위하여 채무자가 20 년 ○○월 ○○일자 매매계약에 의거 제3채무자에게 가지고 있는 매매대금채권을 하기 조건으로 채권자에게 양도하기로 한다.

제1조【채권양도 통지의무】

채무자는 제3채무자에 대하여 즉시 확정일자가 있는 증서로써 채권양도의 통지를 하여 제3채무자의 승낙을 받아야 한다.

제2조【담보책임】

채무자는 본 건 양도채권에 대한 매매물품 자체에 대한 것을 제외하고는 제3채무자로부터 채무자에 대항할 사유가 없음을 보증한다.

채무자는 제1조에 의한 통지의 효력발생에 이르기까지 채권자의 권리행사를 방해하는 행위를 할 수 없다.

제3조【통지의무】

채무자는 제3채무자와의 사이에 체결된 계약에 의하여 본건 대금채권의 변제기가 도래할 때는 즉시 채권자에게 통지하여야 한다.

제4조【실행 · 충당】

채권자가 변제기 후 본건 대금채권을 추심한 때는 상기 금액은 별지약정에 따라 보증금으로서 담보 제공한다. 단, 상기금액의 일부 또는 전부를 보증금에 합산치 아니할 수 있다. 이때 합산하지 않는 금액에 해당하는 채무자의 채권자에 대한 채무는 소멸한다.

제5조【채권의 반환】

본건 대금채권의 변제기 전에 채권자 · 채무자간의 거래가 완료하고 채무자가 채무의 전부를 변제한 때 채권자는 지체없이 본건 채권을 채무자에게 무상양도하고, 제3자에게 즉시 확정일자 있는 증서로서 채권양도의 통지를 하여야 한다. 상기 통지에 소요된 비용은 채무자가 부담한다.

계약일자 : 20 년 월 일

양도인(갑) 주 소 :
성 명 : ㊞
연락처 :

양수인(을) 주 소 :
성 명 : ㊞
연락처 :

채권양도통지

채무자 ○ ○ ○ 귀하
주 소

당 금고가 귀하에 대하여 갖는 하기 채권을 저당권 및 소유권이전청구보전의 가등기와 함께 금번 다음과 같이 양도하였으므로 승낙하여 주시기 바라오며 민법 제450조의 규정에 따라 다음과 같이 통지합니다.

다　　음

1. 채권액 금 ○○○만원정
   (단, 당초의 대부금 ○○○만원에 대한 잔액. 위 금원은 ○○○○년 ○월 ○일로부터 ○○○○년 ○월 ○일까지의 채무액 원금에 대한 이자로서 ○○○○년 ○월 ○일 공증인 ○○○가 작성한 공정증서 ○○○○년 증제○○○호에 규정된 채권임)

2. 저당권 및 소유권이전청구권보전의 가등기
   (○○○○년 ○월 ○일 ○○지방법원 ○○등기소 접수 제○○호로 등기된 것임)

○○○○년 ○월 ○일

채권자 ○○은행
대표이사 ○ ○ ○ ㊞
주 소

SECTION 05

상계 · 변제 · 대물변제 바로 알기!

상계처리

상계라 함은 채권자와 채무자가 서로 동종의 채권 · 채무를 가지는 경우에 그 채권과 채무의 대등액을 소멸케 하는 채무자의 일방적 의사표시를 말한다. 그리고 상계를 하는 자가 상대방에 대하여 가지고 있는 채권을 자동채권 또는 상계채권이라 하고, 이에 대하여 상계를 당하는 자가 상계를 하는 자에 대하여 가지는 채권을 수동채권 또는 반대채권이라 한다.

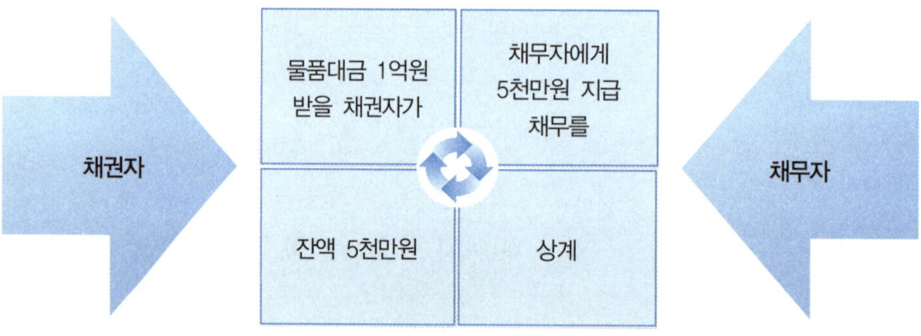

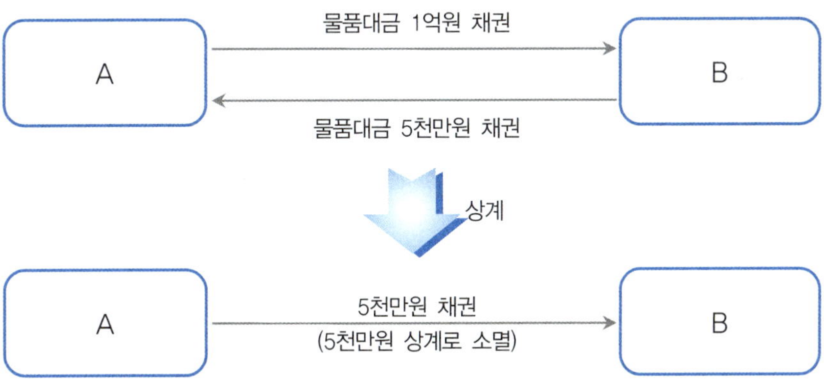

Part 07

상계조건

당사자 사이에 동일한 종류의 목적을 가진 채권이 서로 대립하여 실제 존재해야 한다.

상계로 주장하는 측의 채권은 반드시 이행기가 도래해야 한다. 그러나 상대방(피상계자)의 채권은 이행기가 도래하지 않아도 상계할 수 있다.

연대채무, 보증채무, 채권양도의 경우에는 타인이 가지는 채권으로 상계할 수 있다. 예컨대 보증인은 주채무자가 채권자에게 가지고 있는 채권으로 상계할 수 있다.

상계금지 채권

❶ 당사자 의사표시에 의한 상계금지

민법의 상계에 관한 규정은 강행규정이 아니므로 당사자가 특약으로 다른 약정을 할 수 있다. 따라서 당사자는 특약으로 상계를 금지할 수 있다. 그러나 이러한 상계금지의 의사표시는 선의의 제3자에게 대항하지 못한다.

❷ 법률에 의한 상계금지

고의의 불법행위로 인한 손해배상채권을 수동채권으로 해서는 상계할 수 없다.

압류금지채권

민사집행법 제246조의 압류금지채권	특별법상의 압류금지채권
▪ 법령상 부양료 및 유족보조료 ▪ 채무자가 구호사업이나 제3자의 도움으로 계속 받는 수입 ▪ 병사의 급료 ▪ 급료 · 연금 · 봉급 · 상여금 · 퇴직연금, 그 밖에 이와 비슷한 성질을 가진 급여채권의 1/2에 해당하는 금액. 다만, 그 금액이 국민기초생활보장법에 의한 최저생계비를 감안하여 대통령령이 정하는 금액에 미치지 못하는 경우 또는 표준적인 가구의 생계비를 감안하여 대통령령이 정하는 금액을 초과하는 경우에는 각각 당해 대통령령이 정하는 금액으로 한다.	▪ 공무원연금청구권(공무원연금법 제32조) ▪ 군인연금청구권(군인연금법 제7조) ▪ 근로재해보상금청구권(근로기준법 제89조) ▪ 형사보상청구권(형사보상법 제22조)

상계의 방법 및 효과

상계는 당사자의 일방이 상대방에 대하여 상계한다는 의사를 표시함으로써 한다. 상계의 의사표시에는 조건 또는 기한을 붙이지 못한다.

상계의 의사표시는 각 채무가 상계할 수 있는 때에 대등액에 관하여 소멸하는 것으로 본다.

변제처리

변제라 함은 채무자가 채무를 이행해야 할 시기에 채무를 이행함으로써 채권관계를 소멸시키는 행위를 말한다.

변제의 충당이란 채무자가 채권자 한 사람에 대해 같은 종류의 여러 개의 채무를 가지고 있거나 또는 채무가 원금, 이자, 비용 등이 혼합되어 있는 경우 채무자가 일부만 변제한 경우에 (예를 들면 원금이 2,000만원이고 지연이자가 200만원인데 채무자가 500만원만 변제한 경우) 변제된 금액을 가지고 어느 채무를 변제받은 것으로 처리해야 할 것인가를 말한다.

변제충당의 방법

변제의 충당에 관하여 당사자간에 약정했다면 그 약정에 따르게 되나 변제충당 방법을 별도로 약정하지 않은 경우에는 다음과 같이 충당하게 된다.

❶ 지정충당방법

구 분	내 용
변제자가 충당하는 방법	변제자는 변제시에 변제수령자(채권자)에게 변제에 충당할 채무를 지정할 수 있다. 따라서 민법상 변제자에게 변제충당의 지정에 대한 권한이 우선적으로 부여되어 있다. 변제수령자는 변제자의 변제충당에 대해 이의를 제기하지 못한다.
변제수령자의 충당방법	변제자가 변제충당지정을 하지 않을 경우 2차적으로 변제수령자가 변제자에게 채무를 지정하여 변제충당을 할 수 있다. 이 경우 수령자는 변제를 수령한 후 지체없이 변제충당을 지정하여야 한다.
지정충당이 제한되는 경우	민법상 변제자에게 변제충당지정에 대한 우선권이 부여되어 있다 하더라도 채무자가 1개 또는 여러 개의 채무의 비용과 이자를 지급해야 할 경우에는 변제자가 원본과 이자, 비용 전부를 소멸하게 하지 못하는 변제를 한 때에는 비용→이자→원금의 순서로 변제에 충당하여야 한다.

❷ 법정충당방법

당사자가 충당의 지정을 하지 않거나 충당지정을 하였으나 상대방의 이의로 효력을 상실한 때에 법정충당방법에 의하게 된다.

- 이행기가 도래한 것과 도래하지 않은 채무의 경우에는 이행기가 도래한 것의 변제에 충당한다.
- 채무 전부의 이행기가 도래하였거나 또는 아직 도래하지 않은 경우에는 채무자에게 변제이익이 많은 채무의 변제에 먼저 충당한다. 예를 들어 이자율이 낮은 채무보다는 이자율이 높은 채무에 먼저 충당하는 식이다.
- 채무자에게 변제이익이 같으면 이행기가 먼저 도래한 채무 또는 먼저 도래할 채무의 변제에 충당한다.

채무자가 기한의 이익을 상실하는 경우

채무자는 원칙적으로 이행기 전에는 채무를 이행할 의무가 없으나 다음의 경우에는 기한의 이익을 상실하고 채권자가 이행을 청구하게 되면 이행할 책임을 지게 된다.

- 채무자가 물적담보 또는 인적담보를 손상, 감소, 멸실하게 한 때
- 채무자가 담보제공의 의무를 이행하지 않은 때
- 채무자가 파산선고를 받은 때
- 당사자간 기한이익의 상실에 관하여 특약을 하고 그 특약에서 정한 기한이익의 상실사유가 발생한 때

변제장소

특정한 물건을 인도해야 할 채무는 채권이 성립했을 당시 그 물건이 있었던 장소에서 변제하는 것이 원칙이고, 그 이외의 채무는 채무자가 지참하여 채권자의 현재 주소지에서 변제하는 것이 원칙이다.

변제 후에 변제자가 취해야 할 조치사항

- 차용증, 지불각서, 금전소비대차계약서 등을 반드시 회수할 것
- 변제확인서 또는 변제수령에 관한 영수증을 필히 받을 것
- 어음, 수표 등 유가증권상의 채무금을 변제한 때에는 반드시 유가증권을 회수할 것(회수하지 않을시 2중 변제위험 있음)

대물변제

대물변제란 원래의 채무에 갈음하여 다른 내용의 급부를 이행함으로써 채무를 면하는 것을 말한다. 예를 들면 3,000만원을 지급할 채무에 갈음하여 골동품이나 고서화 또는 부동산 등으로 채무를 이행하는 경우이다.

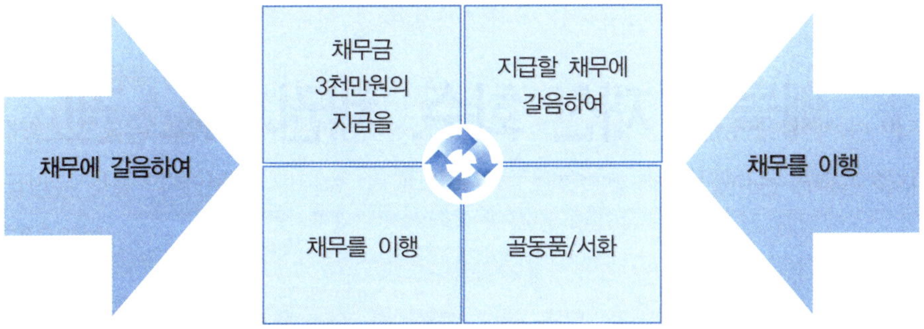

대물변제의 효력발생요건

대물변제는 채권자의 승낙이 있어야 한다.

원래 채무와 내용 및 종류가 다른 것으로 급부를 현실적으로 이행해야 한다.

그러나 대물로 변제한 물건이 원래의 채무와 동일한 가치가 있어야 하는 것은 아니다. 어음·수표의 경우 은행이 발행배서한 자기앞수표는 대물변제로써 유효하나, 기타 어음·수표의 교부는 대물변제로서의 효력이 발생하지 않은 것으로 본다.

대물변제의 효과

대물변제가 유효하게 성립하면 채무는 소멸하지만 대물변제한 목적물에 하자가 있는 때에는 채권자는 대물변제계약을 해제할 수 있고, 그로 인해 손해를 입었다면 손해배상을 청구할 수 있다.

SECTION

06 빼돌린 재산 회수, 채권자취소권!

채권관리실무 CHECK

㈜신라는 여성의류를 생산 · 공급하는 회사인데 2020년 8월까지 (주)백제에 물품을 공급하고 5억원의 미수채권을 가지고 있는 상태에서 ㈜백제 소유인 인천광역시 소재 건물을 ㈜해성 제3자에게 매각하였다. 이제 건물이 제3자 소유이니 가압류를 신청할 수도 없는 상태이고 파악된 다른 재산은 없다. 영업팀에서는 법무팀과 협의 후 사해행위취소청구소송을 통하여 승소 후에 회수할 예정이다.

TIP

제3자에게 소유권이 이전되기 전이면 부동산가압류를 신청하고 이후 물품대금청구소송 승소 후 강제경매를 통해서 회수하는 것이 일반적인 회수방법인데, 채무자인 ㈜백제는 ㈜신라의 행동을 미리 예측하고 대가성 없이 제3자에게 재산의 명의를 이전하는 행위(재산 빼돌리기)를 하는 경우입니다. 제3자인 ㈜해성을 피고로 소송하며, 이 소송에서는 ㈜백제와 ㈜해성의 대가성(즉 금전거래)거래 관계를 입증시키며, 돈이 오가지 않고 그냥 영수증만 있고 부동산 등기사항전부증명서 갑구에 명의만 이전되었다면 승소할 가능성이 높습니다.

채무자가 채권자를 "해" 함을 알고 제3자(수익자)와 재산권을 목적으로 한 법률행위를 한 경우 채권자가 자기의 이름으로 제3자(수익자 · 전득자)에 대하여 그 법률행위를 취소하고 소멸되어진 재산의 원상회복을 소송으로 구할 수 있는 채권자의 권리가 채권자취소권이다.

이와 같은 일반재산이 채무자의 법률행위에 의하여 부당하게 감소됨으로써 채무자의 변제능력이 부족하게 되는 경우에 일정한 요건하에 그 법률행위를 취소하고 채무자로부터 일탈된 재산을 회복시킬 수 있는 권리이다.

요건의 검토

채권자취소권은 채무자의 재산처분의 자유를 제한하고 채무자와 관계를 맺은 제3자와의 법률행위를 희생시키는 제도이며, 채권자취소권을 행사하도록 하기 위해서는 그러한 조치가 요구되는 상황이었는가를 먼저 검토하여야 한다.

이러한 상황을 판단하기 위해서는 세 가지 요건을 갖추어야 한다. 먼저 첫째로 채무자에 대하여 채권자취소권을 행사하고자 하는 자의 채권이 존재하고 있어야 하고, 둘째로 채무자가 채권자를 해하는 재산권을 목적으로 하는 법률행위(사해행위)를 하였을 것과 셋째로 채무자와 수익자 또는 전득자가 사해의 사실을 알고 있었음이 악의일 것의 요건이다. 사해행위의 유형은 아주 다양하다.

- 채무초과상태에서 일부 채권자에게 대물변제를 한 경우
- 신탁 후 신탁재산을 채무자가 타인에게 매도한 경우
- 채무자가 유일한 재산을 신탁한 경우
- 채무초과상태에서 이루어진 양도담보제공행위
- 채권자 중 1인에게 대물변제조로 채권양도를 한 경우
- 채무초과상태에서 이루어진 채권양도행위
- 이혼에 따른 재산분할의 일환으로 처에게 재산을 증여한 경우
- 통정허위 표시에 의한 가장매도행위
- 채무초과상태의 채무자가 유일한 재산을 특정채권자에게 담보로 제공한 경우
- 채무초과상태에서 이루어진 재산매각 또는 담보제공행위 등

채권자취소권 행사는 법에 정해져 있는 대로 사해행위의 취소와 일탈재산의 원상회복이다. 이때 채권자취소권은 반드시 재판상으로만 행사하여야 한다.

소(訴)는 채권자가 취소원인을 안 날로부터 1년 또는 법률행위가 있은 날로부터 5년 내 제기하여야 한다. 소송에 있어서 원고는 채권자이고, 피고는 수익자 또는 전득자이며, 채무자는 피고가 아니다.

채권자취소권의 원상회복

❶ 취소의 범위

채권자취소권제도의 목적이 사해행위로 인한 채무자의 책임재산의 감소를 방지함으로써 채권자 전체의 공동담보를 보전하고, 채무자의 채권을 만족시키기 위한 것이므로 취소의 범위도 그러한 목적달성에 필요한 범위에 한정된다.

우리 민법 제407조에서 취소의 효과는 모든 채권자의 이익을 위하여 효력이 있다는 규정과의 관계에 있어서 보전되어야 할 채권이 취소채권자의 채권에 한정되는가 아니면 총채권자의 총채권인가 하는 점에 대해서는 보전되어야 할 채권은 취소채권자의 채권에 한정되어야 한다는 것이 판례의 태도이다.

❷ 반환의 목적물

사해행위취소의 결과 채권자가 취득하는 권리는 원칙적으로 원물의 반환청구권이고 그것이 불가능 또는 현저히 곤란한 경우에는 예외적으로 가액배상을 청구할 수 있다.

반환청구의 목적물에 관해서 우리나라 통설은 상대방으로부터 사해행위의 목적물 자체의 반환을 청구할 수 있는 경우에는 원칙적으로 그 목적물의 반환을 청구하여야 하며, 특별한 사정이 없는 한 그 목적물의 평가액의 반환을 청구하지 못한다고 한다.

↘ 채권자취소권 프로세스

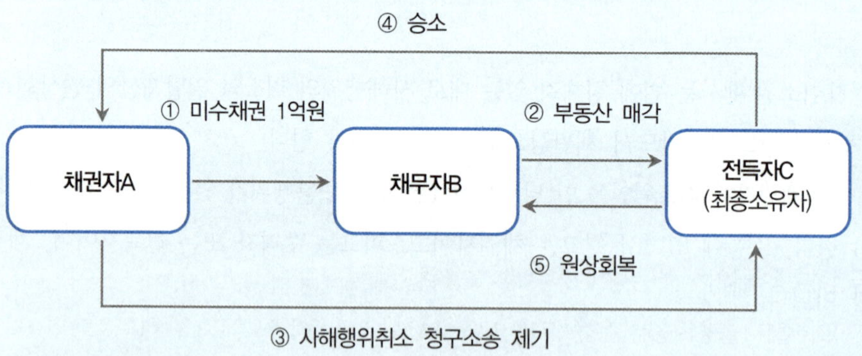

1. 최종 소지자(전득자)를 상대로 하여 사해행위취소 청구소송을 제기한다.
   * 채무자는 피고가 아니다.
2. 승소 후 소유권 채무자(B)에게로 원상회복시킨다.
3. 소송을 승소로 이끈 채권자A가 회수독점권을 갖는 것이 아니라 소송에 참가하지 않은 채권자 공동의 이익을 위해서 소유권이 채무자B에게 이전되면 가압류조치 등을 통하여 채권자 각자가 회수노력을 통하여 채권을 회수한다.

채권관리실무

자산은 유지하고 기업가치는 올리는 채권관리

채권관리실무

자산은 유지하고 기업가치는 올리는 채권관리

PART

08

부실채권 관리하기!

01 부실채권이란

02 신용한도 재평가는 부실채권을 예방하는 길

03 부실채권이 발생되면 나타나는 현상들

04 부실채권이 발생되는 주요 요인

05 채권이 부실화될 가능성이 높은 기업은 어떤 곳일까

06 부실채권을 예방하기 위한 사례

07 부실채권이 발생된다면 어떻게 해야 할까

08 채권회수할 때 해서는 안 되는 방법

핵심 Key-Words

부실채권 | 신용한도 | 부실화 기업 | 채권회수

SECTION 01

부실채권이란

거래선에 판매한 매출대금을 사전에 약속한 날짜에 회수하지 못하는 미수금이 모두 부실채권이다.

거래선이 은행에서 부도처리되어 거래가 정지된 경우 또는 법원에 기업회생절차에 들어가야만 부실채권이 아니다. 연체기간에 상관없이 회수되지 않은 채권은 모두 부실거래선인데, 공급회사의 귀책사유(계약불이행, 하자 등)로 인하여 회수되지 못하는 매출채권은 부실채권이 아니다.

귀책사유로 인하여 회수되지 못하는 채권은 그 원인이 해결되어야 한다.

SECTION 02 신용한도 재평가는 부실채권을 예방하는 길

거래선에 대한 매출채권이 부실화될 때 예고 없이 발생되는 경우는 많지 않으며, 사전에 부실징후가 어떠한 형태로든 보이므로 1년에 3회 이상은 신용한도를 재평가하여 운영하는 것이 바람직하다.

신용한도는 담보액 · 판매능력 및 대금지급능력 등을 종합평가하여 설정되어야 하고, 한 번 설정된 기준은 특별한 사정이 없으면 지속적으로 준수되어야 하며, 외상으로 거래처에 나간 물품은 곧 현금과 같다는 인식하에 관리되어야 한다.

신용한도관리가 제대로 지켜지지 않으면 거래선의 부도시 경매를 통한 담보처분을 하여도 막대한 손실의 발생을 피하기는 어려우며, 신용한도 담당자는 확보된 담보를 1년에 3회 이상은 재평가하여 새로운 신용한도를 부여하여야 할 것이다.

또한 담보물의 가치는 사회여건의 변동 등으로 자주 변하므로 담보물건 주변에 혐오시설 등의 설치 등으로 담보가치가 하락하기도 한다.

SECTION 03 부실채권이 발생되면 나타나는 현상들

영업담당자에게 나타나는 현상

- 인사고과에 악영향을 미친다.
- 부실채권발생보고서에 이름이 남으면서 후배들이 기억한다.
- 영업 인센티브가 없어지면서 가정경제에 어려움을 미친다.
- 소극적으로 변하고 영업에 두려움을 느끼면서 자신감이 떨어진다.
- 기존 거래선 관리에 소홀해진다.
- 신규영업을 하지 못한다.
- 자기개발 시간이 줄어든다.
- 가정생활에 소홀해진다(귀가시간이 늦어지면서 가족과 어울리지 않는다).
- 건강이 나빠진다.
- 쉬는 날이 쉬는 것 같지 않다.
- 나에 대한 부정적인 이미지가 생긴다.
- 다른 동료들에게 민폐를 끼친다.
- 퇴직 및 전직을 준비할 수도 있다.

회사에 나타나는 현상

- 이익이 감소한다.
- 사업진행에 어려움을 겪는다.
- 연구개발투자에 어려움을 겪는다.
- 성장동력에 브레이크가 걸린다.
- 만회하기 위한 방안으로 매출을 늘려야 한다.
- 회수하는 데 시간이 낭비된다.
- 회수하는 데 비용이 발생한다.
- 신규영업에 지장을 받는다.
- 자금운영에 지장을 받는다.
- 은행차입이자가 발생한다.
- 구조조정을 할 수 있다.
- 회사가 부도날 수 있다.

SECTION 04

부실채권이 발생되는 주요 요인

영업담당자

- 고객관련 정보 부족
- 회사규정을 준수하지 못했다.
- 관련지식 부족
- 담보관리를 제대로 하지 못했다.
- 계약내용을 이해하지 못했다.
- 수금을 제때에 못해왔다.
- 나태했다.
- 사회환경 변화에 대한 대처가 부족했다.

【1. 사례를 통한 문제해결능력 Level-up】

나는 입사 5년차 영업사원이다. (주)한국에 기계제품을 판매하는 계약을 하고 2년간 거래하고 있다. 회사정책상 담보를 확보하고 진행하는 거래가 아닌 신용거래를 하였다.

미수채권이 2억원 남았는데, (주)한국이 경영난으로 부도날 것 같다. 채권확보를 위해서 (주)한국의 법인 등기사항전부증명서에 나타나는 부동산을 확인하여 보았는데 선순위 근저당권이 많은 상태이며, 회수가 될 것인지 너무 불안하다.

☞ 거래를 시작하였을 때 법인 등기사항전부증명서(구 : 법인 등기사항전부증명서)에 나타난 부동산에 대한 전부사항증명서를 입수하여 담보관계 등 권리분석을 해보았어야 한다. 담보거래가 아닌 신용거래이기 때문에 상대방에 대한 조사가 부족했다. 회수를 위해서는 아무래도 법적인 조치가 병행되어야 할 것 같다.

회사

- 매출위주의 판매정책 유지
- 당사 제품의 하자발생
- 기술적인 하자
- 교육에 대한 지원 부족
- 채권관리기준이 없다.
- 경영진의 무관심
- 채권관리전담부서의 미설치
- 관리인원의 부족

【2. 사례를 통한 문제해결능력 Level-up】

우리 회사는 매출확대 영업전략을 통해서 생활유통제품을 판매하는 회사이다. 판매대금의 회수를 위한 담보 · 보증에 중점을 두기보다는 시장점유율 확대에 신경을 많이 쓰면서 거래선에 매출을 하고 있다. 이런 가운데 거래선 중 (주)한국이 가져간 당사 물건을 처분하고 잠적했다. 1억원의 부도가 발생했다.

☞ 판매대금의 회수가 전제되지 않은 거래는 거래가 아니며 일방적인 증여다. 회사 영업전략으로 시장점유율의 확대와 외형성장에 주력하다 보면 부실채권이 발생할 가능성이 매우 높다. 수익률이 10%일 때 1억원의 부도가 발생하면 부도를 만회하기 위해서는 10억원을 더 매출해야 하는데 10억원을 매출하다 보면 또 다른 부실이 발생할 가능성이 많다.

고객

- 고객의 주요 판매처가 도산하였다.
- 매출한 거래선에서 대금을 회수하지 못했다.
- 지급자금이 부족하다.
- 노사분규로 경영활동에 지장을 받는다.
- 제품의 경쟁력이 떨어져서 잘 안 팔린다.
- 고객의 선호도가 바뀌어서 매출이 떨어진다.
- 신규경쟁자의 출현으로 영업에 대한 타격을 입었다.
- 소송을 당해서 패소했다.
- 주요재산에 가압류 · 압류가 들어왔다.
- 고의적으로 부도를 냈다.
- 주요 부동산에 경매가 진행된다.
- 연대보증인이 재산을 모르게 처분했다.
- 무리한 사업에 뛰어들었다가 손해를 본다.

【3. 사례를 통한 문제해결능력 Level-up】

(주)한국은 유통을 전문으로 하는 전국적인 유통망을 갖춘 회사인데, 이번에 상가건물을 건설하여 분양하는 부동산 시행 사업을 하고자 한다. 토지를 매입하고 보유중인 자금과 은행에서 PF대출을 활용하여 준공을 하고 분양을 하려고 하는데, 부동산 경기의 침체로 분양에 어려움을 겪으면서 회사경영에 어려움을 겪고 있다.

따라서 당사의 채권 1억원도 회수가 늦어지고 있다.

☞ 거래선 신규사업의 진출 실패로 도리어 회사가 어려움을 겪고 부도가 나는 경우가 있다. 영업담당자는 고객이 어떠한 전략을 펼치고 있으며, 신규로 진출하고자 하는 사업에 관심을 가져야 한다. 당사의 채권회수에 대한 전략이 필요한 시점이다.

환경

- 국내외인 금융위기
- 전쟁의 발생
- 에너지 위기
- 환경문제
- 채무자 회생 및 파산제도
- 원재료 규제강화
- 식품규제 강화
- 제조물책임법 강화
- 공정거래법 강화

Part 08

【4. 사례를 통한 문제해결능력 Level-up】

(주)한국은 유통을 전문으로 하는 전국적인 유통망을 가진 회사인데, 신규사업의 진출실패로 기업회생을 법원에 신청하였으며, 인가결정을 앞두고 있는 상태이다.

따라서 당사의 채권 1억원도 회수가 늦어지고 있다.

☞ 거래선이 채무자회생 및 파산에 관한 법률에 의하여 기업회생을 법원에 신청하면 가압류, 압류, 경매 등 법적인 회수절차가 진행이 중단된다. 이후 인가결정에 의하여 변제조건에 따른 회수를 받게 되는데, 기업회생 신청 전에 정보를 입수하고 채권조기회수, 재고물품 회수 등 회사의 손실을 최소화했어야 한다.

이제는 우리 회사가 채권회수방법을 결정할 문제가 아니다. 채권자들이 따라 갈 수밖에 없는 환경에 의한 부실채권이다.

SECTION 05

채권이 부실화될 가능성이 높은 기업은 어떤 곳일까

매출한 채권이 부실화되는 원인은 여러 가지가 있을 수 있는데 그중에서 거래할 때 주의를 요하는 25가지 유형을 선택하여 살펴본다.

❶ 거래하는 회사에서 과다한 부채를 동원하여 사옥신축, 공장신축을 했을 때

부채를 동원한다는 것은 그만큼 이자를 지급하여야 하는 것인데, 만약 사업이 침체되면서 수익력이 떨어진다면 리스크가 커지면서 기업 자체가 부실화될 수 있다. 거래선의 사업진행 방향과 계획 등에 대해서 담당자는 꾸준히 살펴볼 필요가 있다(공사 계획시 또는 진행시 내부적으로 미리 팀장에게 보고한다).

❷ 주문량이 갑자기 늘어날 때

채권을 부실화시키는 유형으로서, 주문량을 갑자기 늘려서 조달받은 물건을 덤핑처분하기도 하고 기업회생신청 또는 도주하는 경우도 있다. 갑자기 평소보다 주문량이 많이 늘어날 때에는 그 원인을 파악해본다(계절적 요인으로 인한 일시적 현상은 제외).

❸ 약속을 위반할 때마다 사유가 변하는 경우

모든 거래는 신뢰를 바탕으로 형성되고 유지되어야 한다. 거래를 하다 보면 그 약속을 키지 못할 경우도 있지만 이럴 경우에는 계약상대에게 납득할 수 있는 양해를 받는 것이 중요하다. 그런데 약속위반 횟수가 많아지고 그 사유도 계속 변한다는 것은 이미 파트너로서의 신뢰를 잃은 것이다. 회사 내부적으로 채권확보를 위한 조치를 준비한다(재산조사, 가압류 신청 준비 등).

❹ "대금지불을 한꺼번에 몰아서 하겠습니다"라고 약속하는 경우

경험칙상 대금을 한꺼번에 지급받을 확률은 50% 미만이다. 오히려 50% 이상은 받지 못하고 부실채권으로 되는 경우도 많이 있다. 1차 20%, 2차 20% 회수받고 잔금에 대해서는 마지막으로 지급받는 것을 역제안하기 바란다. 거래 처음부터 한꺼번에 지불하겠다는 거래는 하지 않을 것을 권유한다.

❺ 뚜렷한 이유 없이 재고가 계속 줄어들고 있는 경우

수금이 이루어지지 않는 가운데 거래선에 보관중인 재고가 계속 줄어든다는 것은 ①이미 매출을 하고 대금을 지급하지 않는 것, ②물건을 다른 곳에 양도 또는 덤핑한다는 것으로 보아야 한다. 단 계절적으로 수요가 많이 발생되는 제품일 경우는 예외적인 경우다.

❻ 때아닌 바겐세일을 할 때

거래선의 자금사정이 좋지 않거나 아니면 사업을 정리하는 단계로 보아야 한다. 물론 정상적으로 수금이 된다면 상관이 없으나 약속대로 수금이 되지 않는다면 부실거래선의 초기 단계로 보아야 할 것이다. 담보관계 등을 검토하고 채권확보 방안 등을 검토하여야 한다.

❼ 주거래은행 등 거래금융기관이 변경될 때

사업을 하는 사람들은 주거래 은행을 특이한 사유가 없다면 변경되지 않는다. 왜냐하면 은행거래시 대출받을시 담보 등 여러 가지로, 여러 약정으로 얽혀 있는 경우가 많으며, 많은 비밀을 잘 알고 있는 은행이 주거래은행이다. 이런 주거래 은행이 변경되었다면 나는 모르지만 어떤 문제가 발생되었다는 것으로 볼 수 있다. 이전을 하여도 같은 은행의 지점을 이용하고 많은 경우는 먼 거리도 찾아간다.

❽ 대주주의 지분 처분

그 사업에서 철수를 하겠다는 것으로 보아야 한다. 만약 그 사업이 대주주의 어떤 영업력, 기술력, 사회적 영향력 등이 큰 경우에는 사업에 막대한 영향을 미칠 수 있다. 이런 경우에는 그 원인이 무엇인지 반드시 조사하여야 한다(금융감독원 전자공시시스템에 들어가면 일정 규모의 주식회사에 대해서는 감사보고서에 지분관계 등을 살펴보면 대주주를 파악해 볼 수 있다).

⑨ 회계법인의 한정의견 또는 의견거절 등의 감사의견

회계법인에서 한정의견 또는 의견거절 등의 감사의견을 냈다는 것은 심각한 사태라고 보아야 한다. 거래축소 및 채권회수 및 잔여채권에 대한 회수노력 등이 필요하다(감사보고서에서 확인).

⑩ 사업자등록증상의 대표자와 실제대표자 상이

개인사업자인 경우에 중점적으로 확인할 사항인데 사업의 실제 주인이 있다는 의미이다. 즉 현재의 대표자는 극단적인 경우에는 그림자 같은 존재일 수도 있다. 계약은 명목상의 대표자와 체결하였으나 자력이 없으면 받을 데가 없다는 것이다(물론 승소된 집행권원을 확보할 수 있으나 자력이 없으면 종이 한 장에 불과함). 종업원을 대표자로 만들어놓고 판매대금을 실제대표자가 가져가 버리면 법적으로 실제대표자에게 청구할 수 없다(부당이득반환, 채권자취소권을 검토할 수 있으나 복잡해진다).

*실제대표자를 연대보증인으로 체결해놓고 거래한다.

⑪ 우리 회사 거래선의 주요 거래처 도산

주요 거래처의 거래처가 도산되었다는 것은 우리 거래선이 채권을 회수하지 못한다는 것을 의미하며, 거래선에서 자력이 부족하여 우리 회사에 채권을 변제하지 못하는 결과로 나타날 수 있다. 미수채권에 대해서는 회계부서를 통하여 전체 규모를 파악하고 채권확보방안을 강구한다.

⑫ 결제일의 미이행

결제기일을 1차적으로 지키지 못하는 경우는 있을 수 있으나 2차로 연기된 기일에도 지키지 못한다는 것은 거래선의 자금유동성에 문제가 발생하였다고 볼 수 있으며, 극단적인 경우 도산으로 이어질 수도 있다. 주변 거래선의 탐문 등으로 정보를 파악하는 것도 한 방법이며, 거래선과 미수채권의 회수를 위한 협의가 필요하다(재고물품 회수, 상계처리, 채권양도 받는 방법 등).

⑬ 회사채 발행에 대한 지급보증 거절

지급보증기관에서 회사채 발행에 대한 지급보증을 거절한 것은 사업의 전망이 밝지 못하다는 것이며, 대외 신용도가 그만큼 낮다는 것을 뜻한다. 회사채 발행으로 자금이 들어오지 못한다면 거래선이 흔들릴 수 있다는 것이다.

⑭ 거래선이 하고 있는 사업과는 무관한 사업에 진출 시도

거래선이 하고 있는 사업과는 무관한 사업에 진출 시도는 긍정적으로 볼 것은 사업의 다각화 및 새로운 사업 창출로 시너지효과 발생 등을 볼 수 있으며, 부정적인 요소로는 환경이 급격히 변하면 기존의 사업도 흔들릴 수 있다(예: 부동산개발 하여 분양을 하는데 분양시장침체로 자금이 묶이고 이자를 계속 부담한다면).

⑮ 동종업계에서 거래를 기피하는 업체

우리가 거래하고자 하는 거래선이 동종업계에서 거래를 기피하는 업체인 경우에는 그 원인이 있다(예: 신용이 좋지 않은 경우, 채권을 변제하지 않고 오히려 하자를 주장으로 클레임 제기 또는 민사소송을 통한 법적분쟁 발생 등). 만약 그래도 거래를 하고자 하는 경우에는 재무제표조사 및 담보확보 등 리스크를 줄이는 방안을 마련한 이후에 거래한다.

⑯ 기업회생을 신청하려는 회사

거래선이 기업회생에 신청되면 채권의 확보를 위한 가압류, 경매, 민사소송을 포함하여 강제집행이 금지된다. 정보력을 동원해서 기업회생을 신청한다는 정보가 입수된다면 즉시 거래선을 방문하여 채권확보방안을 협의한다(재고회수 등). 채권을 양도받는 방법도 취할 수 있으나 다른 채권자들과 기업회생이 인가된 이후 관리인으로부터 부인권을 행사당할 수 있다(왜냐하면 공동의 채권으로 판단할 수 있다).

⑰ 주요재산에 법적조치가 들어온 압류(경매신청, 가압류/주요재산 압류)

주요재산이 처분된다면 거래선이 부실화될 수 있으며 그로 인해서 우리 회사의 채권이 부실화될 가능성이 높다.

⑱ 주요 재산이 매각 등 처분된 회사

자산이 없어졌다는 것이며 회사의 채무를 변제하지 못하고 부도리스크가 높아졌다고 볼 수 있다.

⑲ 재산명시신청 및 채무불이행이행자명부에 등재된 회사

거래선이 재산명시신청 및 채무불이행이행자명부에 등재되었다는 것은 이미 민사소송에서 패소가 되고 채무를 변제하지 않자 채권자가 할 수 있는 가장 강력한 조치를 시작하였다는 것이다. 거래 도중이라면 중단을 준비하여야 하고 시작단계라면 포기한다.

* 재산명시신청: 채무자에 대하여 강제집행을 개시할 수 있는 채권자는 재산목록을 보거나 복사할 것을 신청할 수 있다.
(채무자가 정당한 사유 없이 ①명시기일 불출석, ②재산목록의 제출 거부, ③선서 거부 가운데 하나에 해당하는 행위를 한 경우에는 법원은 결정으로 20일 이내의 감치에 처한다. 또한 채무자가 거짓의 재산목록을 낸 때에는 3년 이하의 징역 또는 500만원 이하의 벌금에 처하며, 감치재판은 재산명시명령을 한 법원이 관할한다.)

* 채무불이행이행자명부: 채무불이행자명부나 그 부본은 누구든지 보거나 복사할 것을 신청할 수 있지만, 인쇄물 등으로 공표되어서는 아니 된다.
(채무불이행자명부라 함은 금전채무를 일정기간 내에 이행하지 아니하거나 재산명시절차에서 감치 또는 처벌대상이 되는 행위를 한 채무자에 일정사항을 법원 재판에 의하여 등재한 후 누구든지 열람하거나 복사할 수 있도록 법원에 비치하는 명부를 말한다.)

⑳ 매출액이 지속적으로 감소된다.

매출액은 증가되는 것이 일반적인 기업의 추세이나 매출액에 대한 추세가 3개년 연속 감소되고 있다면 기업부실의 처음 단계라고 볼 수 있겠다. 매출액 감소에는 여러 원인이 있을 수 있지만 제품의 진부화, 가격의 경쟁력 상실, 경쟁상품과의 경쟁력 열세 등이 매출 감소로 이어진다.

기업의 매출이 감소하게 되면 유동성 부족과 수익성 악화로 미래를 위한 재투자의 부족과 차입금의 증가로 이어지고 금융비용의 급속한 증가로 부실기업이 될 가능성이 높다.

㉑ 당기순손실이 2년 연속 발생한다.

매출액의 지속적인 감소와 당기순손실의 2년 연속 발생은 기업부실의 징후라고 볼 수 있다. 기업에서 2년 연속 당기순손실이 발생한다는 것은 그 기업에 구조적인 문제가 발생되었다고 판단할 수 있는 지표이다. 손익계산서에서 3개년의 각 계정항목을 비교해보면 증가되는 비용을 볼 수 있을 것이다. 영업이익이 발생하는데도 영업외 비용 등의 발생으로 인하여 당기순손실이 발생되는 경우 기업부실의 주요 원인이 된다.

㉒ 높은 수준의 금융비용을 부담한다.

자기자본이 부족하게 되면 금융기관 등에서 차입을 할 수밖에 없는데, 차입금에 대한 금융비용의 과다 지출로 인하여 이익으로는 버틸 수 없게 되면서 더 높은 금융비용을 지불하고 기업을 운영할 수밖에 없는 상태로 이어진다.

차입금 수준이 과다한 기업은 기업부실의 주요 원인이 된다.

㉓ 부채비율이 증가한다.

재무상태표에서 부채를 살펴보면 부채가 증가되는 것을 볼 수 있는데 부채가 늘어난다는 것은 영업이익으로 지급이자를 내고 나면 그만큼 수익이 줄어든다는 것을 의미한다. 부채비율이 200% 이상을 초과한다면 어떤 특정한 이유가 없는 상태에서는 부실기업으로 전환될 가능성이 충분히 있다.

㉔ 재고자산이 증가한다.

기업을 운영하면서 재고자산을 가지고 있지 않고 필요할 때 즉시 공급할 수 있다면 보관비용 등의 절감으로 수익성이 높아질 것인데, 혹 적기에 공급을 하지 못한다면 매출의 기회를 잃게 되니 기업에서는 적정한 재고를 보유하고 있어야 한다.

그런데 재고자산의 증가는 자금의 흐름을 정체시키면서 현금흐름을 악화시키며, 기업부실의 원인이 된다.

㉕ 매출채권이 증가한다.

매출이 전년도와 비교해 증가하면 이에 따라서 매출채권이 증가하겠지만, 매출은 증가하지 않았는데 매출채권이 계속 늘어나는 경우도 기업부실의 원인이 되며, 이를 흔히 흑자도산이라고 한다. 또한 매출채권의 연체일수가 6개월이 넘는 장기연체로 간다는 것은 그 매출채권은 회수하지 못하는 악성채권일 가능성이 높다.

매출채권이 회수되지 않으면 부족한 시설투자자금, 운영자금을 마련하기 위해 차입에 의존하게 되고, 이 또한 기업부실의 원인이 된다.

SECTION 06 부실채권을 예방하기 위한 사례

기업 내에서 고객에게 제공한 매출채권이 회수되지 않고 부실채권화하는 경우를 살펴보면 의외로 복잡한 상황에서 발생되는 것이 아니라 지켜야 할 기준을 지키지 못해서 발생되는 경우가 많다.

기업 내에서 부실채권 발생 원인은 반복되는데, 이미 부실채권이 된 사례들을 분석해보면 전에 발생된 원인이 문제가 되어서 지금도 부실채권이 발생되고 있다. 반드시 원인을 검토하고 예방조치를 취하여야 한다.

1. 거래단계에서 발생되는 부실채권 발생

1) 거래선 실체 파악 실패

법인과 개인의 책임은 다르다.

〈법인〉

• 주식회사

연대보증인이 없는 경우 개인(대표이사, 이사, 감사 등)에게 법인이 발생시킨 손해를 부담지우기 어렵다(소송에서 법인격부인론이 인용된다면 법인의 소속 개인에게 손해를 부담시킬 수도 있음).

• 유한회사

연대보증인이 없는 경우 개인(대표이사, 이사, 감사 등)에게 법인이 발생시킨 손해를 부담지우기 어렵다(소송에서 법인격부인론이 인용된다면 법인의 대표자에게 채무의 변제를 부담시킬 수도 있음).

• 합자회사

법인의 등기사항전부증명서상의 무한책임사원에게는 법인과 개인을 공동피고로 한 소송도 가능하고 발생시킨 채무를 개인에게 부담시킬 수 있다.

• 합명회사

법인의 등기사항전부증명서상의 모든 임원은 발생시킨 채무에 대해서 무한책임을 진다(개인과 같은 책임).

〈개인〉

개인인 경우 발생시킨 채무를 전부 책임진다(상속재산의 경우도 포함).

Part 08

2) 사전조사 파악실패

- 법인 등기사항전부증명서 대표자와 사업자등록증의 대표자 다른지
- 주요 재산에 많은 담보가 이미 설정되어 있는지
- 주요 재산에 권리관계가 복잡한지
- 신용에 문제가 있는지
- 실질상의 대표자가 따로 있는지

3) 필요서류 미수령

- 거래계약서
- 담보관련서류 등

【사례를 통한 문제해결능력 Level-up】

우리 회사 거래선인 (주)한국이 거래선의 경영악화로 부도 발생되어 우리 회사의 매출대금 1억원이 부도 발생되었다. 부실채권 회수를 위하여 (주)한국이 보유한 재산조사를 실시하였으나 찾지 못하였고 실질상의 대표자가 따로 있는 상태였다.

☞ 명목상의 대표자와 실질상의 대표자가 다르다는 것은 부실채권에 법적인 책임은 (주)한국 밖에는 책임을 질 상대가 없다는 것을 의미한다. 실질상의 대표자를 연대보증인으로 계약 체결하고 거래하여야 한다.

| 해결방법 |

(주)한국과의 거래시에 꼭 조사할 사항

- 법인 등기사항전부증명서의 주소지에 대한 부동산등기부등본 확보
- 주거래은행 및 거래은행 파악
- (주)한국의 매출거래선 파악

2. 계약단계 발생되는 부실채권 발생

1) 계약체결 전 미확인

- 법인 대표자 미확인: 단독대표/공동대표
- 기업회생, 파산, 개인파산 미확인
- 제한능력자 미확인
- 대리권여부 미확인

2) 필요서류 미수령

- 법인인감증명서
- 사용인감증명서
- 개인인감증명서
- 인감도장

3) 계약서 내용 미확인

- 인도방법
- 검수 및 시험
- 하자보증
- 대금지급
- 담보의 제공
- 소유권유보
- 권리 · 의무 상계금지

- 기한의 이익상실
- 계약기간

4) 계약자 변경시 대처 미흡

- 개인사업자의 대표자 변경
- 개인사업자의 대표자 추가
- 개인사업자에서 법인으로 변경

| 해결방법 |

- 개인사업자의 대표자 변경

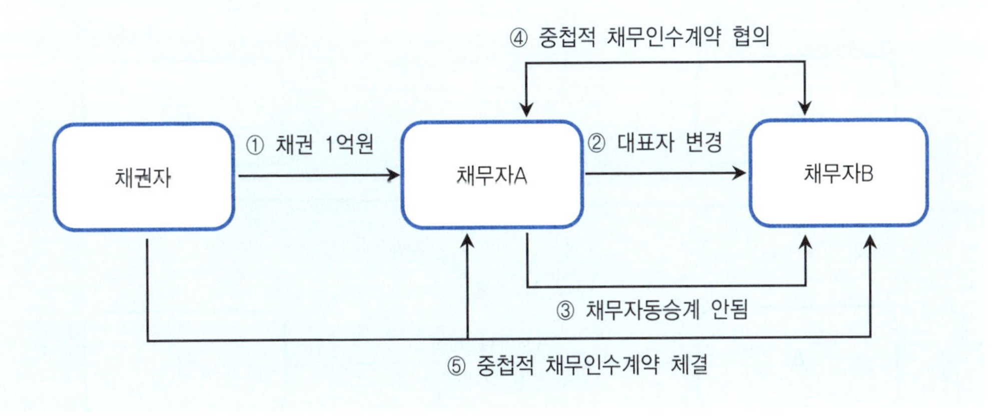

- 개인사업자에서 법인으로 변경

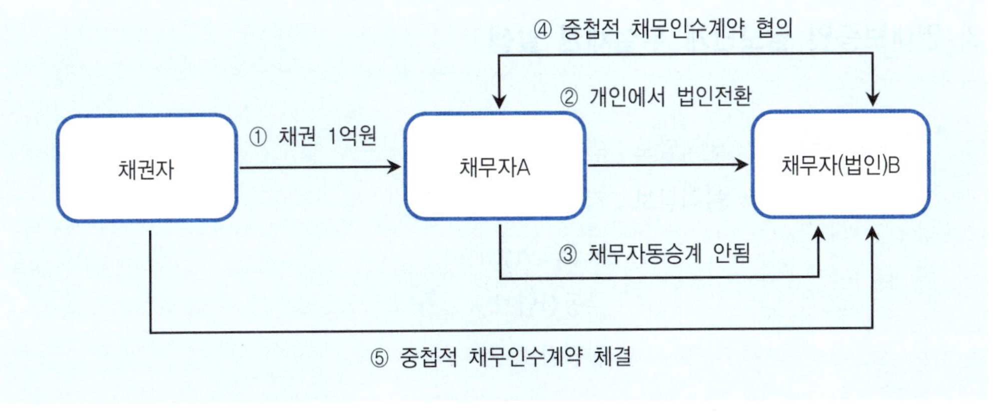

【사례를 통한 문제해결능력 Level-up】

우리 회사 거래선인 (주)한국이 경영악화로 부도되어 당사의 매출대금 1억원이 부도 발생되었다. 우리 회사는 (주)한국에 5천만원의 채무를 지급하여야 하는 상태다. 계약서에는 상계조항은 없었다.

(주)한국의 채권자들로부터 채권가압류를 법원에서 받은 상태다. 우리 회사 채권은 받을 수 있을까 불안하다.

☞ (주)한국의 자력상실로 우리 회사의 받을채권 1억원은 회수할 수 없고, 도리어 (주)한국에 지급하여야 할 채무 5천만원에 대해서는 (주)한국의 다른 채권자들에게 5천만원을 변제하여야 할 상태다. 만약 계약서에 상계조항이 있었다면 상계처리되어 5천만원의 채권이 남아 있었을 것이다.

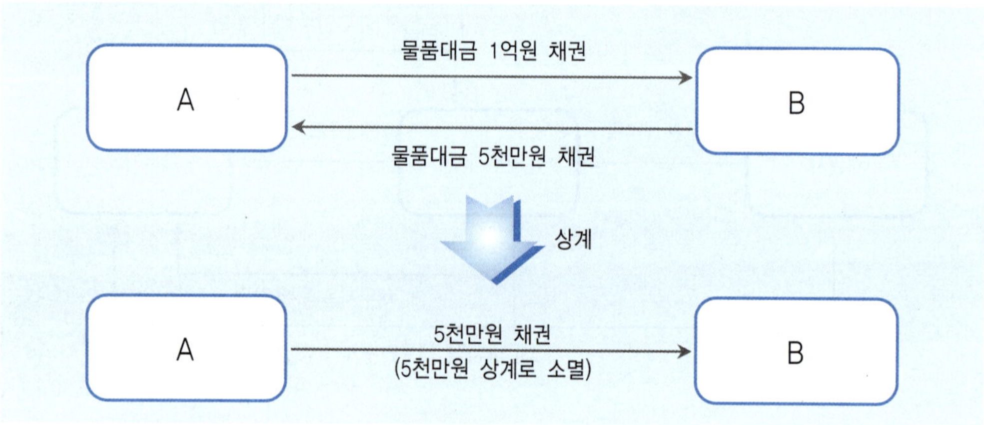

3. 연대보증인 담보단계 부실채권 발생

*** 담보의 종류**
- 인적담보 : 연대보증인
- 물적담보 : 지급보증서
  - 보증보험증권
  - 부동산담보
  - 질권담보

1) 인적담보(연대보증인)

- 연대보증인 서류 미비
  - 연대보증승낙서
  - 인감증명서
  - 재산세과세증명서
  - 부동산 등기사항전부증명서

- 재산조사 확인 미흡
  - 부동산 등기사항전부증명서 소유자 확인
  - 권리분석(가압류, 담보제공 여부 등)

| 해결방법 |

- 본인여부 확인(주민등록증 복사)
- 연대보증승낙시에 지필여부 확인
- 부동산 가치 확인
- 4개월마다 부동산소유권 및 담보제공여부 확인
- 이상시 교체 요구

【사례를 통한 문제해결능력 Level-up】

우리 회사는 (주)한국과 연대보증인 계약을 체결하고 2억원을 매출하였으나 (주)한국의 부도로 회수하자 연대보증인의 재산에 대해서 가압류 등 조치를 하려고 하였으나 이미 재산을 매각한 상태였다.

☞ 소유권이 있는 연대보증인이 타인에게 부동산을 매각, 담보의 제공을 한다면 회수하기가 어렵다.
부동산 평가를 연 1회 이상 확인했어야 하고(부동산중개업소/인터넷 등), 4개월마다 부동산소유권 및 담보제공여부를 확인하면서 이상시 담보교체 요구를 했어야 한다.

이 사례의 경우 연대보증인 채권이 소멸된 것은 아니지만 현실적으로 회수가 어렵다.

4. 지급보증서 · 지급보증보험증권 담보단계 부실채권 발생

손해발생이 지급보증서, 지급보증보험증권에 나타난 계약 조건, 기간에만 담보해주기 때문에 요건에 들어갈 수 있게 관리되지 못하면 부인된다.

| 해결방법 |

1) 발급기관에 확인 필요

- 보증번호 확인
- 보증기간 확인
- 보증조건 확인
- 발급신청자 확인
- 수령자 확인

2) 보증조건에 포함된 거래 및 기간 내에 청구한다.

3) 보증기간 만료 10일 전에 반드시 새로운 담보확보

【사례를 통한 문제해결능력 Level-up】

우리 회사는 (주)한국과 계약시에 지급보증서를 수령하고 물품거래 계약을 하였고 (주)한국의 부도로 지급보증서를 발행한 기관에 지급청구하였으나 보증기간이 경과되어 거절되었다.

☞ 지급보증서 발급기관에서는 보증기간과 보증조건을 꼼꼼히 따지고 지급청구에 응하고 있다. 사전에 보증기간과 조건을 관리하는 시스템이 되어 있어야 한다.(매년 말 또는 분기 말에 일괄적으로 연장을 하는 방법도 검토해볼 만하다.)

5. 부동산 담보단계 부실채권 발생

1) 부동산 관리의 문제

- 부동산평가 과대평가
- 임대차조사 현장조사 미흡
- 공동담보를 설정하지 못함
- 대장과 부동산 등기부사항전부증명서의 불일치
- 잘못된 권리분석
- 고객에게 담보평가해서 가져오게 함
- 담보물권에 대한 현장방문 미실시
- 대리권의 여부 확인 안 함
- 1년에 2회 현장방문 안 함

2) 부동산등기부등본은 표제부, 갑구, 을구를 확인한다.

- 표제부에서는 담보물권의 토지 · 건물의 지번 · 지목 · 종류 · 구조 · 면적 등을 파악
- 갑구에서는 소유권에 관한 권리(소유자, 가등기, 가처분, 가압류) 등을 파악
- 을구에서는 소유권 이외의 권리(선순위근저당권 금액 파악, 전세권, 지상권 등)를 파악

| 해결방법 |

- 부동산 등기부사항전부증명서 이해
- 권리분석 평가
- 주택 및 상가건물임차인 확인
- 적정한 담보평가
- 제3자 담보인 경우 반드시 확인
- 주기적인 현장방문 확인

【사례를 통한 문제해결능력 Level-up】

우리 회사는 (주)한국과 계약시에 담보로 단독주택에 대한 부동산담보를 받으면서 1순위로 3억원의 근저당권을 설정하고 물품을 제공하였으나 변제되지 않자 법원에 경매를 신청, 3억원에 낙찰되었다. 그런데 대항력과 우선변제권을 가진 세입자가 1억5천만원의 임대차보증금에 대해서 배당요구를 하여 우리 회사는 2순위로 1억5만밖에 배당받지 못하였다.

☞ 1순위로 담보를 설정하여도 세입자에게 대항력과 우선변제권이 있다면 주택임대차보호법에 의해서 우리 회사보다 선순위다.
담보를 받을 때에는 소유자와 함께 관할주민센터(동사무소)를 방문하여 세입자 존재 여부를 확인받는다(만약에 주소 전입이 되어 있다면 담보가치 재평가, 임대차보증금 없이 주민등록만 전입되어 있다고 한다면 무상임대차확인서를 수령하고 거래한다).

6. 기타 담보단계 부실채권 발생

1) 공장저당담보

공장에 속하는 1필의 토지 또는 1동의 건물과 그에 설치된 기계 · 기구 기타 공용물이 공장저당권의 목적물이다.

경매는 일부가 아닌 공장저당에 등록된 재산 전체에 대해서 실시한다.

- 공장재단의 구성물로 하려면 그것이 타인의 권리의 목적이 아니어야 한다.
- 압류, 가압류, 가처분이 되어 있는 것은 공장재단의 구성물로 하지 못한다.

2) 양도담보

양도담보란 채권자가 채권담보의 목적으로 채무자 또는 제3자로부터 특정한 물건이나 재산권의 소유권을 이전받고, 채무불이행시에는 그 목적물로부터 채권의 담보를 받을 수 있는 담보를 말한다.

3) 예금담보

예금을 담보로 취득함에 있어서는 담보제공자가 예금주 본인임을 확인한 후 서명을 받거나 인감증명법에 의한 인감을 받는 이외에 예치금융회사에 신고한 예금거래용 인감을 함께 받아두는 것이 좋다. 또한 금융기관의 동의는 필수다.

Part 08

SECTION 07

부실채권이 발생된다면 어떻게 해야 할까

관리 프로세스

① 신속한 구두보고 → ② 부실규모파악 현장방문 → ③ 거래선과 채권회수협의 → ④ 서면보고 → ⑤ 회수방법검토 → ⑥ 상계처리 → ⑦ 재고회수 → ⑧ 채권양도받기 → ⑨ 채권보전조치 (가압류/가처분) → ⑩ 최고서 발송 → ⑫ 민사소송 → ⑬ 강제집행회수

❶ 팀장에게 신속하게 거래선 상황을 구두로 보고한다.

- 보고는 숨김없이 신속히 한다.
- 골든타임 내에서 빠른 조치가 필요하다.

❷ 부실규모 파악

- 회계부서의 협조하에 규모를 파악한다.
- 장래 발생할 채권도 포함한다.
- 약식 보고서를 제출한다.

❸ 현장방문을 한다.

- 거래선의 부실채권 규모를 파악한다.
- 다른 채권자들의 동태를 살핀다.

❹ 거래선과 채권회수 협의

- 감정을 앞세우지 않는다.
- 거래선의 변제 가능성을 타진한다.
- 당사의 채권을 우선변제해줄 것을 부탁한다.
- 재고회수 및 채권양도를 받는 방안을 중점적으로 논의한다.
- 거래선의 주요재산을 확인한다.

❺ 서면보고

- 발생된 부실채권에 대한 사고발생보고서를 작성한다.
- 회수방안을 포함한다.

❻ 내부 회수방법 검토

- 부실채권을 회수하는 방법을 선택한다.
- 관련부서의 협조를 받는다.
- 주요재산에 대한 파악을 끝낸다.

❼ 상계처리

- 계약서상에 있는 상계조항을 적용한다.
- 회계부서와 협조하여 회사 전체의 채권을 확정한다.
- 내용증명으로 거래선에 통보한다.

❽ 재고회수

- 거래선을 설득하여 재고를 회수한다.
- 보관증을 교부해준다.
- 부실채권을 최소화하는 방법이다.

⑨ 채권양도 받기

- 거래선을 설득하여 채권을 양도받는다.
- 3자가 협의하여 받는 방법이 가장 좋다.
- 제3채무자의 동의가 없어도 가능하다.
- 부실채권을 최소화하는 방법이다.

⑩ 채권보전조치(가압류 · 가처분)

- 거래선의 주요재산인 부동산 · 채권 · 유체동산에 가압류신청을 한다.
- 계약서에 표기된 소유권유보부매매조항을 근거로 하여 처분금지가처분 또는 점유이전 금지가처분 신청을 한다.

⑪ 최고서 발송

- 3부를 작성하여 법원우체국에서 발송한다.
- 독촉에 대한 근거자료가 된다.
- 민사소송에서 증거자료가 된다.

⑫ 민사소송

- 민사소송을 신청한다.
- 지급명령 활용
- 치열한 공방을 벌인다.
- 재판에서 승소한다.

⑬ 강제집행회수

- 승소판결문을 첨부하여 법원에 신청
- 유체동산경매
- 채권압류 및 추심명령
- 채권압류 및 전부명령
- 부동산 강제경매

SECTION 08 채권회수할 때 해서는 안 되는 방법

채무자에게 채권을 받아올 때도 법을 지켜야 하는데 '채권의 공정한 추심에 관한 법률(채권추심법)'이 시행중인데 이 법은 채권추심자가 권리를 남용하거나 불법적인 방법으로 채권추심을 하는 것을 방지하여 공정한 채권추심 풍토를 조성하고 채권자의 정당한 권리행사를 보장하면서 채무자의 인간다운 삶과 평온한 생활을 보호함을 목적으로 하고 있다.

금융감독원에서는 금융회사 등이 채권을 추심할 때 채권자가 지켜야 할 기준을 설정하였다. 채권추심 및 대출채권 매각 가이드라인은 금융회사 등이 채권추심 과정에서 준수하여야 하는 내부통제기준을 업무단계별로 제시하고 금융회사 등의 채권 매각프로세스를 규율함으로써 불법 · 불공정한 채권추심행위를 사전에 예방함을 목적으로 한다.

* 정당한 사유 없이 반복적으로 또는 야간(오후 9시 이후부터 다음 날 오전 8시까지)에 방문하는 행위(채권추심법 제9조 제2호)

채권추심 금지행위 사례에 대해서 살펴보면

1. 폭행 · 협박 · 체포 또는 감금하거나 위계나 위력을 사용하는 행위(채권추심법 제9조 제1호)

1) 폭행

- 구타 행위, 뺨을 때리는 행위
- 돌을 던지는 행위, 얼굴에 침을 뱉는 행위
- 고함을 질러 채무자를 놀라게 하는 행위
- 채무자에게 폭언을 수차례 반복하는 행위
- 음란하거나 인종차별적인 발언을 하는 행위

2) 협박

- 거짓 소식을 전하여 채무자를 기절시키거나 심한 충격을 받게 하는 행위
- 부모에게 채무사실을 알리기 전에 빨리 채무를 상환하라고 압력을 가하는 행위
- 채무사실을 채무자의 관계인 또는 제3자에게 알리거나 공표하겠다고 하여 채무자에게 공포심을 유발하는 행위
- 채무를 상환하지 않으면 평생 후회하게 하겠다고 음성녹음을 남기는 행위
- 채무자의 재산(집, 차 등 소유물)을 부수겠다고 위협하는 행위

3) 체포

- 채무자가 움직이지 못하도록 수족을 포박하는 행위
- 경찰관을 사칭하여 연행하는 행위
- 채무자에게 완력을 써서 다른 장소로 이동하지 못하도록 장시간 붙드는 행위

4) 감금

- 사무실이나 집 밖으로 나가지 못하도록 문 앞을 가로막는 행위
- 승용차에 태워 내리지 못하도록 속도를 내어 달리는 행위
- 상대방의 공포심을 유발시켜 집 밖으로 나오지 못하도록 하는 행위

5) 위계

- 전화 연락시 채무자의 관계인, 경찰서, 법원, 변호사, 법무사 등으로 발신번호를 위장하여 연락하는 행위
- 법적으로 허용되지 아니하거나 조치가 불가능한 가상의 법적 조치를 취할 예정이라고 언급하는 행위

6) 위력

- 채무자의 사업장 출입을 방해하는 행위
- 다수인이 채무자의 거주지, 직장 등을 방문하여 공포 분위기를 조성하는 행위
- 채무자의 근무 장소에서 고함을 지르고 난동을 부리는 행위
- 정당한 사유 없이 근무처를 방문하여 장시간 머물면서 불안감을 조성하는 행위

2. 정당한 사유 없이 반복적으로 또는 야간(오후 9시 이후부터 다음 날 오전 8시까지)**에 방문하는 행위**(채권추심법 제9조 제2호)

- 전화, 우편, 이메일, 문자메시지 등을 통하여 사전에 협의하지 아니하고 채무자의 집이나 직장을 방문하는 행위
- 채무자와 다른 장소에서 만나기로 약속하였음에도 불구하고 채무자의 집이나 직장을 방문하는 행위

3. 정당한 사유 없이 반복적으로 또는 야간에 전화하는 등 말·글·음향·영상 또는 물건을 도달하게 하는 행위(채권추심법 제9조 제3호)

- 전화 통화시 본인의 신분을 밝히지 아니하고 채무변제만을 독촉하는 행위
- 채무자와 합의한 변제 일자가 되기 전에 연락하여 사전 변제를 요구하는 행위
- 폭력배가 채무자를 폭행·살인하는 소설, 음향 또는 영상물을 보내는 행위
- 죽은 동물의 사체를 보내는 행위

4. 채무자 외의 사람에게 채무에 관한 거짓 사실을 알리는 행위(채권추심법 제9조 제4호)

- 고의적으로 연체기간을 길게 하여 연체이자를 과다하게 청구하는 행위
- 주채무자가 채무상환계획에 따라 정상적으로 변제를 하고 있음에도 불구하고 보증인에게 주채무자가 변제를 하고 있지 아니하니 채무를 변제하라고 요구하는 행위

5. 채무자 외의 사람에게 채무자를 대신하여 채무를 변제할 것을 요구하는 행위(채권추심법 제9조 제6호)

- 채무자의 채무와 직접 관련이 없는 가족, 친족, 직장동료 등에게 채무를 변제할 것을 강요하는 행위

6. 무효이거나 존재하지 아니한 채권을 추심하는 의사를 표시하는 행위(채권추심법 제11조 제1호)

- 소송을 통하여 채무가 존재하지 아니한 사실이 확인되었음에도 채권추심 의사를 표시하는 행위
- 사망한 채무자의 상속인이 상속포기를 한 사실을 알면서도 채무를 변제하라고 요구하는 행위

7. 법원, 검찰청, 그 밖의 국가기관에 의한 행위로 오인할 수 있는 말 · 글 · 음향 · 영상 · 물건, 그 밖의 표지를 사용하는 행위(채권추심법 제11조 제2호)

- 법원, 검찰 등 사법당국이 작성한 문서로 가장하거나 소송절차 관련문서인 것으로 오인하도록 인쇄물 · 우편물을 사용하는 행위

* 강제집행착수통보서 등과 같이 법적권한이 있는 것처럼 가장하여 채무자에게 안내문 등을 발송하는 행위

8. 법률적 권한이나 지위를 거짓으로 표시하는 행위(채권추심법 제11조 제3호)

- 채권추심회사가 법률행위의 대리가 가능하다고 채무자나 관계인을 속이는 행위
- 채권추심회사 명의로 가압류, 가처분 등의 채권보전조치를 취할 수 있다고 말하는 행위
- 채권추심회사에서 지급명령신청, 소액심판제기 또는 기타 소의 제기가 가능하다고 말하는 행위

채권관리실무
자산은 유지하고 기업가치는 올리는 채권관리
세무 · 회계 지식서비스 분야의 선두주자 조세통람
국내 재경실무분야를 선도하는 No 1. Knowledge Provider

채권관리실무

자산은 유지하고 기업가치는 올리는 채권관리

PART

09

원스톱! 민사소송

01 민사소송 스캔하기!

02 민사소송 START!

03 민사소송, 그것이 궁금하다

04 집행권원 받아내기!

05 지급명령 · 이행권고결정 활용하기!

06 Again! 상소제도

07 전자소송 적극 활용하기

핵심 Key-Words

민사소송 | 지급명령 | 집행권원 | 항소 | 상고

SECTION 01 민사소송 스캔하기!

민사소송법을 적용하는 데 있어서 법원은 소송절차가 공정하고 신속하며 경제적으로 진행되도록 노력하여야 하며, 당사자와 소송관계인은 신의에 따라 성실하게 수행하여야 한다는 것이 민사소송법의 기본개념이다.

형사소송과의 구별을 해보면 형사소송은 사인(私人)에 대한 국가의 형벌권의 존부의 확정을 목적으로 하는 점에서 사법상의 권리관계의 확정을 목적으로 하는 민사소송과 구별되는데, 민사소송에서는 당사자가 적극적으로 주장 · 입증책임을 게을리하면 승소할 수 있음에도 불구하고 패소할 수도 있다.

2002.7.1.부터 새로운 민사소송 진행방식으로 진행하고 있는데 이를 살펴보면 다음과 같은 특징이 있다.

기존에 소송의 진행방식으로는 원고가 소장을 작성하여 관할법원에 접수시키고, 소장접수 후 1달 정도 지나서 변론기일이 지정되면 원 · 피고는 법정에서 원고가 주장하는 사실에 대하여 공격과 방어를 통하여서 소송이 진행되고 재판부는 원 · 피고가 제출하는 서면 · 증인의 진술 및 구두의 주장사실을 들어보고 재판을 진행하였다.

그러나 이러한 방식은 과중한 사건부담으로 인한 재판부의 사건장악력 약화와 변론기일이 지극히 형식적인 절차진행으로 변모되었으며, 피고는 변론기일에 출석하지 않을 수 없었고 변론에 참석하여도 순서를 기다리는 시간이 장시간 소요되었다.

변론에서의 재판은 2~3분 내지 5분을 넘기기 않고 진행되기 때문에 당사자가 변론에서 자기의 주장과 입장을 밝히고 입증할 수 있는 기회가 충분하다고 할 수는 없었다.

신모델의 사건관리 개요도

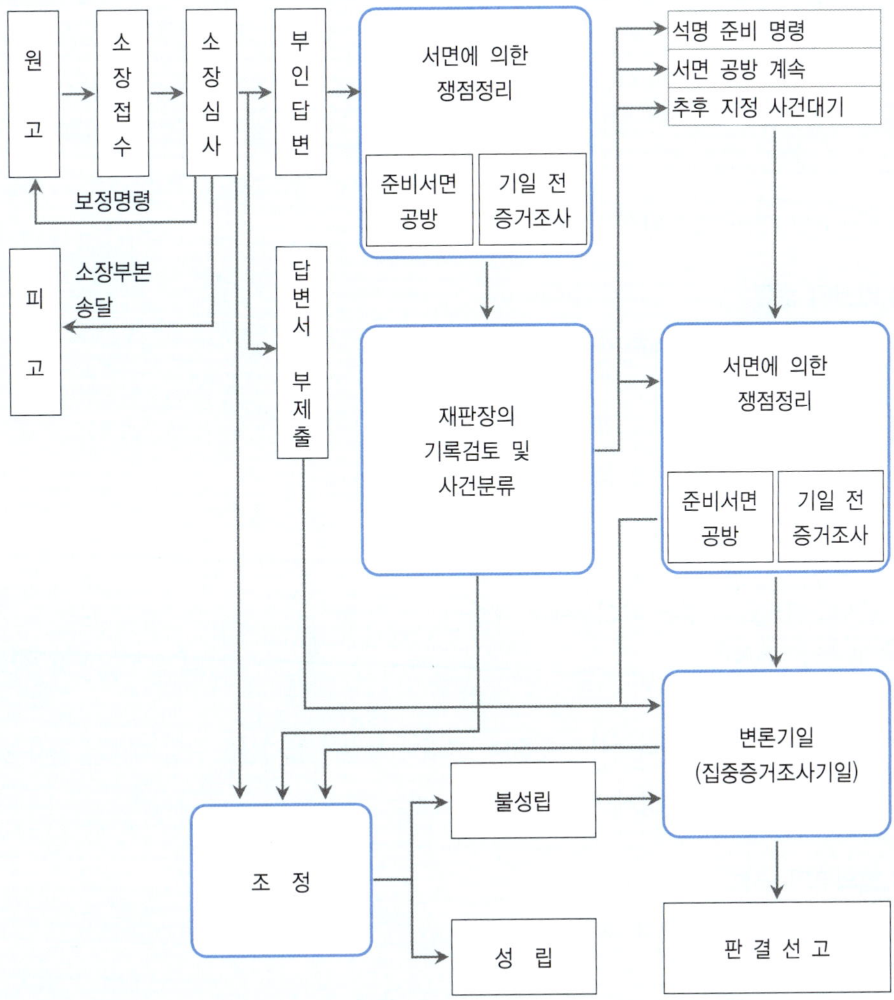

법원의 심급제도란 법원간에 정하여져 있는 상·하의 관계를 말한다.

심급제도 구분

구 분	단 독 사 건	합 의 사 건
제3심	대법원	대법원
제2심	지방법원 합의부	고등법원

구 분	단 독 사 건	합 의 사 건
제1심	지방법원 또는 지원의 단독판사	지방법원 또는 지원의 합의부
적용사건	1) 소가 2억원 이하의 사건 2) 어음 · 수표금 청구사건	1) 소가 2억원 초과의 사건 2) 소가를 정할 수 없는 사건

민사법원의 구성은 다음과 같다.

❶ 법원의 종류

대법원 · 고등법원 · 지방법원 · 가정법원이 있다.

❷ 대법원의 심판권

대법관 전원의 3분의 2 이상의 합의체에서 행한다.

❸ 고등법원의 심판권

판사 3인으로 구성된 합의부에서 행한다.

❹ 지방법원의 지원

심판은 원칙적으로 단독판사가 행한다. 그러나 사건이 합의심을 요할 때에는 판사 3인으로 구성된 합의부에서 재판할 수 있다.

❺ 합의부의 구성

재판장과 판사 2인으로 구성된다.

↘ 합의심/단독심 구분

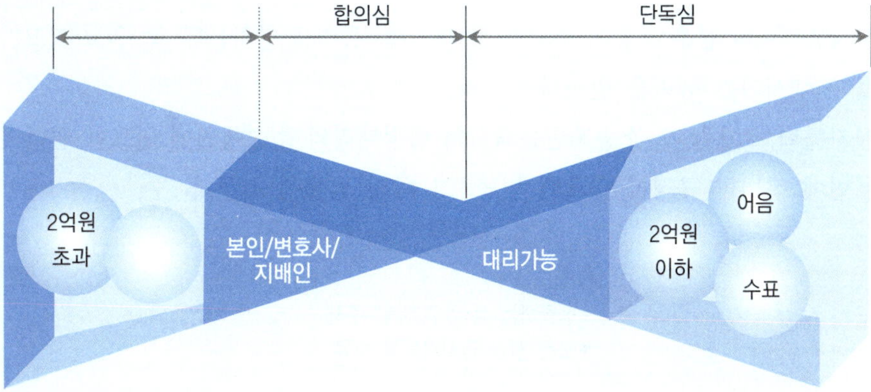

당사자

적법하게 제소하고 피소되기 위하여는 당사자가 당사자능력, 당사자 적격, 소송능력, 변론능력이 있어야 한다.

구 분	소를 제기하는 사람	제기당하는 사람
제1심	원 고	피 고
제2심	항소인	피항소인
제3심	상고인	피상고인
지급명령, 강제집행	채권자	채무자
반소	반소원고	반소피고

* 1. 지급명령절차 · 가압류 · 가처분에서는 채권자 · 채무자라 한다.
2. 소송당사자가 아닌 사람을 "소외"라고 표시한다.

당사자능력

당사자능력이라 함은 소송의 주체가 될 수 있는 능력을 말하는데, 즉 원고·피고가 되어 소송을 진행시키는 능력을 말한다.

당사자능력, 소송능력, 소송제한능력자의 법정대리와 소송행위에 필요한 권한의 수여는 이 법에 특별한 규정이 없으면 민법, 그 밖의 법률에 따른다.

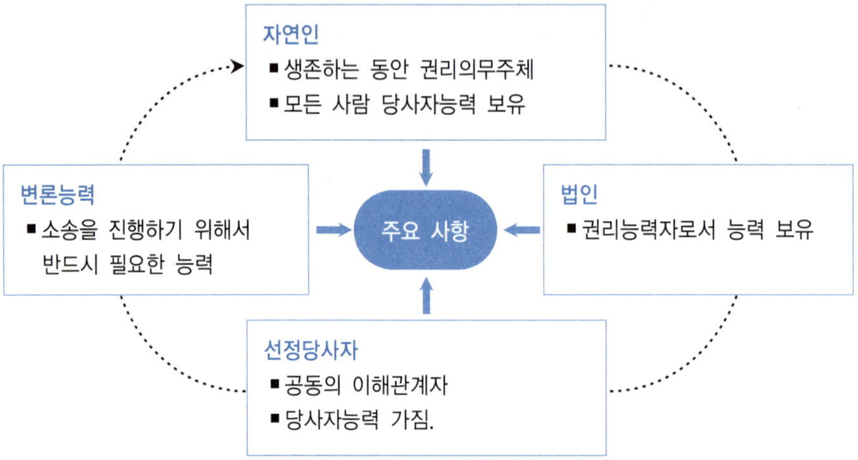

❶ 자연인

자연인, 즉 사람은 생존하는 동안 권리의무의 주체가 되므로 소송상으로도 당사자능력이 있다.

태아는 원칙적으로 당사자능력이 없으나 민법은 태아에 대하여 불법행위로 인한 손해배상, 상속, 유증, 사인증여 등에 대해서는 이미 출생한 것으로 보고 있다.

❷ 법인

법인은 모두 권리능력자이므로 당사자능력을 가진다.

그러므로 사단법인, 재단법인, 영리법인, 비영리법인, 내국법인, 외국법인 모두 당사자능력을 갖는다.

❸ 선정당사자

공동의 이해관계가 있는 다수가 원고 · 피고가 될 경우에 1명을 대표자로 선정하여 소송을 수행하는 것이 선정당사자제도이다.

공동의 이해관계 있는 자 중에서 선정당사자가 선정되면 선정자는 당연히 소송에서 탈퇴한다.

원고 · 피고 당사자 모두 선정당사자를 선정할 수 있고, 선정당사자는 선정자의 대리인이 아니고 당사자 본인이므로 그 소송에 관한 일체의 소송행위를 할 수 있다.

④ 소송능력

소송능력은 소송당사자로서 스스로 소송행위를 하거나 상대방의 소송행위를 받을 능력을 말하는데, 소송능력을 결한 소송행위나 소송제한능력자에 대한 소송행위는 완전히 무효이다.

소송행위가 유효하기 위해서는 소송능력이 필요하며, 미성년자 · 피성년후견인 또는 피한정후견인은 법정대리인에 의하여서만 소송행위를 할 수 있고, 다만 미성년자 또는 피한정후견인이 독립하여 법률행위를 할 수 있는 경우에는 그러하지 아니하다.

⑤ 변론능력

변론능력은 소송당사자가 법원에 대하여 소송절차에 관여하여 현실적으로 소송행위(변론)를 하기 위하여 필요한 능력을 말한다.

Part 09

소송상의 대리인

당사자를 위하여 본인(당사자)의 이름으로 자기의 의사로써 소송행위를 하고 또 상대방으로부터 소송을 당하였을시 소송행위를 받는 제3자를 말한다.

대리인의 행위는 당사자 본인에게만 그 효과가 미치고 대리인에게는 미치지 않는다. 소송상의 대리인에는 본인의 의사에 의하지 아니하고 대리인이 되는 법정대리인과 본인의 의사에 의하여 대리권을 수여한 임의대리인으로 구별한다.

원칙적으로 변호사가 아닌 자는 타인의 소송에 소송대리의 자격이 없다.

❶ 법정대리인

소송의 당사자가 미성년자, 피한정후견인(구 : 한정치산자), 피성년후견인(구 : 금치산자)인 경우 원고 또는 피고로서 소송을 진행할 수 없으며 대리권의 범위는 다음과 같다.

① 친권자 : 일체의 소송행위를 할 수 있다.

② 후견인 : 원칙적으로 친족회의 동의를 받는다(소의 취하, 화해, 청구의 포기, 인낙, 소송탈퇴시 등).

❷ 임의대리인

소송능력이 있고 서면으로 대리권을 증명하여야 하며 대리권의 범위는 다음과 같다.

① 원칙 : 소송대리인은 위임을 받은 사건에 대하여 반소(反訴) · 참가 · 강제집행 · 가압류 · 가처분에 관한 소송행위 등 일체의 소송행위와 변제(辨濟)의 영수를 할 수 있다.

② 예외 : 소송대리인은 다음의 사항에 대하여는 특별한 권한을 따로 받아야 한다.

- 대리인의 사망 · 금치산 · 파산
- 위임사건의 종료
- 소송위임계약의 해지 · 본인의 파산 등

소액사건의 소송대리를 살펴보면 소송물가액이 3,000만원을 초과하지 아니하는 금전 기타 대체물이나 유가증권의 일정한 지급을 목적으로 하는 제1심 민사사건이나, 당사자와 배우자, 직계혈족, 형제자매, 호주는 법원의 허가 없이도 소송대리인이 될 수 있다(소액사건심판규칙 제1조의 2, 2017.1.1. 시행).

다만, 친족관계를 증명할 수 있는 호적등본, 주민등록등본 및 위임장을 제출하여야 한다.

공동소송

공동소송이라 함은 1개의 소송절차에 수인의 원고 또는 피고가 관여하는 소송을 말한다. 이때 원고 또는 피고에 관계되는 다수의 사람을 공동소송인이라 한다.

공동소송의 요건으로서는 소송목적이 되는 권리나 의무가 여러 사람에게 공통되거나 사실상 또는 법률상 같은 원인으로 말미암아 생긴 경우에는 그 여러 사람이 공동소송인으로서 당사자가 될 수 있다.

공동소송인의 지위로서는 동 소송인 가운데 한 사람의 소송행위 또는 이에 대한 상대방의 소송행위와 공동소송인 가운데 한 사람에 관한 사항은 다른 공동소송인에게 영향을 미치지 아니한다.

❶ 소송참가

소송참가란 현재 계속 중인 타인간의 소송에 제3자가 자기의 이익을 추구하기 위하여 소송에 참가하는 것을 말한다.

소송참가는 둘로 나누어지는데 하나는 종전의 소송 가운데 어느 일방의 승소를 보조해 주기 위하여 참가하는 보조참가를 말하며, 다른 하나는 종전의 당사자와 동등한 당사자의 지위에서 참가하는 독립당사자 참가로 구별되어진다.

구 분	내 용
보조참가	제3자가 타인간의 소송결과에 의하여 이해관계가 있는 경우에 어느 일방의 승소를 보조해 주기 위해서 참가하는 것을 말한다. 보조참가인은 자기의 이름으로 판결을 구하지 않고 당사자일방이 승소판결을 위하여 소송을 수행하는 것이며, 타인간의 소송이 계속 중일 것, 소송결과에 대하여 이해관계가 있을 것 등을 요건으로 하고, 참가인은 피참가인의 승소를 위하여 필요한 일체의 소송행위를 자기의 이름으로 할 수 있다. 또한 참가인은 소의 변경, 반소, 중간확인의 소를 제기할 수 없다.
독립당사자 참가	소송목적의 전부나 일부의 권리가 자기의 권리라고 주장하거나, 소송결과에 따라 권리가 침해된다고 주장하는 제3자는 당사자의 양쪽 또는 한쪽을 상대로 하여 소송에 참가할 수 있다. 원고 · 피고 · 참가인의 이해관계가 서로 상충되는 경우에 이에 대한 쟁점들을 합리적으로 해결함으로써 소송의 경제적인 측면에 대한 효과와 판결이 서로 모순되게 일어나는 것을 방지할 수 있다.

❷ 승계참가

소송계속 중 당사자의 지위가 제3자에게 이전되는 경우에, 그 양수인이 당사자로서 소송에 참가할 수 있다.

❸ 공동소송참가

제3자가 소송의 진행 중에 공동소송인으로 참가하는 것을 말하며, 소송계속 중이라면 상급심에서도 참가할 수 있다.

소송고지

소송고지란 소송계속 중에 당사자가 이해관계 있는 제3자에 대하여 소송이 진행 중임을 통지하는 것을 소송고지라 하며, 소송의 고지를 받은 제3자는 자신의 권리가 자신과 이해관계가 있는 당사자가 소송에서 패소함으로써 입게 될 손해를 미연에 방지하고자 소송에 참가 여부를 결정한다.

SECTION 02

민사소송 START!

민사소송은 형사소송과는 달리 개인간의 권리관계에 대한 다툼이 생겼을 때 그에 대한 권리가 누구에게 있는지 존재를 확정하고 국가권력의 강제력을 통하여 사법질서를 유지함으로써 안정적인 사회생활을 유지하기 위하여 실시하는 법원의 재판절차를 말한다.

민사소송에서는 우선적으로 요건에 맞게 소장을 작성하여 관할법원에 제출하고, 이후에 원 · 피고간에 공격과 방어를 통해서 서로가 주장하는 바를 법원이라는 경기장에서 승패를 가리게 된다.

민사소송 스타트

소(訴)의 제기

소(訴)란 법원에 대하여 판결의 형식으로 권리보호를 요구하는 당사자의 신청을 말하며, 청구의 내용에 따라 다음과 같이 구별한다.

구 분	내 용
이행청구	물건의 급부나 사람의 작위 등을 구하는 소송(대여금의 반환을 구하는 소)
확인청구	권리나 법률관계의 확인을 구하는 소송(토지의 소유권의 확인을 구하는 소, 회사의 이사 지위의 확인을 구하는 소 등)
형성청구	새로운 법률관계의 형성을 구하는 소(신분관계나 회사관계의 소송, 인지청구소송, 주주총회의 결의의 취소소송 등)

소의 이익이라 함은 국가적 · 공익적 견지에서 무익한 소송제도의 이용을 통제하는 원리이고, 당사자의 입장에서는 소송제도를 이용할 정당한 이익 또는 필요성을 말한다.

- 소송장애사유가 없을 것 : 당사자간에 부제소 특약, 중재합의가 있는 경우 등
- 신의측위반의 제소가 아닐 것 : 신의측에 반하여 소를 제기하는 경우 소권이 남용
- 제소가 금지되어 있지 않을 것 : 중복제소의 금지

소장의 작성방법

법원에 소송을 제기하려면 우선 소장을 작성하여 제출하여야 한다. 이것을 중심으로 공격과 방어가 전개된다. 그러므로 소장은 간결하고 명료하게 작성하여야 한다.

소는 법원에 소장을 제출함으로써 제기하며, 소장에는 당사자와 법정대리인, 청구의 취지와 원인을 적어야 한다.

소장의 중요 기재사항

- 원 · 피고 당사자의 성명, 명칭 또는 상호와 주소, 주민등록번호
- 대리인이 있는 경우 대리인의 성명과 주소
- 연락가능한 전화번호, 팩스번호 등
- 청구취지(청구를 구하는 내용, 범위 등을 간결하게 기재)
- 청구원인(권리 또는 법률관계의 성립원인 사실을 기재)
- 부속서류의 표시(소장에 첨부하는 부속서류 등)
- 작성연월일
- 법원의 표시
- 작성자의 기명날인 및 간인

소가산정방법

소가는 원고가 청구취지로서 구하는 범위 내에서 원고의 입장에서 보아 전부 승소할 경우에 직접 받게 될 경제적 이익을 객관적으로 평가하여 정한 금액을 말한다.

구 분	내 용
확인의 소	권리의 가액
금전지급청구의 소	청구금액
사해행위취소의 소	취소되는 법률행위의 목적의 가액을 한도로 한 원고의 채권액
소유권이전등기	목적물건의 가액
지상권, 전세권	목적물건의 가액의 2분의 1

인지액 산정방법

(2021.7. 1. 현재)

소가청구금액	인지액 계산방법
1,000만원 미만	소가×10,000분의 50=인지액
1,000만원 이상~1억원 미만	소가×10,000분의 45+5,000원=인지액
1억원 이상~10억원 미만	소가×10,000분의 40+55,000원=인지액
10억원 이상	소가×10,000분의 35+555,000원=인지액

① 소장에는 소송목적가액에 따라 아래 상당의 인지를 첨부하여야 한다.

* 산출된 인지액이 1,000원 미만인 때에는 이를 1,000원으로 하고, 1,000원 이상인 경우에 100원 미만의 단수가 있는 때에는 그 단수는 계산하지 않는다.

② 재산권상의 소로서 그 소가를 산출할 수 없는 것과 비재산권을 목적으로 하는 소송의 소가는 5천만원으로 한다.

③ 항소장, 상고장의 인지액

항소장에는 위 규정액의 1.5배, 상고장에는 2배의 인지를 붙여야 한다.

송달료 납부

소장을 송달할 때에는 당사자수에 따른 계산방식에 의한 송달료를 송달료수납은행(대부분 법원구내)에 납부하고 그 은행으로부터 교부받은 송달료 납부서를 소장에 첨부한다.

사 건	송달료 계산법(송달료 1회분=4,500원, 2021.7.1.현재)
민사 제1심 소액사건	당사자 수×송달료 10회분
민사 제1심 단독사건	당사자 수×송달료 15회분
민사 제1심 합의사건	당사자 수×송달료 15회분
민사 항소사건	당사자 수×송달료 12회분
민사 상고사건(다)	당사자 수×송달료 8회분
민사 조정사건(머)	당사자 수×송달료 5회분
부동산 경매사건(타경)	(신청서상의 이해관계인 수+3)×송달료 10회분

송달료 잔액의 환급

- 소송절차의 종결 후 송달료가 남은 경우에는 계좌신청을 한 경우 신고한 계좌로 입금된다.
- 송달료 관리은행에서 납부인에게 잔액환급 통지를 한다.
- 송달료를 일정기간 찾아가지 않으면 국고에 귀속된다.

소송접수 스타트

소장은 법원에 접수되어야 시효중단 등 실체법상 효과가 발생하며, 법원의 접수담당자는 당사자 기타 소송관계인이 제출하는 소송서류의 접수를 거부할 수 없는데, 우편으로도 소장의 접수는 가능하다.

소장제출 법원

구 분	내 용
자연인	▪ 피고의 주소지관할법원 ▪ 거소(주소를 알 수 없을 때) ▪ 최후의 주소지(거소가 없거나 알 수 없는 때)
법인 기타 단체	▪ 주된 사무소 또는 영업소 소재지 ▪ 주된 업무담당자의 주소(주된 영업소가 없을 때)
특별히 인정되는 소장 제출법원	▪ 어음 · 수표의 지급지 법원 ▪ 부동산 소재지 : 부동산에 관한 소 ▪ 불법행위지 : 불법행위에 관한 소는 그 행위지의 법원 ▪ 거소지 또는 의무이행지 법원 : 재산권에 관한 소
당사자의 합의에 의하여 인정되는 소장 제출법원	당사자가 합의에 의하여 제1심 관할법원을 정할 수 있다(법원의 전속 관할로 정해진 경우는 제외). * 소장이 제출되면 법원은 접수창구에서 소장의 확인과 인지 및 송달료를 확인하고, 소장에 접수인을 찍은 후 사건번호를 부여한다.

소장부본의 송달 및 준비명령

① 접수된 소장을 피고에 송달하며, 변론기일에 따라 원 · 피고를 소환한다.

② 피고에게 소장이나 변론기일소환장이 송달되지 않은 경우에는 통상 1주일 이내에 주소를 보정하여야 하고, 주소가 보정되지 않으면 소송은 각하된다(다시 소송을 할 수 있음).

③ 피고가 행방불명시 공시송달을 신청한다.

주민등록이 말소된 경우 : 말소된 주민등록등본 첨부

주민등록이 말소되지 않은 경우 : 통 · 반장 또는 이웃의 불거주확인서 첨부

④ 수취인 부재, 폐문부재시에는 특별송달을 신청한다.

⑤ 주소보정명령등본이나 소장접수증명원 등을 동사무소에 제출하면 상대방 또는 증인의 주민등록등본을 발급받을 수 있다.

소제기시 피고의 대응

① 피고는 소제기시 변론기일에 출석 또는 답변서를 제출하여 반드시 방어하도록 한다.

② 피고가 소장 및 변론기일통지서를 수령하고도 참석하지 않으면 의제자백으로 간주되어 재판이 종결될 수 있다.

③ 피고가 답변서를 제출하는 경우 '원고의 청구취지를 기각하고, 원고의 청구사실을 전부 부인한다'는 답변을 한다.

④ 피고가 변론기일에 출석하여 원고의 주장사실에 대하여 인정하는 경우에는 '청구의 인낙'이 되어 판결이 종료된다.

⑤ 피고가 원고의 청구를 다투는 경우에는 소장의 부본을 송달받은 날부터 30일 이내에 답변서를 제출하여야 한다.

↘ 소제기시 발생되는 효과

구 분	내 용
① 소송계속	특정한 사건이 특정한 법원에서 판결절차로 심판되고 있는 상태
② 중복제소의 금지	법원에 이미 소송계속이 발생한 사건에 대해서는 당사자는 다시 소를 제기하지 못한다.
③ 시효의 중단	제소가 있으면 실체법상의 시효중단의 효력이 발생한다(소장제출시).
④ 법률상의 기준준수	권리나 법률상태를 보전하기 위하여 소를 제기하여야 할 기간이 엄격히 적용되게 된다.

SECTION 03

민사소송, 그것이 궁금하다

모든 운동경기에도 규칙이 있듯이 민사소송에도 일정한 룰이 있어서 이 룰을 서로 지켜가면서 민사소송이라는 경기를 진행하게 된다.

제일 먼저 변론기일이 지정

변론기일은 재판장이 기일을 지정하여 원 · 피고에게 통보한다(통상적으로 변론시 다음 기일을 지정하여 주고, 불출석한 경우에는 서면으로 통보하여 줌).

법원에서 정해준 변론기일에 법인의 대표자 또는 개인이 직접 나가서 변론진행을 하면 되고, 직원 및 친지 등을 출석시켜서 재판을 진행하려면 변론기일 1주일 이전에 소송대리허가신청서 및 위임장을 미리 제출하여야 한다.

* 법인인 경우 합의심 소송진행은 법인의 대표, 수임된 변호사, 법률상 지배인인 경우를 제외하고는 합의심에서의 소송대리는 인정해 주지 않는다.

피고는 답변서를 제출

피고가 원고의 소장을 받아보고 그에 대한 반박하는 주장을 담은 내용을 최초로 제출하는 서면을 답변서라고 한다.

① 피고가 원고의 청구를 다투는 경우에는 소장의 부본을 송달받은 날로부터 30일 내에 답변서를 제출하여야 한다.

* 통상 다음 변론기일 7일 전까지 제출한다.

② 소액사건의 경우에는 소장부본을 받은 날로부터 10일 이내에 가급적 빨리 제출한다.
③ 원고의 청구를 그대로 인정할 때에는 출석하지 않아도 된다.
④ 상대방수에 1부를 더하여 제출한다.
⑤ 증거서류를 함께 제출한다.

원 · 피고는 준비서면을 제출

준비서면은 변론에서 진술하고자 하는 사항을 기재하여 법원에 제출하는 서면을 말한다.
① 사건번호와 당사자, 주장사실을 논리정연하게 기재한다.
② 주장을 증명하기 위한 증거방법과 상대방의 증거방법에 대한 의견을 개진한다.
③ 준비서면을 제출할 때 증거자료를 같이 제출한다.
④ 준비서면은 정한 기한 내에 제출한다(기한이 늦으면 주장이 각하되는 수가 있음).
⑤ 상대방의 수에 1부를 더하여 제출한다.
⑥ 준비서면에 기재하지 아니한 사실은 상대방이 출석하지 아니한 때에는 변론에서 주장하지 못한다.
⑦ 준비서면에는 인지를 붙이지 않는다.

원고 · 피고는 자신이 주장하는 사실에 대한 구체적인 자료를 공격 또는 방어의 방법은 소송의 정도에 따라 적절한 시기에 제출하여야 하며, 또한 제출기간을 제한할 수 있는데 재판장은 당사자의 의견을 들어 한쪽 또는 양쪽 당사자에 대하여 특정한 사항에 관하여 주장을 제출하거나 증거를 신청할 기간을 정할 수 있다.

준비서면에는 다음의 사항을 적고, 당사자 또는 대리인이 기명날인 또는 서명한다.

- 당사자의 성명 · 명칭 또는 상호와 주소
- 대리인의 성명과 주소
- 사건의 표시
- 공격 또는 방어의 방법
- 상대방의 청구와 공격 또는 방어의 방법에 대한 진술
- 덧붙인 서류의 표시
- 작성한 날짜
- 법원의 표시

첨부서류

① 당사자가 가지고 있는 문서로서 준비서면에 인용한 것은 그 등본 또는 사본을 붙여야 한다.
② 문서의 일부가 필요한 때에는 그 부분에 대한 초본을 붙이고, 문서가 많을 때에는 그 문서를 표시하면 된다.
③ '① · ②'의 문서는 상대방이 요구하면 그 원본을 보여주어야 한다.

Part 09

변론기일에 한쪽 당사자가 출석하지 않았다?

원고 또는 피고가 변론기일에 출석하지 아니하거나, 출석하고서도 본안에 관하여 변론하지 아니한 때에는 그가 제출한 소장·답변서, 그밖의 준비서면에 적혀 있는 사항을 진술한 것으로 보고 출석한 상대방에게 변론을 명할 수 있다.

당사자가 변론에서 상대방이 주장하는 사실을 명백히 다투지 아니한 때에는 그 사실을 자백한 것으로 본다. 다만, 변론 전체의 취지로 보아 그 사실에 대하여 다툰 것으로 인정되는 경우에는 그러하지 아니하다.

상대방이 주장한 사실에 대하여 알지 못한다고 진술한 때에는 그 사실을 다툰 것으로 추정한다.

당사자가 변론기일에 출석하지 아니하는 경우에는 제1항의 규정을 준용한다. 다만, 공시송달의 방법으로 기일통지서를 송달받은 당사자가 출석하지 아니한 경우에는 그러하지 아니하다.

변론준비기일

재판장 등은 변론준비절차를 진행하는 동안에 주장 및 증거를 정리하기 위하여 필요하다고 인정하는 때에는 변론준비기일을 열어 당사자를 출석하게 할 수 있으며, 사건이 변론준비절차에 부쳐진 뒤 변론준비기일이 지정됨이 없이 4월이 지난 때에는 재판장 등은 즉시 변론준비기일을 지정하거나 변론준비절차를 끝내야 한다.

또한 당사자는 재판장 등의 허가를 얻어 변론준비기일에 제3자와 함께 출석할 수 있으며, 당사자는 변론준비기일이 끝날 때까지 변론의 준비에 필요한 주장과 증거를 정리하여 제출하여야 한다.

재판장 등은 변론준비기일이 끝날 때까지 변론의 준비를 위한 모든 처분을 할 수 있다.

송달

송달이라 함은 당사자 기타 소송관계인에게 소송상의 서류와 내용을 알려주기 위해서 하는 법원의 통지행위이다.

구 분	내 용
목적	■ 통지의 목적 ■ 강제집행의 개시요건을 알리기 위한 목적 ■ 상소 등의 기간의 진행을 개시하기 위한 목적 ■ 소송행위를 진행시키기 위한 목적 ■ 법원의 요구를 관계자에게 알리기 위한 목적
송달기관	■ 송달사무는 원칙적으로 법원사무관 등이 한다. ■ 송달은 우편 또는 집행관에 의하거나, 그밖에 대법원규칙이 정하는 방법에 따라서 하여야 한다. ■ 우편에 의한 송달은 우편집배원이 한다. ■ 송달기관이 송달하는 데 필요한 때에는 경찰공무원에게 원조를 요청할 수 있다.

SECTION 04 집행권원 받아내기!

소송에서 원 · 피고의 공격과 방어가 끝나면 재판장은 변론을 종결하고 선고기일을 지정한다.

원 · 피고는 판결선고기일에 법정 출석할 필요는 없고, 통상 2주일 전후로 '판결정본'이 원 · 피고에게 송달된다.

판결의 선고와 판결문의 송달

원고가 승소한 경우는 원고승소, 패소한 경우는 원고패소라고 선고한다.

판결문을 송달받으면 승소한 원고는 가집행선고가 있을 시에는 가집행할 수 있으며, 가집행을 하려면 판결송달증명원과 집행문을 발급받아 집행신청을 한다.

판결은 패소한 당사자가 항소를 포기하면 확정된다.

판결의 종류 알아보기

❶ 중간판결

중간판결이라 함은 종국판결을 하기 전에 소송이 진행 중 당사자간의 쟁점을 정리 · 판단하여 종국판결을 용이하게 하고 준비하는 판결이다. 중간판결을 일단 선고하면 그러한 판결을 한 법원은 이에 구속되어 스스로 취소변경을 할 수 없다.

법원은 독립된 공격 또는 방어의 방법, 그밖의 중간의 다툼에 대하여 필요한 때에는 중간판결을 할 수 있으며, 청구의 원인과 액수에 대하여 다툼이 있는 경우에 그 원인에 대하여도 중간판결을 할 수 있다.

② 일부판결

일부판결은 복잡한 소송의 심리를 될 수 있는 한 간략히 하고, 이미 쟁점사항이 끝난 부분에 대해서 속히 해결해 주려는 제도이다.

법원은 소송의 일부에 대한 심리를 마친 경우 그 일부에 대한 종국판결을 할 수 있다.

③ 종국판결

종국판결이라 함은 소 또는 상소에 의하여 소송을 완결하는 판결을 말한다. 법원은 소송의 심리를 마치고 나면 종국판결을 한다.

↘ 판결문의 주요 사항

구 분	내 용
주문	▪본안에 관한 것 ▪소송비용에 관한 것 ▪가집행에 관한 것
청구의 취지	제1심의 경우에는 소장기재의 청구의 취지, 상소심에 있어서는 상소의 취지를 표시하게 되어 있다.
판결이유	주문의 내용이 정당함을 표시하고, 당사자의 주장과 공격방어방법의 전부에 관하여 표시한다.
변론을 종결한 날짜	변론없이 판결하는 경우에는 판결을 선고하는 날짜이다.

판결의 송달

판결서는 선고한 뒤에 바로 법원사무관 등에게 교부하여야 하며, 법원사무관 등은 판결서를 받은 날부터 2주 이내에 당사자에게 정본으로 송달하여야 한다.

가집행의 선고

① 재산권의 청구에 관한 판결은 가집행의 선고를 붙이지 아니할 상당한 이유가 없는 한 직권으로 담보를 제공하거나, 제공하지 아니하고 가집행을 할 수 있다는 것을 선고하여야 한다. 다만, 어음금·수표금 청구에 관한 판결에는 담보를 제공하게 하지 아니하고 가집행의 선고를 하여야 한다.
② 법원은 직권으로 또는 당사자의 신청에 따라 채권전액을 담보로 제공하고 가집행을 면제받을 수 있다는 것을 선고할 수 있다.
③ '①·②'의 선고는 판결주문에 적어야 한다.

판결의 효력

판결은 선고로 효력이 생긴다.

❶ 판결의 기속력

판결이 선고되면 그러한 판결을 한 법원 자신도 이에 구속되어 법원 스스로 철회하거나 변경하는 것이 허용되지 않고 그러한 판결에 구속된다.

❷ 판결의 확정력

상소가 기간 내에 제소되지 않았거나 취하 또는 기각될 경우에 판결이 확정된다.

❸ 판결의 기판력

재판이 확정된 경우 동일사항이 그 후 소송상 문제가 되어도 당사자는 이에 반하여 주장할 수 없으며, 법원도 이에 저촉하는 재판은 할 수 없다고 하는 구속력이 발생한다.

❹ 판결의 집행력

집행력이란 소송의 결과 판결로서 정하여진 이행의무를 강제집행절차에 의하여 실현할 수 있는 효력을 말한다.

판결의 선고

판결은 소가 제기된 날부터 5월 이내에 선고한다. 다만, 항소심 및 상고심에서는 기록을 받은 날부터 5월 이내에 선고한다.

강제집행정지신청

① 재산권에 관한 판결에는 가집행선고가 붙는 것이 보통이며, 승소한 원고는 집행문을 부여받아 강제집행을 신청한다.
② 피고는 항소제기와 동시에 강제집행을 정지하기 위하여 강제집행정지신청을 하고 정지결정을 받는다.
③ 강제집행정지신청은 소송기록이 원심법원에 있으면 원심법원에, 상소법원에 있으면 상소법원에 신청한다.
④ 법원은 강제집행정지신청이 이유있다고 인정하면 공탁명령을 발한다.

소송비용

소송비용은 패소한 당사자가 부담하는 것이 원칙이나, 예외로서 법원은 사정에 따라 승소한 당사자로 하여금 그 권리를 늘리거나 지키는 데 필요하지 아니한 행위로 말미암은 소송비용 또는 상대방의 권리를 늘리거나 지키는 데 필요한 행위로 말미암은 소송비용의 전부나 일부를 부담하게 할 수 있다.

❶ 일부패소의 경우

일부패소의 경우에 당사자들이 부담할 소송비용은 법원이 정한다. 다만, 사정에 따라 한쪽 당사자에게 소송비용의 전부를 부담하게 할 수 있다.

❷ 공동소송인 경우

공동소송인은 소송비용을 균등하게 부담한다. 다만, 법원은 사정에 따라 공동소송인에게 소송비용을 연대하여 부담하게 하거나 다른 방법으로 부담하게 할 수 있다.

❸ 변호사 보수와 비용

소송을 대리한 변호사에게 당사자가 지급하였거나 지급할 보수는 대법원규칙이 정하는 금액의 범위 안에서 소송비용으로 인정한다.

Part 09

SECTION 05 지급명령 · 이행권고결정 활용하기!

지급명령 활용하기

지급명령이란 채권자가 금전, 기타 대체물이나 수량의 지급을 법원에 신청하는 절차이다.

채권자가 지급명령을 신청하게 되면 다른 소송의 절차보다도 간단하고 신속하게 진행하며, 적은 비용으로 집행권원을 얻게 하는 절차이다.

일반소송절차로 진행할 것인지 아니면 지급명령절차로 진행할 것인지는 채권자의 자유이나 채무자가 채무에 대하여 다른 주장을 하지 못할 경우에는 지급명령을 신청하는 것이 효과적이다.

지급명령의 신청

❶ 관할법원

지급명령은 소가에 관계없이 채무자의 주소지, 근무지 또는 사무소, 영업소, 소재지 법원의 단독판사 관할이다.

❷ 요건

금전, 기타 대체물 또는 유가증권의 일정수량의 지급을 목적으로 하는 청구로서 청구금액 및 청구의 발생원인에 대해서는 요건으로 삼지 않는다.

채무자에 대한 지급명령을 국내에서 공시송달에 의하지 않고 송달할 수 있는 경우를 요건으로 하면서 지급명령을 신청하였는데 송달이 불능되면 보정을 명하게 되고 보정을 일정기간 내에 하지 않거나 보정을 하여도 다시 송달불능하게 되면 신청을 각하시킨다

(금융기관이 채권자인 경우에는 공시송달로 진행함).

❸ 신청절차

신청인을 채권자, 상대방을 채무자라고 기재하며, 그 기재사항에는 당사자, 법정대리인, 청구의 취지와 원인, 채무자가 지급명령이 송달된 날부터 2주 이내에 이의신청을 할 수 있다는 것을 덧붙여 적어야 한다.

지급명령의 신청이라도 재판상의 청구로서 그 신청시 시효중단의 효력이 생긴다.

지급명령의 특징으로서는 본안소송에 비해서 신속히 결정이 되며, 소송에 비해서 비용이 저렴하다(소제기시의 인지세액이 10분의 1임)는 점이다.

소가의 산정은 다음과 같다.

청구금액이 1천만원 미만인 경우(청구금액×10,000분의 5), 청구금액이 1천만원 이상 1억원 미만인 경우(청구금액×10,000분의 45+500), 또한 지급명령은 당사자에게 송달하여야 하며, 채무자는 채권자의 지급명령 신청에 대하여 이의신청을 할 수 있으나 공시송달에 의한 소송의 진행은 되지 않고 채무자의 주소보정 명령이 있은 후에 보정을 하지 못할 경우 각하된다(채무자가 송달을 받을 수 없을 경우에는 본안소송을 제기하는 것이 효과적이며, 법인의 대표자인 경우 법인의 주소지에서 송달받을 수 없는 경우 대표자 개인의 주소지에 송달시킬 수 있음).

채무자와 다툼이 있어서 채무자가 이의신청을 할 것이라고 판단되면 소송을 신청한다(이의신청하면 소송으로 다투어야 하며, 인지세액도 추가로 납부해야 함).

지급명령신청에 대한 재판

지급명령에 대한 법원의 판단시에 채무자를 심문하지 않고 채권자가 제출한 신청서 및 그 관계증명서류를 참조하여 결정한다.

신청을 각하하는 사유에는 신청요건의 흠결이 있거나 관할위반이 있는 때, 신청의 취지를 살펴보건대 청구가 이유없음이 명백한 때, 지급명령의 신청의 취지로 보아 청구에 정당한 이유가 없는 것이 명백한 때에는 그 신청을 각하하여야 하며, 채권자의 신청을 각하하는 법원의 결정에 대하여는 불복할 수 없다.

채무자의 이의신청은 서면으로 지급명령이 접수된 법원에 하게 되며, 이의신청서에 그 이유서를 밝힐 필요는 없고 후에 본안소송에서 다투게 된다.

또한 지급명령의 전부가 아닌 일부에 대한 이의신청도 허용된다.

채무자는 지급명령이 송달된 날로부터 2주일 이내에 이의신청을 하여 불복할 수 있고 이의신청이 있으면 소송절차로 이행되며, 지급명령을 신청한 때 소의 제기가 있는 것으로 본다.

채무자가 지급명령에 대하여 적법한 이의신청을 한 경우에는 지급명령을 신청한 때에 이의신청된 청구목적의 값에 관하여 소가 제기된 것으로 본다.

지급명령의 확정

지급명령에 의하여 2주일 이내에 이의신청이 없거나, 이의신청을 취하하거나, 이의신청 각하결정이 확정된 때에는 지급명령이 확정된다.

법원은 이의신청이 적합하지 않다고 판단한 때에는 이의신청에 대한 각하결정을 한다.

채무자의 이의신청으로 본안소송으로 변경된 이후에 소송의 계속 중에도 채무자는 이의신청을 취하할 수 있고, 취하가 되면 지급명령은 확정되고 소송은 종료된다.

지급명령에 대하여 이의신청이 없거나, 이의신청을 취하하거나, 각하결정이 확정된 때에는 지급명령은 확정판결과 같은 효력이 있다.

이행권고결정 활용하기

이행권고결정이란 법원이 확정판결을 내리기 전에 피고에게 원고측의 요구사항을 이행하라고 권하는 제도이다. 소송물가액이 3천만원 이하인 민사소액사건의 경우는 법원측이 서면으로 피고에게 의무이행을 권고한다.

지급명령이의 또는 조정이의 사건, 청구취지나 청구원인이 불명한 때 그리고 기타 이행권고를 하기에 적절하지 않은 경우에는 이행권고결정을 할 수 없다.

이행권고결정등본의 송달

① 소액사건에 대한 이행권고결정이 있으면 지체없이 그 등본을 피고에게 송달하여야 한다.

② 원고는 소액사건의 소장을 접수할 때 원고와 피고의 수에 1을 더한 숫자만큼의 소장부본을 제출한다.

③ 소장부본은 원본용, 피고에게 송달하는 등본용, 확정 후 원고에게 송달하는 정본용으로 사용된다.

④ 이행권고결정은 민사소송법상의 우편송달, 공시송달의 방법으로는 송달할 수 없다.

⑤ 송달불능인 경우 원고에게 피고의 주소를 보정할 것을 명한다.

⑥ 이행권고결정이 피고에게 송달되어 확정되면 그 정본을 원고에게 송달한다.

이행권고결정에 대한 이의신청

피고는 이행권고결정등본을 송달받은 날로부터 2주일의 불변기간 안에 서면으로 이의신청을 할 수 있다.

만일 이의신청기간 내에 이의신청서가 아니라 답변서 기타 다투는 취지의 서면이 접수되면 이를 이의신청서로 보아 변론기일을 지정한다.

❶ 효과

이의신청은 서면으로 하여야 하며, 피고가 이의신청을 한 때에는 구체적인 사유를 기재하지 않더라도 원고의 주장사실을 다툰 것으로 본다.

❷ 이의신청의 각하

- 법원은 이의신청이 적합하지 아니하다고 인정하는 때에 그 흠을 보정할 수 없으면 결정으로 이를 각하하여야 한다.
- 이의신청권이 없는 제3자가 이의신청한 경우에도 각하한다.
- 이의신청에 대한 각하결정에 대하여는 즉시 항고할 수 있다.

이행권고결정의 효력

이행권고결정은 다음 중 어느 하나에 해당되면 확정된다.

- 피고가 이행권고결정등본을 송달받은 날로부터 2주일 안에 이의신청을 하지 아니한 때
- 이의신청에 대한 각하결정이 확정된 때
- 이의신청이 취하된 때

SECTION

06 Again! 상소제도

상소란 자기에게 불이익한 재판을 받은 당사자가 재판의 확정 전에 상급법원에 그 재판의 취소, 변경을 구하는 불복신청방법을 말한다.

현행 상소의 방법으로는 항소 · 상고 · 항고의 3가지를 인정하고 있다.

↘ 상소제도

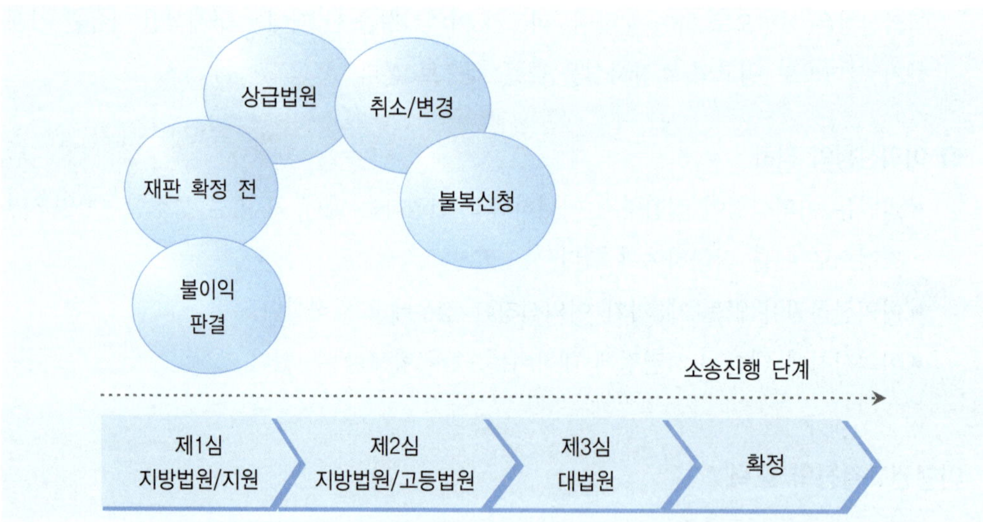

항소

항소라 함은 제1심의 판결에 대하여 불복하는 자가 다시 본인에게 유리한 판결을 구하기 위하여 상급법원에 하는 불복신청이다.

그 신청인을 항소인, 상대방을 피항소인이라 한다.

❶ 항소요건

당사자가 한 항소를 적법한 것으로 보아 법원이 이를 수리하여 본안심리를 하는데 필요한 조건을 항소요건이라 한다.

- 항소의 이익이 있을 것
- 항소의 당사자 적격이 있을 것
- 항소제기의 방식이 바르고 항소기간이 준수되었을 것
- 불복하는 판결이 항소할 수 있는 판결일 것

❷ 항소의 당사자

제1심의 원 · 피고가 항소인 · 피항소인으로 된다.

❸ 항소의 제기

제1심에서 지방법원의 단독판사(시 · 군법원 판사 포함) 또는 합의부가 한 판결에 대하여 불복이 있는 당사자는 2주일 내에 1심법원에 항소장을 제출하여야 한다(항소심법원이 아님). 이때 직접제출이 아닌 우편으로의 제출도 허용된다.

판결이 선고되면 판결송달 전에도 항소할 수 있고, 선고된 후에는 판결이 송달된 날로부터 14일 내에 항소장을 원심법원에 접수시키지 않으면 확정되어 버린다.

항소장에 붙는 인지액은 1심의 1.5배이고, 송달료를 예납하여야 한다.

항소장에는 당사자와 법정대리인 이외에 제1심판결의 표시와 그 판결에 대한 항소의 취지를 필요적으로 기재하여야 한다.

④ 항소의 취하

항소의 신청을 철회하는 소송행위이며, 항소는 항소심의 종국판결이 있기 전에 취하할 수 있다.

⑤ 항소심의 심리

제1심 변론의 속행으로 제1심에서 제출한 자료에 항소심에서 새로 제출한 자료와 주장을 보탠다.

- 쌍불취하는 소의 취하가 아니라 항소의 취하로 간주된다.
- 임의관할 위반주장을 하지 못한다.
- 반소를 제기함에는 상대방의 동의가 있어야 한다.

⑥ 항소심의 종국적 재판

소의 취하, 항소 각하, 항소 기각, 항소의 쌍불 취하간주, 청구의 포기 · 인낙, 소송상 화해 등에 의하여 소송절차는 종료한다.

항소가 이유없어 원판결을 유지하는 경우에는 항소법원은 판결로써 항소기각을 하며, 항소요건에 흠결이 있어 항소가 부적합할 때에는 판결로써 항소를 각하한다.

상고

상고심은 법률심 · 사후심으로서 대법원의 직권조사사항 외에는 새롭게 나타난 증거자료를 가지고 공격과 방어를 할 수가 없기 때문에 상고이유서와 1, 2심의 변론결과를 기초로 재판한다.

고등법원이 제2심으로서 한 판결과 지방법원본원합의부가 제2심으로서 한 판결이 상고의 대상이 되며 또한 항소심 판결에 영향을 미친 헌법 · 법률 · 명령 · 규칙의 위반이 있음을 이유로 한 경우에 한하여 대법원에 상고할 수 있다.

상고이유를 살펴보면 다음과 같다.

❶ 일반적 상고이유

헌법 · 법률 · 명령 또는 규칙의 위반이 있다는 것을 이유로 드는 때에만 할 수 있다.

❷ 절대적 상고이유

- 법률에 따라 판결법원을 구성하지 아니한 때
- 법률에 따라 판결에 관여할 수 없는 판사가 판결에 관여한 때
- 전속관할에 관한 규정에 어긋난 때
- 법정대리권 · 소송대리권 또는 대리인의 소송행위에 대한 특별한 권한의 수여에 흠이 있는 때
- 변론을 공개하는 규정에 어긋난 때
- 판결의 이유를 밝히지 아니하거나 이유에 모순이 있는 때

상고이유는 법령위반에 한정되어 있고, 상고심은 원고심이 확정한 사실을 전제로 법령의 해석상 잘못이 없었는지, 구체적인 구성요건사실에 대한 법령적용상 과오가 있었는지, 소송절차의 중대한 법령위반이 있는지 여부만을 심리하는 법률심이다.

Part 09

상고심의 절차를 살펴보자.

❶ 상고장의 제출

상고의 제기는 상고기간 내에 상고장을 법원에 제출하지 않으면 안된다.

❷ 재판장의 상고장 심사

❸ 소송기록의 송부와 접수통지

❹ 상고이유서의 제출

- 상고장에 상고이유를 적지 아니한 때에 상고인은 20일 이내에 상고이유서를 제출하여야 한다.
- 상고이유서에는 소정사항을 기재하고 상고인의 기명날인을 요한다.
- 상고이유서를 제출받은 상고법원은 바로 그 부본이나 등본을 상대방에게 송달하여야 하며, 상대방은 서면을 송달받은 날부터 10일 이내에 답변서를 제출할 수 있다.

특징

① 사실관계에 대한 당부는 판단할 수 없다.
② 새로운 주장이나 증거제출을 할 수 없다.
③ 제출기간 내에 상고이유서를 제출하지 않으면 상고를 기각한다(소송기록 접수의 통지를 받은 날로부터 20일 이내).
④ 상고장은 판결이 송달된 날로부터 2주일 내에 항소심법원에 제출하여야 한다.
⑤ 상고장에는 항소심판결의 표시와 상고취지를 기재한다.
⑥ 상고이유서는 상대방 당사자수에 6부를 더한 수의 부본을 첨부하여 제출한다.
⑦ 상고장에 첨부할 인지액은 제1심소장에 첩부할 인지액의 2배액을 첨부하여야 한다.

상고심절차의 종료

소의 취하, 청구의 포기, 인낙, 화해에 의하여 소송절차는 종료한다.
① 상고법원은 상고요건의 흠결이 있는 경우에는 상고각하 판결을 내린다.
② 상고이유서 제출기한 내 상고이유서 제출이 없거나 상고가 이유없다고 인정할 때는 상고기각 판결을 내린다.
③ 상고법원은 상고에 정당한 이유가 있다고 인정할 때에는 원심판결을 파기하고 사건을 원심법원에 환송하거나, 동등한 다른 법원에 이송하여야 하며, 사건을 환송받거나 이송받은 법원은 다시 변론을 거쳐 재판하여야 한다. 이 경우에는 상고법원이 파기의 이유로 삼은 사실상 및 법률상 판단에 기속된다.

SECTION 07

전자소송 적극 활용하기

전자소송 이용안내

소제기(원고) 절차

공인인증서로 로그인 하신 후 소장을 작성하고 전자서명한 후 제출합니다(당사자, 대리인 모두 이용가능).
단, HWP, WORD문서 형식의 소장을 미리 작성한 후 첨부하여 제출하는 기능은 지원하지 않습니다.

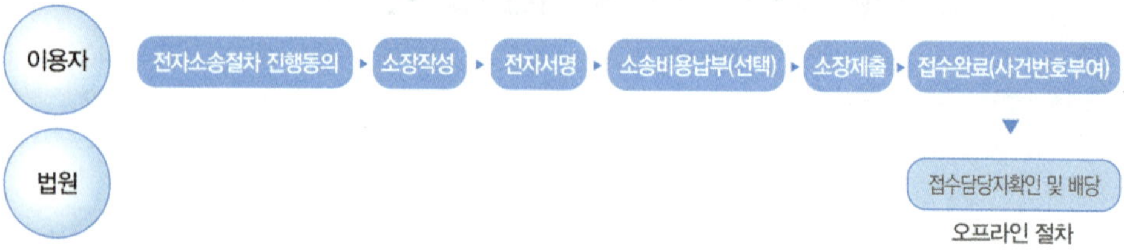

답변서제출(피고) 절차

소장부본을 우편으로 송달받은 피고는 소송절차안내서에 표시된 전자소송인증번호와 사건번호로 전자소송 동의를 한 후 온라인으로 답변서를 제출할 수 있습니다.

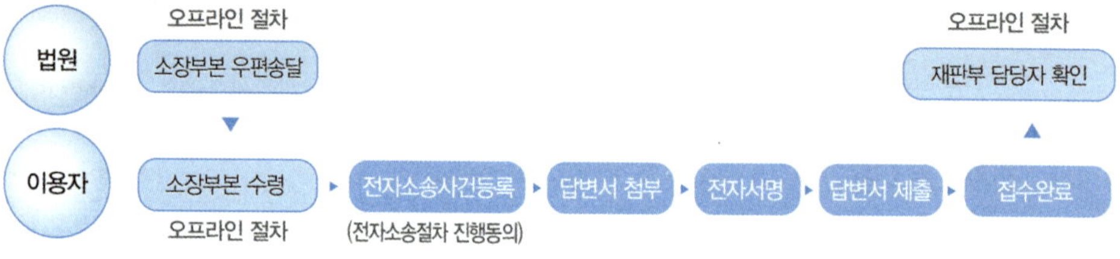

송달 절차

전자소송에 동의한 당사자 및 대리인은 대한민국 법원 전자소송 홈페이지를 통해 전자문서를 송달받고, 내용을 확인할 수 있습니다.

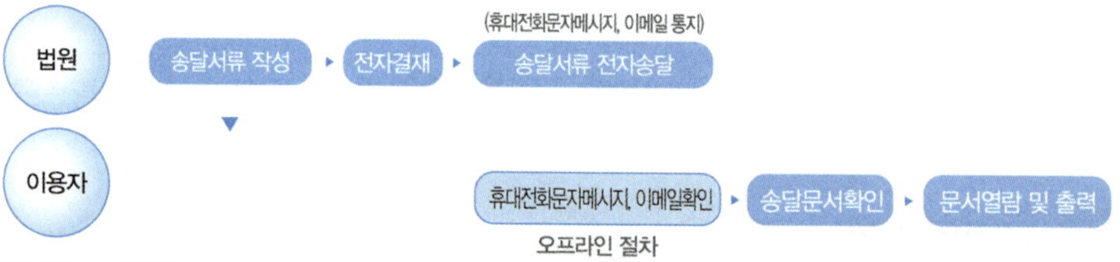

사건기록열람 절차

전자소송에 동의한 당사자 및 대리인은 해당 사건의 소송기록을 언제든지 온라인상에서 열람 및 출력할 수 있습니다.
진행중인 사건에 대하여 대한민국 법원 전자소송 홈페이지에서 열람하는 경우는 수수료가 부과되지 않습니다.

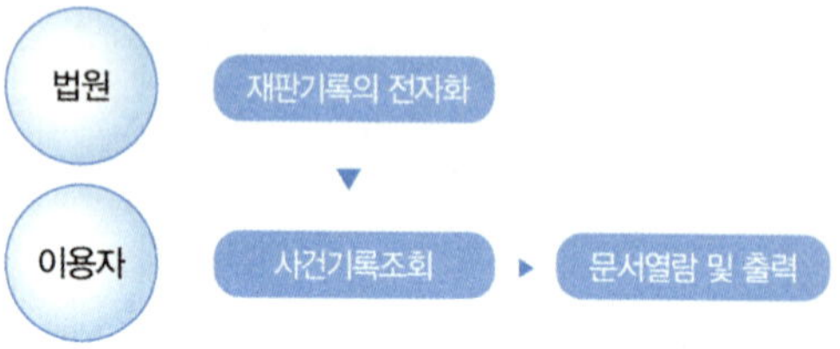

전자소송과 일반소송

전자소송에 의한 소송의 경우, 소송절차는 기본적으로 기존의 민사 또는 특허소송 절차에 의하여 진행됩니다.
일반 소송사건은 모두 전자소송으로 진행할 수 있으며, 전자소송 홈페이지에서 '전자소송 사건등록'을 통해 이용 가능합니다.

- 소송절차안내
  - 민사소송 절차안내 | 특허소송 절차안내
  - 가사소송 절차안내 | 행정소송 절차안내
- 소송양식
  - 민사소송 양식 | 특허소송 양식
  - 가사소송 양식 | 행정소송 양식

소송비용안내

소송비용 안내 홈 〉 전자소송 안내 〉 소송비용 안내

나의메뉴추가 | 출력

납부방식

전자소송 사건의 인지액, 송달료 등 소송비용과 법원보관금을 온라인으로 직접 납부할 수 있습니다.

* **신용카드** : 개인카드, 법인카드, 해외에서 발급받은 카드(VISA, MASTER, JCD)로 결제가 가능합니다.
* **계좌이체** : 개인계좌(주민등록번호), 법인계좌(사업자등록번호)로 계좌이체가 가능합니다.
* **가상계좌** : 가상계좌 납부시 별도의 가상계좌번호가 부여되며, 직접 해당계좌로 송금해야 합니다.
신용카드결제 및 계좌이체시에는 전자결제수수료가 부과됩니다. (소송비용 x 2.6%, 최저수수료 200원)

소송유형별 계산방법

민 사 | 가 사 | 행 정 | 특 허

민사 소송비용에 관한 관련 정보를 확인할 수 있습니다.

인지액 계산방법

2011.7.18.부터 전자소송으로 소장을 제출하는 경우에는 종이소송에 비하여 10% 할인된 인지액을 납부하시면 됩니다.

- 소장

소송목적의 값	인지액 계산방법
1,000만원 미만	소송목적 가액 X 0.50% X 0.9
1,000만원 이상~1억원 미만	(소송목적 가액 X 0.45% + 5,000원) X 0.9
1억원 이상~10억원 미만	(소송목적 가액 X 0.40% + 55,000원) X 0.9
10억원 이상	(소송목적 가액 X 0.35% + 555,000원) X 0.9

예시) 소송목적의 값이 3,000만원인 경우 **(3,000만원 X 0.45% + 5,000원) X 0.9 = 126,000원**입니다.

• 상소장
 – 항소장 : 종이소장 인지액의 1.5배의 0.9액
 – 상고장 : 종이소장 인지액의 2배의 0.9액

• 청구변경신청

심급	청구변경신청 인지액 계산법
제1심	(변경 후 청구에 관한 인지액 – 변경 전 청구에 관한 인지액) X 0.9
제2심	(변경 후 청구에 관한 인지액 X 1.5 – 변경 전 청구에 관한 인지액) X 0.9

> 유의사항

민사소송 등 인지법 제5조 각 호에 따라 인지액(변경 후, 변경 전 모두 종이소송 기준)을 먼저 계산한 후 최종적으로 0.9를 곱한 금액이 청구변경신청서의 인지액이 됩니다.

• 기타
 – 재산권상의 소로서 그 소송목적의 값을 산출할 수 없거나 비재산권상의 소송인 경우

인지액 = 85,500원(소송목적 가액 20,000,100 X 0.45% + 5,000원) X 0.9
* 해당 소송은 **소송목적 가액이 20,000,100원**으로 정해져 있습니다. 따라서 소제기시 **인지액은 85,500원**입니다.

– 회사 등 단체관계소송과 무체재산권에 관한 소송인 경우(민사소송 등 인지규제 제15조, 제18조)

인지액 = 207,000원(소송목적 가액 50,000,100 X 0.45% + 5,000원) X 0.9
* 해당 소송은 **소송목적 가액이 50,000,100원**으로 정해져 있습니다. 따라서 소제기시 **인지액은 207,000원**입니다.

> **주의사항**

산출된 인지액이 1,000원 미만일 때에는 이를 900원으로 계산하며, 1,000원 이상인 경우에 100원 미만의 단수가 있는 경우에는 그 단수는 버림.
* 산출된 인지액이 13,230원인 경우 13,200원

조정수수료 계산방법

조정신청 금액	조정수수료 계산방법
1,000만원 미만	(조정신청금액 X 0.05%) X 0.9
1,000만원 이상~1억원 미만	(조정신청금액 X 0.045% + 500원) X 0.9
1억원 이상~10억원 미만	(조정신청금액 X 0.04% + 5,500원) X 0.9

예시) 조정신청 금액이 3,000만원인 경우 (3,000만원 X 0.045% + 500원) X 0.9 = 12,600원입니다.

채 권 관 리 실 무

자산은 유지하고 기업가치는 올리는 채권관리

PART

10

강제집행! 부실채권회수

01 강제집행 스캔하기!
02 유체동산 · 자동차 집행하기
03 채권압류 및 추심 · 전부명령 활용하기
04 재산명시절차 활용하기
05 채무불이행자명부등재 활용하기
06 재산조회 활용하기

핵심 Key-Words

강제집행 | 압류 | 추심/전부명령 | 재산조회

SECTION 01 강제집행 스캔하기!

채권관리실무 CHECK

㈜강남은 주방용품을 생산 · 공급하는 회사인데 서울에 있는 ㈜인텔과 2017년 거래를 시작하였으나 미수채권이 1억원이고 물품 대금이 3개월째 수금되지 않자, 거래 관계를 청산하고 채권을 회수하기 위해 부동산가압류 및 채권가압류를 신청하여 결정문을 받았다. 민사소송을 신청하여 승소되어 법원으로부터 판결문을 송달받은 이후, 집행문을 1통 더 받아서 가압류된 부동산에 대해서는 강제경매신청(3천만원 회수), 채권가압류에 대해서는 채권압류 및 추심명령(2천만원 회수)을 통해서 5천만원을 하였으며, 잔여 채권 5천만원을 회수하기 위해서 계속적으로 ㈜인텔에 대한 재산조사를 실시중이다.

TIP

강제집행은 채권자가 집행권원을 받아서 법원에 신청하여 일정한 법적절차에 따라서 회수하는 것을 말합니다. 채권자가 스스로 법에 의하지 않고 강제로 채권을 회수하게 되면 민사적인 손해배상과 형사적인 처벌을 받을 수 있습니다.

강제집행이란 채권자의 신청에 의하여 국가의 집행기관이 채권자를 위하여 집행권원에 표시된 사법상의 이행청구권을 국가권력에 기하여 강제적으로 실현하는 절차이다.

즉 채무자가 채무를 변제하지 않을 경우에 채권자가 스스로 채무자의 재산에 대한 매각 등을 하는 것은 금지되며, 법에 정하여진 절차와 방법에 의하여 만족한 결과를 얻을 수 있다.

강제집행에 대해서 살펴보자.

↘ 강제집행 절차

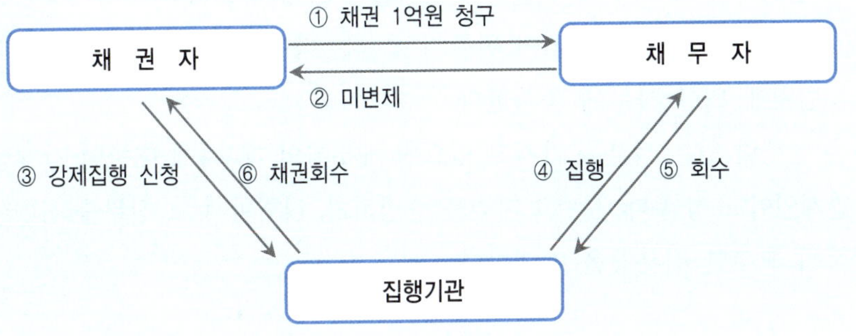

강제집행의 내용 스캔하기

강제집행의 종류는 다음과 같다.

구 분	내 용
인적집행과 물적집행	집행의 대상이 물건이냐 사람이냐에 의한 구별로서 물적집행은 채무자의 재산만을 집행의 대상으로 하는 것이고, 인적집행은 채무자의 재산뿐만 아니라 그 신체나 노동력을 집행의 대상으로 하여 채권의 만족을 얻는 집행이다.
개별집행과 일반집행	개별집행은 채무자의 개개의 재산에 대하여 집행이 개별적으로 실시되는 것이며, 일반집행은 채무자의 전재산에 대하여 포괄적으로 실시되는 집행이다.
동산집행과 부동산집행	동산에 대한 집행과 부동산에 대한 집행으로 분류된다.

집행기관

집행기관이라 함은 강제집행의 실시를 직무로 하는 국가의 기관을 말한다.

집행관

지방법원 및 그 지원(支院)에 집행관을 두며, 집행관은 법률이 정하는 바에 따라 소속지방법원장이 임면하고 그 직무를 성실히 수행함을 보증하기 위하여 소속지방법원에 보증금을 납부하며, 지방법원에 소속되어 법률이 정하는 바에 의하여 재판의 집행과 서류의 송달 기타 법령에 의한 사무에 종사한다.

집행관은 집행력 있는 정본을 가지고 있으면 채무자와 제3자에 대하여 강제집행을 할 수 있고, 관계인이 요청할 때에는 그 자격을 증명하며, 집행관이 그 직무를 집행할 때에는 지방법원장이 교부한 신분증을 휴대한다.

야간 · 휴일의 집행

- 공휴일과 야간에는 법원의 허가가 있어야 집행행위를 할 수 있다.
- 신청은 채권자, 집행관 모두 할 수 있다.
- 채권자가 신청하는 경우 1,000원의 인지를 첨부하여야 한다.
- 집행법원은 변론없이 재판할 수 있으며, 필요한 때에는 이해관계인, 그밖의 참고인을 심문할 수 있다.

❶ 채무자 · 집행목적물의 조사

집행관은 집행을 함에 있어서 집행을 받는 채무자가 집행권원에 표시된 자에 해당하는가, 그 자의 재산인가, 그 자가 점유하고 있는 것인가 등을 조사한다.

❷ 수색

집행관은 집행을 하기 위하여 필요한 경우에는 채무자의 주거 · 창고, 그밖의 장소를 수색하고, 잠근 문과 기구를 여는 등 적절한 조치를 할 수 있다.

저항을 받으면 집행관은 경찰 또는 국군의 원조를 요청할 수 있다.

국군의 원조는 법원에 신청하여야 하며, 법원이 국군의 원조를 요청하는 절차는 대법원규칙으로 정한다.

❸ 증인의 참여

집행관은 집행하는데 저항을 받거나 채무자의 주거에서 집행을 실시하려는데 채무자나 사리를 분별할 지능이 있는 그 친족 · 고용인을 만나지 못한 때에는 성년 두 사람이나 특별시 · 광역시의 구 또는 동 직원, 시 · 읍 · 면 직원 또는 경찰공무원 중 한 사람을 증인으로 참여하게 하여야 한다.

집행관으로부터 집행실시의 증인으로 참여하도록 요구받은 특별시·광역시의 구 또는 동 직원, 시·읍·면 직원 또는 경찰공무원은 정당한 이유 없이 그 요구를 거절하여서는 아니된다.

④ 영수증·집행력 있는 정본의 교부

채권자가 집행관에게 집행력 있는 정본을 교부하고 강제집행을 위임한 때에는 집행관은 특별한 권한을 받지 못하였더라도 지급이나 그밖의 이행을 받고 그에 대한 영수증서를 작성하고 교부할 수 있다.

집행관은 채무자가 그 의무를 완전히 이행한 때에는 집행력 있는 정본을 채무자에게 교부한다.

채무자가 그 의무의 일부를 이행한 때에는 집행관은 집행력 있는 정본에 그 사유를 덧붙여 적고 영수증서를 채무자에게 교부한다.

⑤ 집행조서의 작성

집행관은 집행조서를 작성하여야 하는데 그 주요한 사항으로는 다음의 사항을 표기하여야 한다.

- 집행한 날짜와 장소
- 집행의 목적물과 그 중요한 사정의 개요
- 집행참여자의 표시
- 집행참여자의 서명날인
- 집행참여자에게 조서를 읽어주거나 보여주고, 그가 이를 승인하고 서명날인한 사실
- 집행관의 기명날인 또는 서명

⑥ 집행기록의 열람·등본의 부여

집행관은 이해관계 있는 사람이 신청하면 집행기록을 볼 수 있도록 허가하고, 기록에 있는 서류의 등본을 교부하여야 한다.

집행법원

집행법원이란 민사집행법에 규정한 집행행위에 관한 법원의 처분이나 그 행위에 관한 법원의 협력사항을 관할하는 집행법원을 말하며, 집행법원의 재판은 변론 없이 할 수 있는데 집행법원은 원칙적으로 집행절차를 실시할 곳이나 실시한 곳을 관할하는 지방법원이며 단독판사가 담당한다.

집행당사자

집행절차에 있어 대립하는 두 당사자를 집행채권자 · 집행채무자라 하며, 채권자는 집행을 구하는 능동적 당사자를 말하고 채무자는 집행을 받는 수동적 당사자를 말한다.

누가 집행의 채권자 또는 채무자로 되는가 하는 것은 집행문이 누구를 위하여 또는 누구에 대하여 부여되어 있는가에 의하여 정해진다.

집행권원

집행권원이라 함은 일정한 사법상의 이행청구권의 존재 및 범위를 표시하고 그 청구권에 집행력을 인정한 공정의 증서를 말한다.

❶ 집행권원의 내용

집행권원에 의하여 집행당사자 및 집행의 내용, 범위가 정하여진다.

❷ 집행권원의 종류

구 분	내 용
판결	▪확정된 종국판결 ▪가집행의 선고가 있는 종국판결 ▪외국법원의 판결에 대한 집행판결
판결 이외의 집행권원	▪소송상 화해조서 ▪청구의 인낙조서 ▪확정된 지급명령 ▪가압류 명령, 가처분명령 ▪확정된 화해권고 결정 등

구 분	내 용
민사집행법과 민사소송법 이외의 법률에 규정된 집행권원	■ 중재판정에 대한 집행판결 ■ 파산채권표와 회사정리채권자표, 회사정리담보권자표 ■ 조정조서와 조정에 갈음하는 결정 ■ 소액사건심판법에 의한 확정된 이행권고결정 ■ 비송사건절차의 비용의 재판 등

집행문

집행권원에 집행력 있음과 집행당사자를 공증하기 위하여 법원사무관 등이 공증기관으로서 집행권원의 끝에 덧붙여 적는 공증문언을 말한다.

구 분	내 용
집행력 있는 정본	강제집행은 집행문이 있는 판결정본이 있어야 할 수 있으며, 집행문은 신청에 따라 제1심 법원의 법원서기관 · 법원사무관 · 법원주사 또는 법원주사보가 내어주며, 소송기록이 상급심에 있는 때에는 그 법원의 법원사무관 등이 내어준다. 또한 집행문을 내어달라는 신청은 구두로 할 수 있다.
집행문	집행문은 판결정본의 끝에 덧붙여 적는데 집행문에는 "이 정본은 피고 나대로 또는 원고 홍길동에 대한 강제집행을 실시하기 위하여 원고 홍길동 또는 피고 나대로에게 준다"라고 적고 법원사무관 등이 기명날인한다.
집행문 부여	집행문은 판결이 확정되거나 가집행의 선고가 있는 때에만 내어주는데 판결을 집행하는 데에 조건이 붙어 있어 그 조건이 성취되었음을 채권자가 증명하여야 하는 때에는 이를 증명하는 서류를 제출하여야만 집행문을 내어준다.

❶ 집행문부여의 절차

채권자 · 채무자와 그 대리인의 표시, 집행권원의 표시 등 집행권원을 집행하는 데에 조건이 붙어 있어 그 조건이 성취되었음을 증명하여야 하는 경우, 승계집행문을 신청하는 경우, 여러 통의 집행문을 신청하거나 전에 내어준 집행문을 돌려주지 아니하고 다시 집행문을 신청하는 경우, 반대의무가 이행된 뒤에 권리관계의 성립을 인낙하거나 의사를 진술할 것인 경우에는 그 취지와 사유를 적는다.

Part 10

❷ 집행문의 기재사항

집행권원에 표시된 청구권의 일부에 대하여 집행문을 내어주는 때에는 강제집행을 할 수 있는 범위를 집행문에 적으며, 소명자료가 제출된 때에는 집행문에 승계인의 주소 또는 주민등록번호 등을 적는다.

강제집행 신청절차

강제집행에 필요한 서류는 다음과 같다.

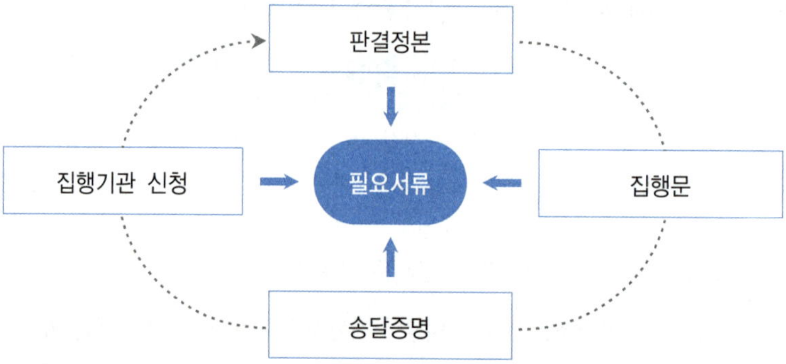

❶ 신청의 방식

강제집행은 채권자의 신청에 의하여 개시된다.

민사집행의 신청은 서면으로 하여야 하고, 집행력 있는 정본을 집행기관에 교부하여야 한다.

❷ 신청의 요건

- 신청하는 집행기관이 관할권을 가질 것
- 집행당사자의 능력이나 대리권에 흠결이 없을 것
- 집행력 있는 정본이 존재할 것

❸ 주소 등이 바뀐 경우의 신고의무

집행에 관하여 법원에 신청이나 신고를 한 사람 또는 법원으로부터 서류를 송달받은 사람이 송달받을 장소를 바꾼 때에는 그 취지를 법원에 바로 신고하며, 신고를 하지 아니한 사람에 대한 송달은 달리 송달할 장소를 알 수 없는 경우에는 법원에 신고된 장소 또는 종전에 송달을 받던 장소에 대법원규칙이 정하는 방법으로 발송할 수 있다. 서류를 발송한 경우에는 발송한 때에 송달된 것으로 본다.

○ ○ 지 방 법 원

<table>
<tr><td colspan="7">강제집행신청서
○○지방법원 집행관사무소 집행관 귀하</td></tr>
<tr><td rowspan="3">채권자</td><td>성 명</td><td></td><td>주민등록번호
(사업자등록번호)</td><td></td><td>전화번호
우편번호</td><td>
□□□-□□□</td></tr>
<tr><td>주 소</td><td colspan="5">시 구 동(로) 가 번지 호(통 반)
아파트 동 호</td></tr>
<tr><td>대리인</td><td colspan="3">성명( )
주민등록번호( )</td><td>전화번호</td><td></td></tr>
<tr><td rowspan="2">채무자</td><td>성 명</td><td></td><td>주민등록번호
(사업자등록번호)</td><td></td><td>전화번호
우편번호</td><td>
□□□-□□□</td></tr>
<tr><td>주 소</td><td colspan="5">시 구 동(로) 가 번지 호(통 반)
아파트 동 호</td></tr>
<tr><td colspan="2">집행목적물 소재지</td><td colspan="5">채무자의 주소지와 같음(※다른 경우는 아래에 기재함)
시 구 동(로) 가 번지 호(통 반)
아파트 동 호</td></tr>
<tr><td colspan="2">집 행 권 원</td><td colspan="5"></td></tr>
<tr><td colspan="2">집행의 목적물 및
집 행 방 법</td><td colspan="5">동산압류, 동산가압류, 동산가처분, 부동산점유이전금지가처분, 건물명도,
철거, 부동산인도, 자동차인도, 기타( )</td></tr>
<tr><td colspan="2">청 구 금 액</td><td colspan="5">원(내역은 뒷면과 같음)</td></tr>
<tr><td colspan="7">위 집행권원에 기한 집행을 하여 주시기 바랍니다.
※첨부서류
1. 집행권원 1통 20 . . .
2. 송달증명서 1통 채권자 ㊞
3. 위임장 1통 대리인 ㊞</td></tr>
<tr><td colspan="7">※특약사항
1. 본인이 수령할 예납금잔액을 본인의 비용부담하에 오른쪽의 표시한 예금계좌에 입금하여 주실 것을 신청합니다.
채권자 ㊞

예금계좌 — 개설은행: / 예 금 주: / 계좌번호:

2. 집행관이 계산한 수수료 기타 비용의 예납통지 또는 강제집행 속행의사 유무 확인 촉구를 2회 이상 받고도 채권자가 상당한 기간 내에 그 예납 또는 속행의 의사표시를 하지 아니한 때에는 본건 강제집행 위임을 취하한 것으로 보고 완결처분해도 이의 없음.
채권자 ㊞</td></tr>
</table>

주 1. 굵은 선으로 표시된 부분은 반드시 기재하여야 합니다(금전채권의 경우 청구금액 포함).
2. 채권자가 개인인 경우에는 주민등록번호를, 법인인 경우에는 사업자등록번호를 기재합니다.

3-1 (앞면)

청구금액계산서	
내 용	금 액
합 계	원

집행목적물 소재지 약도	

3-1 (뒷면)

SECTION 02 유체동산 · 자동차 집행하기

채권관리실무 CHECK

㈜대한식품은 음료를 생산하여 공급하는 회사인데 유통회사인 ㈜다산에 2015년부터 음료를 공급하고 있다. 미수채권 5천만원이 아직 회수되지 못하는 상태인데 지급의사는 전혀 없다고 판단된다.

㈜다산은 다른 회사제품도 거래하면서 정상적인 영업을 계속하고 있다.

거래선을 정리하기로 회사 내부 판단을 하였고, 소송을 지급명령으로 신청하여 확정된 지급명령을 가지고 법원에 유체동산압류신청을 하였으며 집행기일에 집행관을 통해서 ㈜다산에서 보유 중인 물품과 사무집기 물품에 압류집행(빨간딱지 붙이기)을 완료하였다. 감정평가 후 경매기일에 경매가 집행되어 제3자가 낙찰받은 대금 3천만원을 회수하였다.

TIP

유체동산압류신청을 하게 되면 집행관을 통해서 집행을 하는데(빨간딱지 붙이기), 채무자들이 주변을 의식해서 채무를 변제하는 일도 많습니다. 채권회수시 채권자는 법원과 채무자 주소지에도 여러 차례 방문하게 되고, 신경 쓸 일이 많습니다. 회수금액도 부동산, 채권에 비해서 상대적으로 크지 않습니다.

유체동산 강제집행

압류의 목적이 되는 유체동산은 ① 민법상의 동산으로서 등기할 수 없는 토지의 정착물로서 독립하여 거래의 객체가 될 수 있는 것, ② 토지에서 분리하기 전의 과실로서 1월 이내에 수확할 수 있는 것, ③ 유가증권으로서 배서가 금지되지 아니한 것을 그 범위로 본다.

유체동산에 대한 강제집행신청서에는 ① 채권자 · 채무자와 그 대리인의 표시, ② 집행권원의 표시, ③ 강제집행 목적물인 유체동산이 있는 장소, ④ 집행권원에 표시된 청구권의 일부에 관하여 강제집행을 구하는 때에는 그 범위 등을 기재하고 집행력 있는 정본을 붙여야 한다.

다음의 경우에는 압류할 수 있다.

❶ 채무자가 점유하고 있는 경우

채무자가 점유하고 있는 유체동산의 압류는 집행관이 그 물건을 점유함으로써 한다. 여기서의 '점유'는 민법상의 점유를 말하는 것이 아니라 물건에 대한 순수한 사실상의 지배상태인 '소지'를 의미하는 것으로 보아야 한다(1996.6.7. 선고 96마27 집행에 관한 이의).

채무자와 그 배우자의 공유로서 채무자가 점유하거나 그 배우자와 공동으로 점유하고 있는 유체동산은 압류할 수 있다.

❷ 채권자가 점유하고 있는 경우

채권자가 점유하고 있는 물건은 압류할 수 있다.

❸ 점유자인 제3자가 압류를 승낙하여 제출한 경우

제3자가 점유하고 있는 물건은 압류할 수 있다.

압류의 제한

❶ 초과압류의 금지

압류는 집행력 있는 정본에 적은 청구금액의 변제와 집행비용의 변상에 필요한 한도 안에서 하여야 한다.

청구금액이란 집행력 있는 정본에 기재된 원금, 이자, 지연손해금의 합계금액을 의미하며, 집행비용이란 강제집행에 필요한 것으로서 강제집행에 의하여 우선적으로 변상받을 수 있는 비용전액이다.

집행관은 압류 후에 그 압류가 청구금액의 변제와 집행비용의 변상에 필요한 한도를 넘는 사실이 분명하게 된 때에는 넘는 한도에서 압류를 취소하여야 한다.

❷ 무잉여압류의 금지

집행관은 압류 후에 압류물의 매각대금으로 압류채권자의 채권에 우선하는 채권과 집행비용을 변제하면 남을 것이 없겠다고 인정하는 때에는 압류를 취소하여야 한다.

❸ 매각의 가망이 없는 압류의 금지

집행관은 압류물에 관하여 상당한 방법으로 매각을 실시하였음에도 매각의 가망이 없는 때에는 그 압류물의 압류를 취소할 수 있으며, 이는 환가성이 없는 무용한 압류물을 무제한 압류한 뒤 장기간에 걸쳐 매각하지 아니하고 방치하는 등의 폐해를 방지하기 위한 것이다.

민사집행법 시행령

제3조【압류금지 최저금액】“「국민기초생활 보장법」에 의한 최저생계비를 감안하여 대통령령이 정하는 금액”이란 월 185만원을 말한다.

제4조【압류금지 최고금액】“표준적인 가구의 생계비를 감안하여 대통령령이 정하는 금액”이란 제1호에 규정된 금액 이상으로서 제1호와 제2호의 금액을 합산한 금액을 말한다.

1. 월 300만원
2. 법 제246조 제1항 제4호 본문에 따른 압류금지금액(월액으로 계산한 금액을 말한다)에서 제1호의 금액을 뺀 금액의 2분의 1

제5조【급여채권이 중복되거나 여러 종류인 경우의 계산방법】 제3조 및 제4조의 금액을 계산할 때 채무자가 다수의 직장으로부터 급여를 받거나 여러 종류의 급여를 받는 경우에는 이를 합산한 금액을 급여채권으로 한다.

급여채권이 250만원인 경우 185만원을 제외한 65만원
300만원 이상 600만원까지는 급여채권의 2분의 1
(300만원은 압류금액 115만원, 600만원은 압류금액 300만원)

압류의 방법

채무자가 점유하고 있는 유체동산의 압류는 집행관이 그 물건을 점유함으로써 한다. 다만, 채권자의 승낙이 있거나 운반이 곤란한 때에는 봉인, 그밖의 방법으로 압류물임을 명확히 하여 채무자에게 보관시킬 수 있다.

❶ 공동압류

집행관이 여러 개의 채권 또는 여러 명의 채권자를 위하여 동일한 재산을 동시에 압류하는 것을 말한다.

❷ 압류의 경합(이중압류)

유체동산을 압류하거나 가압류한 뒤 매각기일에 이르기 전에 다른 강제집행이 신청된 때에는 집행관은 집행신청서를 먼저 압류한 집행관에게 교부하여야 한다. 이 경우 더 압류할 물건이 있으면 이를 압류한 뒤에 추가압류조서를 교부하여야 한다.

집행에 관한 채권자의 위임은 먼저 압류한 집행관에게 이전된다.

각 압류한 물건은 강제집행을 신청한 모든 채권자를 위하여 압류한 것으로 본다.

먼저 압류한 집행관은 뒤에 강제집행을 신청한 채권자를 위하여 다시 압류한다는 취지를 덧붙여 그 압류조서에 적어야 한다.

배당요구

채권자 중의 일부가 채무자의 특정재산에 대하여 강제집행, 즉 현금화를 위한 조치에 착수한 경우에 다른 채권자가 그 절차에 참가하여 채무자의 재산을 현금화하여 얻게 될 매각대금 중에서 자기의 채권액에 해당하는 금액의 지급을 구하기 위하여 그 집행절차에 참가하는 것이 배당요구제도이다.

우선변제청구권이 있는 채권자는 매각대금의 배당을 요구할 수 있으며, 압류한 유체동산에 대하여 공유지분을 주장하는 배우자는 매각대금을 지급하여 줄 것을 요구할 수 있다.

❶ 배당요구 시기

구 분	내 용
일반채권에 대한 배당요구 시기	▪집행관이 금전을 압류한 때 또는 매각대금을 영수한 때 ▪집행관이 어음 · 수표 그밖의 금전의 지급을 목적으로 한 유가증권에 대하여 그 금전을 지급받은 때
우선변제청구권 · 집행력 있는 정본을 가진 채권자의 배당요구 시기	▪제3채무자가 공탁의 신고를 한 때 ▪채권자가 추심의 신고를 한 때 ▪집행관이 현금화한 금전을 법원에 제출한 때

전부명령이 제3채무자에게 송달된 뒤에는 배당요구를 하지 못한다.

❷ 배당요구의 통지

집행관은 그 사유를 배당에 참가한 채권자와 채무자에게 통지하여야 하나, 채무자가 외국에 있거나 있는 곳이 분명하지 아니한 때에는 집행행위에 속한 송달이나 통지를 하지 아니하여도 된다.

집행관의 매각대금 처리

채권자가 한 사람인 경우 또는 채권자가 두 사람 이상으로서 매각대금 또는 압류금전으로 각 채권자의 채권과 집행비용의 전부를 변제할 수 있는 경우에는 집행관은 채권자에게 채권액을 교부하고, 나머지가 있으면 채무자에게 교부하여, 압류금전이나 매각대금으로 각 채권자의 채권과 집행비용의 전부를 변제할 수 없는 경우에는 집행관은 규정된 기간 안의 날을 배당협의기일로 지정하고 각 채권자에게 그 일시와 장소를 서면으로 통지하며, 집행관은 배당협의기일까지 채권자 사이에 배당협의가 이루어진 때에는 그 협의에 따라 배당을 실시한다.

집행관의 배당액 공탁

집행관이 채권액의 배당 등을 실시하는 경우 배당 등을 받을 채권자의 채권에 관하여 채권에 정지조건 또는 불확정기한이 붙어 있는 때 또는 가압류채권자의 채권인 때 사유가 있는 때에는 집행관은 그 배당 등의 액에 상당하는 금액을 공탁하고 그 사유를 법원에 신고한다.

또한 집행관은 배당 등을 수령하기 위하여 출석하지 아니한 채권자 또는 채무자에 대한 배당 등의 액에 상당하는 금액을 공탁한다.

경매

유체동산을 목적으로 하는 담보권 실행을 위한 경매는 채권자가 그 목적물을 제출하거나, 그 목적물의 점유자가 압류를 승낙한 때에 개시한다.

❶ 유체동산 집행신청의 방식

유체동산에 대한 강제집행신청서에는 다음의 사항을 적고 집행력 있는 정본을 붙여야 한다.

- 채권자 · 채무자와 그 대리인의 표시
- 집행권원의 표시
- 강제집행 목적물인 유체동산이 있는 장소
- 집행권원에 표시된 청구권의 일부에 관하여 강제집행을 구하는 때에는 그 범위

❷ 매각기일

압류일과 매각일 사이에는 1주 이상 기간을 두어야 하는데, 다만 압류물을 보관하는 데 지나치게 많은 비용이 들거나, 시일이 지나면 그 물건의 값이 크게 내릴 염려가 있는 때에는 1주의 기간을 경과하지 않아도 매각할 수 있다.

Part 10

❸ 매각장소

매각은 압류한 유체동산이 있는 시 · 구 · 읍 · 면에서 진행하며, 압류채권자와 채무자가 합의하면 합의된 장소에서 진행한다.

매각일자와 장소는 대법원규칙이 정하는 방법으로 공고하며, 공고에는 매각할 물건을 표시한다.

❹ 매각 · 재매각

집행관은 최고가매수신고인의 성명과 가격을 말한 뒤 매각을 허가한다.

매각물은 대금과 서로 맞바꾸어 인도한다.

매수인이 매각조건에 정한 지급기일에 대금의 지급과 물건의 인도청구를 게을리한 때에는 재매각한다.

전의 매수인은 재매각절차에 참가하지 못하며, 뒤의 매각대금이 처음의 매각대금보다 적은 때에는 그 부족한 액수를 부담한다.

⑤ 배우자의 우선매수권

압류한 유체동산을 매각하는 경우에 배우자는 매각기일에 출석하여 우선매수할 것을 신고한다.

⑥ 매각의 한도

매각은 매각대금으로 채권자에게 변제하고 강제집행비용을 지급하기에 충분하게 되면 즉시 중지한다.

자동차 강제집행

자동차관리법에 따라 등록된 자동차에 대한 강제집행은 민사집행규칙에 특별한 규칙이 없으면 부동산에 대한 강제경매의 규정을 따른다.

집행법원

자동차집행의 집행법원은 자동차등록원부에 기재된 사용본거지를 관할하는 지방법원으로 하며, 집행관이 자동차를 인도받은 경우에는 관할지방법원 외에 자동차가 있는 곳을 관할하는 지방법원도 집행법원으로서 집행을 한다.

강제경매신청 전의 자동차인도명령

강제경매신청 전에 자동차를 집행관에게 인도하지 아니하면 강제집행이 매우 곤란할 염려가 있는 경우에는 그 자동차가 있는 곳을 관할하는 지방법원은 신청에 따라 채무자에게 자동차를 그 소속집행관에게 인도할 것을 명한다.

신청시에는 집행력 있는 정본을 제시하고, 신청의 사유를 소명해야 한다.

집행관은 자동차를 인도받은 날부터 10일 안에 채권자가 강제경매신청을 하였음을 증명하는 문서를 제출하지 아니하는 때에는 자동차를 채무자에게 돌려주어야 한다.

강제경매신청의 결정에 대하여는 즉시항고를 할 수 있다.

강제경매신청

자동차에 대한 강제경매신청서에는 자동차등록원부에 기재된 사용본거지를 적고, 집행력 있는 정본 외에 자동차등록원부등본을 붙여야 한다.

강제경매개시 결정

❶ 내용

강제경매신청이 요건을 모두 갖춘 때에는 집행법원은 자동차에 대한 강제경매개시 결정을 한다.

❷ 절차

개시결정은 채권자와 채무자에게 고지하여야 하고, 채무자에 대한 고지는 송달의 방법에 의하여야 한다.

❸ 인도명령의 발령

강제경매개시 결정에는 채권자를 위하여 자동차를 압류한다는 것을 선언하는 외에 채무자에 대하여 자동차를 집행관에게 인도할 것을 명하여야 한다.

SECTION 03 채권압류 및 추심 · 전부명령 활용하기

채권관리실무 CHECK

㈜한국은 애견용품을 생산 · 공급하는 회사인데 울산에 있는 ㈜태화에 미수채권 1억원을 가지고 있으면서 회수하지 못하자 법원에서 소송을 통하여 승소판결을 받은 이후에 ㈜태화의 거래선 ㈜현견에 대해서 채권압류 및 추심명령을 1억원 신청하였다.

법원에서 송달된 이후에 (주)현견을 방문하여 회수협의를 하였는데 ㈜태화에 지급할 채무가 없다고 주장하여 추심금청구소송을 ㈜현견을 상대로 진행하였으며 3차례 변론 후에 승소하여 ㈜현견을 상대로 유체동산압류신청을 하여 3천만원을 회수하였다.

TIP

추심명령을 신청하여 제3채무자인 ㈜현견에서 1억원을 다 받지 못하고 남은채권 7천만원에 대해서는 채무자인 ㈜태화가 계속 지급할 의무를 부담하며, 추심명령을 신청한다고 해서 ㈜태화의 채무가 소멸되는 것은 아닙니다.

채권압류 활용하기

채권에 대한 압류명령신청서에는 채권자 · 채무자 · 제3채무자와 그 대리인의 표시, 집행권원의 표시, 집행권원에 표시된 청구권의 일부에 관하여만 압류명령을 신청하거나 목적채권의 일부에 대하여만 압류명령을 신청하는 때에는 집행력 있는 정본을 붙여야 한다.

또한 채권자는 압류명령신청에 압류할 채권의 종류와 액수를 밝혀야 한다.

법률상의 압류금지 채권

- 법령에 규정된 부양료 및 유족부조료
- 채무자가 구호사업이나 제3자의 도움으로 계속 받는 수입
- 병사의 급료
- 급료 · 연금 · 봉급 · 상여금 · 퇴직금 · 퇴직연금, 그밖에 이와 비슷한 성질을 가진 급여채권의 2분의 1에 해당하는 금액

법원은 당사자가 신청하면 채권자와 채무자의 생활형편, 그밖의 사정을 고려하여 압류명령의 전부 또는 일부를 취소할 수 있다.

집행법원은 채무자의 보통재판적이 있는 곳의 지방법원으로 하며, 채무자가 국내에 주소나 거소 등이 없고, 마지막 주소도 파악되지 않는 등 보통재판적이 없을 경우에는 압류한 채권의 채무자(제3채무자)의 보통재판적이 있는 지방법원이 집행권원이 된다.

제3자에 대한 채무자의 금전채권 또는 유가증권, 그밖의 유체물의 권리이전이나 인도를 목적으로 한 채권에 대한 강제집행은 집행법원의 압류명령에 의하여 개시한다.

또한 집행법원은 신청서와 첨부서류에 대한 신청의 적격 여부, 관할권의 존부, 집행력 있는 정본의 유무와 그 송달 여부, 집행개시요건의 존부, 목적채권의 압류될 적격의 유무, 무잉여압류 여부 등에 관하여 조사하여 보정할 수 있는 것은 보정케 하고, 보정할 수 없는 것이면 신청을 기각한다.

압류명령의 내용

금전채권의 압류명령서에는 제3채무자에 대한 채권을 압류한다는 취지 이외에 제3채무자에게 본래의 채권자인 집행채무자에 대한 지급을 금지하고 채무자에게는 채권의 처분과 영수를 금지하는 내용을 기재한다.

ㅇㅇ지방법원

결　　정

사　　건　　20　타채 채권압류
채 권 자
채 무 자
제 3 채무자

주　　문

채무자의 제3채무자에 대한 별지 기재의 채권을 압류한다.
제3채무자는 채무자에게 위 채권에 관한 지급을 하여서는 아니된다.
채무자는 위 채권의 처분과 영수를 하여서는 아니된다.

청구금액

금　　　원(대여금)
금　　　원(위 대여금에 대한　.　.　.부터　.　.　.까지의 이자 및 지연손해금)
합계 금　　　원

이　　유

채권자가 위 청구금액을 변제받기 위하여 ㅇㅇ지방법원 20　가합 대여금청구사건의 집행력 있는 판결정본에 기초하여 한 이 사건 신청은 이유 있으므로 주문과 같이 결정한다.

20　.　.　.

판 사　　　　㊞

압류명령의 송달

❶ 제3채무자에 대한 송달

압류명령은 제3채무자와 채무자에게 송달하여야 하며, 제3채무자에게 송달되면 압류의 효력이 생긴다.

제3채무자에 대한 송달이 이루어지지 않거나 송달된 압류명령의 기재 중 중요한 사항에 관하여 오기나 누락이 있으면 압류의 효력이 발생하지 않는다.

제3채무자가 있는 곳을 알 수 없어 송달불능이 된 경우에는 채권자의 신청에 따라 압류명령을 공시송달한다.

❷ 채무자에 대한 송달

채무자에게도 송달되어야 하나, 채무자에게 송달되지 않더라도 제3채무자에게 송달된 이상 압류명령의 효력에는 영향이 없고, 채무자에 대하여는 우편송달도 허용되며, 채무자가 있는 곳을 알 수 없는 경우에는 직권으로 공시송달한다.

❸ 채권자에 대한 고지

신청인은 채권자에게 적당한 방법으로 고지하여야 하며, 반드시 송달에 의할 필요는 없고 등기우편, 보통우편에 의하거나 직접 교부하여도 된다.

압류명령의 효력

❶ 압류명령의 효력발생시기

압류명령이 제3채무자에게 송달되면 압류의 효력이 생기며, 압류될 채무가 연대채무나 분할채무인 경우에는 제3채무자들에게 각 송달된 때에 개별적으로 압류의 효력이 생긴다.

❷ 압류의 효력이 미치는 범위

압류할 시점에 존재하는 목적채권의 전부에 미친다.

❸ 채무자의 지위

채권의 처분과 영수가 금지되며, 채권의 추심, 채권의 양도, 포기, 면제, 상계, 변제의 유예 등 채권자를 해치는 일체의 처분이 금지된다.

그러나 채무자는 압류된 뒤에도 여전히 압류된 채권의 채권자이므로 추심명령이나 전부명령이 있기까지는 채권자를 해치지 않는 한도에서 채권을 행사할 수 있다.

❹ 제3채무자의 지위

금전채권을 압류할 때에는 법원은 제3채무자에게 채무자에 대한 지급을 금지하고 채무자에게 채권의 처분과 영수를 금지하는 결정을 하고, 채무자에게 지급하더라도 압류채권자에게 대항할 수 없으며, 압류채권자가 추심권을 취득하면 그에게 다시 이중으로 지급하여야 한다.

또한 지급을 금지하는 명령을 받은 제3채무자는 그 후에 취득한 채권에 의한 상계로 그 명령을 신청한 채권자에게 대항하지 못한다.

진술최고의 신청

압류채권자는 제3채무자로 하여금 압류명령을 송달받은 날부터 1주 이내에 서면으로 다음 사항을 진술하게 하도록 법원에 신청할 수 있다.

- 채권을 인정하는지의 여부 및 인정한다면 그 한도
- 채권에 대하여 지급할 의사가 있는지의 여부 및 의사가 있다면 그 한도
- 채권에 대하여 다른 사람으로부터 청구가 있는지의 여부 및 청구가 있다면 그 종류
- 다른 채권자에게 채권을 압류당한 사실이 있는지의 여부 및 그 사실이 있다면 그 청구의 종류

진술최고의 송달

법원은 진술을 명하는 서면을 제3채무자에게 송달하여야 한다.

추심명령 활용하기

추심명령은 압류된 채권의 채권자의 지위에 변동을 가져오는 것이 아니고 채무자가 여전히 압류된 채권의 채권자로 남아있기는 하지만 압류채권자가 채무자 대신 압류된 채권의 추심권능을 취득하게 해서 채무자가 아닌 제3채무자로부터 채권을 회수한다.

추심명령을 신청할 시에는 채무자에 대한 집행권원이 있어야 신청되며, 제3채무자에게서 채권을 전액 회수하지 못하는 경우에는 제3채무자를 상대로 추심금청구소송을 통하여 승소하면 회수할 수 있다.

추심명령의 효과

추심명령은 그 채권전액에 미치며 법원은 채무자의 신청에 따라 압류채권자를 심문하여 압류액수를 그 채권자의 요구액수로 제한한다.

추심명령절차

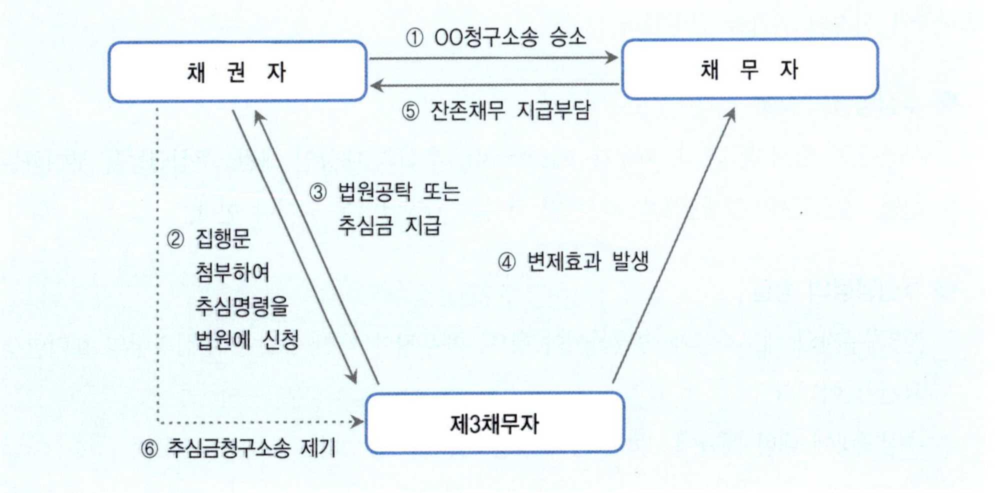

Part 10

《절차》

1. 채권자는 채무자를 상대로 하여 집행권원 획득 후 집행문을 부여받아 이미 채권가압류한 상태인 제3채무자를 상대로 하여 채권압류 및 추심명령을 신청한다.
2. 법원에서 제3채무자에게 채권압류 및 추심명령 결정문을 송달한다.
3. 제3채무자는 채무자에게 변제하여야 할 채무금을 법원공탁 또는 채권자에게 추심금 지급하거나 일체의 행위가 없을 경우도 있다.
4. 채권자는 자신의 채권을 전액 회수하지 못하였을시 제3채무자를 상대로 추심금청구소송을 제기하여 승소 후 회수(제3채무자가 채무자에게 지급하여야 할 채무가 있는데도 불구하고 제3채무자의 행위가 미흡할 시에 추심금청구소송을 할 것인지 판단함)한다.

추심명령의 신청

추심명령의 신청은 서면으로 하여야 하며, 당사자의 표시, 압류한 채권의 종류와 액수, 재판을 구하는 취지, 신청날짜, 집행법원을 표시하고 채권자 또는 그 대리인이 기명날인한다.

추심명령을 신청할 관할법원은 압류명령의 집행법원과 동일한 지방법원이다.

집행법원은 추심명령의 신청이 있으면 관할권의 유무, 신청의 적격 여부, 강제집행의 요건과 개시요건의 유무, 집행장애의 유무, 압류명령 효력의 존부, 추심명령발부요건의 유무 등을 조사하여 신청의 허가를 결정한다.

❶ 추심명령의 내용

사건번호, 당사자(채권자, 채무자, 제3채무자), 추심의 대상인 채권, 추심권능을 부여하는 선언, 결정날짜, 집행법원의 표시 및 판사의 기명날인이 있어야 한다.

❷ 추심명령의 송달

제3채무자와 채무자에게 송달하여야 하며, 채무자에 대한 송달은 추심명령의 효력발생요건이 아니다.

추심명령에 대한 재판에 대하여는 즉시항고를 할 수 있다.

❸ 추심권의 범위

채권자는 추심명령에 의하여 채무자가 제3채무자에 대하여 가지는 채권을 직접 추심할 권능을 취득한다.

추심명령은 그 채권전액에 미치는데, 법원은 채무자의 신청에 따라 압류채권자를 심문하여 압류액수를 그 채권자의 요구액수로 제한하고 채무자에게 그 초과된 액수의 처분과 영수를 허가할 수 있다.

압류액수를 제한할 수 있도록 한 것은 채무자를 필요 이상의 구속으로부터 해방시키기 위한 조치이며, 반드시 채무자의 신청이 있어야만 할 수 있다.

재판상의 청구

추심채권자는 원고가 되어 제3채무자를 상대로 추심의 소를 제기하거나, 지급명령을 신청할 수 있다. 집행력 있는 정본을 가진 모든 채권자는 공동소송인으로 원고쪽에 참가할 권리가 있다.

추심의 소는 관할법원에 제기하고 채무자에게 그 소를 고지하여야 한다. 다만, 채무사가 외국에 있거나 있는 곳이 분명하지 아니한 때에는 고지할 필요가 없다.

제3채무자의 채무액의 공탁

제3채무자의 채무액의 공탁을 살펴보면 다음과 같다.

① 제3채무자는 압류에 관련된 금전채권의 전액을 공탁할 수 있다.

② 금전채권에 관하여 배당요구서를 송달받은 제3채무자는 배당에 참가한 채권자의 청구가 있으면 압류된 부분에 해당하는 금액을 공탁하여야 한다.

③ 금전채권 중 압류되지 아니한 부분을 초과하여 거듭 압류명령 또는 가압류명령이 내려진 경우에 그 명령을 송달받은 제3채무자는 압류 또는 가압류채권자의 청구가 있으면 그 채권의 전액에 해당하는 금액을 공탁하여야 한다.

④ 제3채무자가 채무액을 공탁한 때에는 그 사유를 법원에 신고하여야 한다. 다만, 상당한 기간 이내에 신고가 없는 때에는 압류채권자, 가압류채권자, 배당에 참가한 채권자, 채무자, 그밖의 이해관계인이 그 사유를 법원에 신고할 수 있다.

추심 후의 절차

❶ 추심의 효과

추심명령을 얻은 채권자가 제3채무자로부터 압류된 채권을 추심하면 그 범위 내에서 압류된 채권은 소멸한다.

따라서 제3채무자는 채무자에 대하여도 채권자에 대한 변제로써 대항할 수 있다.

❷ 추심의 신고와 공탁

채권자는 추심한 채권액을 법원에 신고하여야 하며, 신고 전에 다른 압류 · 가압류 또는 배당요구가 있었을 때에는 채권자는 추심한 금액을 바로 공탁하고 그 사유를 신고하여야 한다.

압류의 경합이 있음에도 불구하고 추심을 완료한 채권자가 공탁의무를 이행하지 않을 경우에 다른 경합채권자는 추심채권자를 상대로 추심한 금원을 법원에 공탁하고, 그 사유를 신고할 것을 구하는 소를 제기할 수 있다.

전부명령 활용하기

채권관리실무 CHECK

㈜우리산업은 청소용품을 생산 · 공급하는 회사인데 충남 천안에 있는 ㈜병점에 미수채권 2억원을 가지고 있으면서 회수하지 못하자 법원에서 소송을 통하여 승소판결을 받은 이후에 ㈜병점의 거래선 ㈜목천에 채권압류 및 전부명령을 2억원 신청하였다.

법원에서 송달된 이후에 (주)목천을 방문하여 회수협의를 하였는데 ㈜병점에 지급할 채무가 5천만원 있다고 하면서 지급을 하였다. ㈜우리산업에서는 ㈜목천이 ㈜병점에게 지급할 채무가 더 있다고 판단되어서 ㈜목천을 상대로 전부금청구소송을 제기하였으나 법원으로부터 패소판결을 받았다.

* 잔여채권 1억5천만원은 ㈜병점으로부터도 채권이 확정되어 받을 수 없게 되었다.

TIP

전부명령을 신청하여 확정되면 제3채무자인 ㈜목천에서 회수한 5천만원을 제외한 나머지 채권 1억5천만원은 ㈜병점으로부터도 받지 못합니다. 왜 추심명령을 신청하지 않고 전부명령을 신청하는가는 추심명령은 먼저 신청했다고 우선적으로 받는 것이 아니라 채권액을 비율로 나누어 가지고 가는 것인데, 전부명령은 먼저 신청했으면 뒤에 신청한 채권자들은 신경 쓸 필요 없이 우선적으로 받아간다는 장점이 있습니다.

전부명령을 신청하기 위해서는 추심명령을 신청할 때와 마찬가지로 채무자를 상대로 한 집행권원이 있어야 하며, 채무자로부터 압류된 채권을 지급에 갈음하여 채무자로부터 압류채권자에게 이전하는 것으로서 그에 의하여 채권이 이전되면 그 현실적인 추심 여부와 관계없이 집행채권은 신청액만큼 소멸하게 된다.

전부명령절차

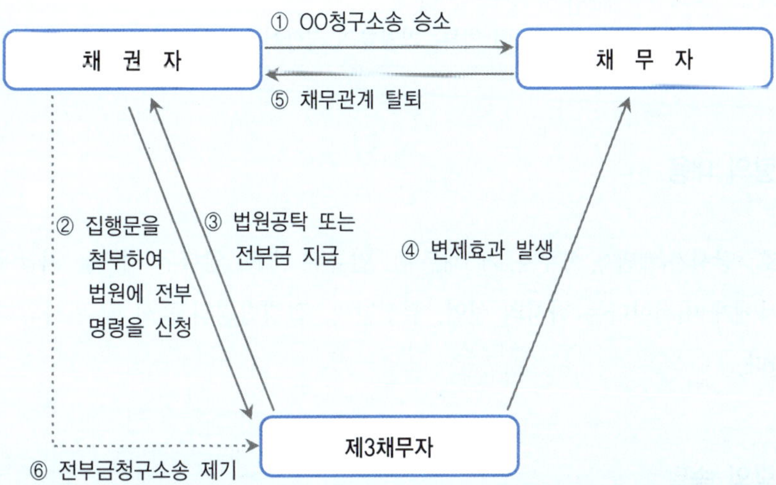

《절차》

1. 채무자를 상대로 집행권원을 획득한다.
2. 집행문을 부여받아서 법원에 채권압류 및 전부명령을 신청하고 결정된다.
3. 제3채무자로부터 공탁 · 전부금 지급 또는 일체의 변제행위가 없을 경우가 있는데 채권자는 제3채무자의 행위가 불충분하다고 판단될시 전부금청구소송을 제기하여 소송에서 다툰다.
4. 채무자는 채무관계에서 탈퇴한다.
5. 실무적으로 제3채무자가 채무자에게 변제하여야 할 채무가 월등히 많다고 판단될 때 신청한다(예를 들어서 채권자가 채무자로부터 받을 채권이 1억원인데 채무자가 제3채무자에게 받을 채권이 5천만원일 경우에 전부명령이 신청되면 5천만원은 변제받지 못한다. 왜냐하면 채무가 채무자로부터 제3채무자에게 이전되었기 때문임).
6. 제3채무자가 채무자에게 지급할 채무가 존재하지 않는다면 전부명령은 무효이다.

전부명령의 신청

압류채권자의 서면에 의한 신청에 의하며, 전부명령의 신청은 압류명령의 신청과 동시에 할 수도 있고 사후에 신청할 수도 있다.

전부명령을 신청하여야 할 관할법원은 압류명령의 집행법원과 동일한 지방법원이다.

↘ 전부명령의 재판

구 분	내 용
심리	집행법원은 전부명령의 신청이 있으면 관할권의 유무, 신청의 적격 여부, 강제집행의 요건과 개시요건의 유무, 집행장애의 유무, 전부명령의 발령요건 등을 조사하여 신청의 허가를 결정한다.
요건	▪강제집행의 일반적 요건 및 유효한 채권압류명령의 존재 ▪압류된 채권이 금전채권일 것 ▪피전부채권이 양도가능할 것 ▪피전부채권에 대하여 압류, 가압류의 경합이나 배당요구가 없을 것

전부명령의 내용

사건번호, 당사자(채권자, 채무자, 제3채무자), 압류된 채권, 압류된 채권을 지급에 갈음하여 압류채권자에게 이전한다는 취지의 선언, 결정날짜, 집행법원의 표시 및 판사의 기명날인이 있어야 한다.

전부명령의 송달

제3채무자와 채무자에게 송달되어야 하며, 채무자에게 전부명령이 송달되지 않으면 전부명령이 확정되지 않으므로 효력이 발생하지 아니한다.

전부명령이 확정되기 전에는 제3채무자는 압류된 금전채권을 공탁할 수 있다.

① 제3채무자는 압류에 관련된 금전채권의 전액을 공탁할 수 있다.

② 금전채권에 관하여 배당요구서를 송달받은 제3채무자는 배당에 참가한 채권자의 청구가 있으면 압류된 부분에 해당하는 금액을 공탁하여야 한다.

③ 금전채권 중 압류되지 아니한 부분을 초과하여 거듭 압류명령 또는 가압류명령이 내려진 경우에 그 명령을 송달받은 제3채무자는 압류 또는 가압류채권자의 청구가 있으면 그 채권의 전액에 해당하는 금액을 공탁하여야 한다.

④ 제3채무자가 채무액을 공탁한 때에는 그 사유를 법원에 신고하여야 한다. 다만, 상당한 기간 이내에 신고가 없는 때에는 압류채권자, 가압류채권자, 배당에 참가한 채권자, 채무자, 그 밖의 이해관계인이 그 사유를 법원에 신고할 수 있다.

전부명령에 대한 불복

전부명령의 신청에 관한 재판에 대하여는 즉시항고를 할 수 있으며, 전부명령은 확정되어야 그 효력이 있다.

즉시항고를 할 수 있는 사람이 재판을 고지받아야 할 사람이 아닌 경우 즉시항고의 제기기간은 그 재판을 고지받아야 할 사람 모두에게 고지된 날부터 진행한다.

전부명령의 효력

전부명령이 확정된 경우에는 전부명령이 제3채무자에게 송달된 때에 채무자가 채무를 변제한 것으로 보는데 이전된 채권이 존재하지 아니한 때에는 전부명령의 효력은 무효인데, 무효라는 것은 채권자의 채권이 소멸되지 않고 채무자에게 청구 할 수 있는 채권이 계속 존재한다는 것이다.

예를 들어서 채권자가 제3채무자에게 선순위로 채권압류 및 전부명령신청을 1억원 신청했는데 실제로 제3채무자가 채무자에게 지급하여야 할 채무가 5천만원밖에 없다면 채권자의 채권, 채무는 확정적으로 5천만원밖에 회수하지 못하고 나머지 5천만원은 권리가 소멸된다. 그러나 제3채무자와 채무자 사이에 채권이 존재하고 있지 않은 상태에서 전부명령이 선순위로 신청되었어도 받을 채권 1억원은 채무자에게 변제받을 권리가 계속적으로 존재한다는 것이다.

SECTION 04

재산명시절차 활용하기

채권관리실무 CHECK

㈜유선은 산업용품을 생산 · 공급하는 회사인데 경기도에 있는 ㈜화성과 2015년부터 거래를 하였으나 ㈜화성의 자금사정 악화로 부실채권 2억원을 가지고 있다.

㈜화성을 상대로는 2018년 법원에서 승소판결을 받아둔 상태이며, 부실채권 회수를 위하여 적극적인 방법을 찾던 중에 재산명시신청을 하게 되었다.

TIP

재산명시신청을 하게 되면 채무자는 자신의 재산을 다 공개하여야 한다는 압박감을 느끼게 될 것이며, 채권자는 채무자가 제출한 재산목록을 확인하고 나타난 재산에 대해서는 강제집행을 통해서 회수하시면 됩니다.

재산명시절차라 함은 채무자가 금전채무를 이행하지 아니하는 경우에 법원이 그 채무자로 하여금 강제집행의 대상이 되는 재산관계를 명시한 목록을 제출하게 하고 그 재산목록의 진실함을 선서하게 하는 법적절차를 말하며, 재산명시절차의 신청에는 집행력 있는 정본과 강제집행을 개시하는 데 필요한 문서를 붙여야 한다.

↘ 재산명시절차

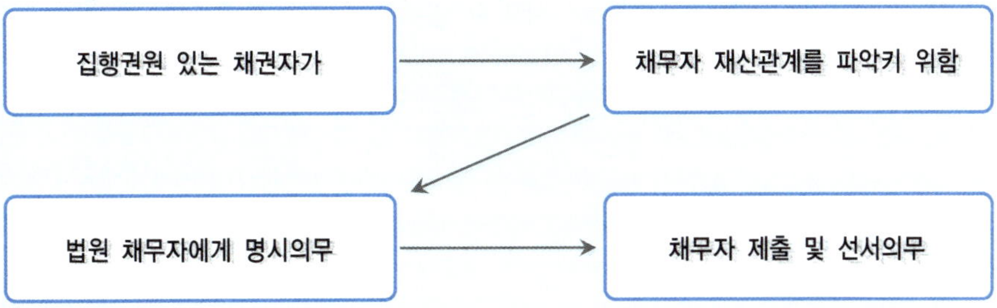

요건

① 금전의 지급을 목적으로 하는 집행권원 중 가집행의 선고가 붙어 집행력을 가지는 집행권원을 제외한 모든 집행권원으로서 그 종류는 다음과 같다.

- 확정판결
- 화해 · 인낙조서
- 확정된 지급명령
- 확정된 이행권고결정
- 확정된 화해권고결정
- 민사조정조서
- 조정에 갈음하는 결정
- 채무자회생및파산에관한법률상의 채권표
- 회사정리법상의 채권표

② 채권자가 강제집행을 개시할 수 있는 상태

채권자는 집행력 있는 정본과 강제집행을 개시하는데 필요한 문서를 붙여야 한다.

③ 채무자가 소송능력이 있는 자이거나 소송제한능력자인 경우에는 법정대리인이 있을 것

④ 채무자의 재산을 쉽게 찾을 수 없을 것

채무자의 재산을 쉽게 찾을 수 있다고 인정한 때에는 법원은 결정으로 이를 기각하여야 하며, 채무자의 재산이 이미 공개되어 있는 때 또는 채권자가 약간의 노력만 하면 집행대상재산을 발견할 수 있는 경우가 이에 해당한다.

⑤ 채무자가 채무를 이행하지 않을 것

채무의 전체 또는 일부만 이행하고 나머지 일부는 이행하지 않아야 한다.

재산명시명령의 신청

채무자의 재산명시를 요구하는 신청은 다음의 사항을 적은 서면으로 하여야 한다.

- 채권자 · 채무자와 그 대리인의 표시
- 집행권원의 표시
- 채무자가 이행하지 아니하는 금전채무액
- 신청취지와 신청사유

↘ 재산목록의 기재사항

① 채무자가 제출하여야 하는 재산목록에는 채무자의 이름 · 주소와 주민등록번호

② 재산목록에 적어야 할 재산의 범위

ⓐ 부동산에 관한 소유권 · 지상권 · 전세권 · 임차권 · 인도청구권과 그에 관한 권리이전청구권

ⓑ 등기 또는 등록의 대상이 되는 자동차 · 건설기계 · 선박 · 항공기의 소유권, 인도청구권과 그에 관한 권리이전청구권

ⓒ 광업권 · 어업권, 그밖에 부동산에 관한 규정이 준용되는 권리와 그에 관한 권리이전청구권

ⓓ 특허권 · 상표권 · 저작권 · 디자인권 · 실용신안권, 그밖에 이에 준하는 권리와 그에 관한 권리이전청구권

ⓔ 50만원 이상의 금전과 합계액 50만원 이상의 어음 · 수표

ⓕ 합계액 50만원 이상의 예금과 보험금 50만원 이상의 보험계약

ⓖ 합계액 50만원 이상의 주권 · 국채 · 공채 · 회사채, 그밖의 유가증권

ⓗ 50만원 이상의 금전채권과 가액 50만원 이상의 대체물인도채권(같은 채무자에 대한 채권액의 합계가 50만원 이상인 채권을 포함), 저당권 등의 담보물권으로 담보되는 채권은 그 취지와 담보물권의 내용

ⓘ 정기적으로 받을 보수 · 부양료, 그밖의 수입

ⓙ 소득세법상의 소득으로서 제9호에서 정한 소득을 제외한 각종 소득 가운데 소득별 연간 합계액 50만원 이상인 것

ⓚ 합계액 50만원 이상의 금 · 은 · 백금 · 금은제품과 백금제품

ⓛ 품목당 30만원 이상의 시계 · 보석류 · 골동품 · 예술품과 악기
ⓜ 품목당 30만원 이상의 의류 · 가구 · 가전제품 등을 포함한 가사비품
ⓝ 합계액 50만원 이상의 사무기구
ⓞ 품목당 30만원 이상의 가축과 농기계를 포함한 각종 기계
ⓟ 합계액 50만원 이상의 농 · 축 · 어업생산품(1월 안에 수확할 수 있는 과실을 포함), 공업생산품과 재고상품
ⓠ 'ⓚ' 내지 'ⓟ'에 규정된 유체동산에 관한 인도청구권 · 권리이전청구권, 그밖의 청구권
ⓡ 'ⓚ' 내지 'ⓟ'에 규정되지 아니한 유체동산으로 품목당 30만원 이상인 것과 그에 관한 인도청구권 · 권리이전청구권, 그밖의 청구권
ⓢ 가액 30만원 이상의 회원권, 그밖에 이에 준하는 권리와 그에 관한 이전청구권
ⓣ 그밖에 강제집행의 대상이 되는 것으로서 법원이 범위를 정하여 적을 것을 명한 재산

신청서에는 1,000원의 인지를 붙여야 한다.

법원사무관 등은 신청인으로부터 집행문이 있는 판결정본의 사본을 제출받아 기록에 붙인 후 집행력 있는 정본을 채권자에게 바로 돌려주어야 한다.

재산명시신청의 관할법원은 채무자의 보통재판적이 있는 곳의 법원에 채무자의 재산명시를 요구하는 신청을 할 수 있다.

재산명시신청의 재판

❶ 심리

재산명시신청에 대한 심리는 원칙적으로 서면심리에 의하고 채무자를 심문하지 아니하고 재판하는데, 그러나 법원이 필요하다고 판단된 때에는 채권자를 심문할 수 있다.

❷ 재산명시명령

재산명시신청에 정당한 이유가 있는 때에는 법원은 채무자에게 재산상태를 명시한 재산목록을 제출하도록 명하고, 결정은 신청한 채권자 및 채무자에게 송달하여야 한다. 또한 채무자에 대한 송달에서는 결정에 따르지 아니할 경우 감치 및 벌칙의 제재를 받을 수 있음을 함께 고지하여야 하며, 채무자는 송달받은 뒤 송달장소를 바꾼 때에는 그 취지를 법원에 바로 신고하여야 한다.

❸ 재산명시신청의 기각

재산명시신청에 정당한 이유가 없거나, 채무자의 재산을 쉽게 찾을 수 있다고 인정한 때에는 법원은 결정으로 이를 기각하여야 하는데, 강제집행은 다음의 어느 하나에 해당하는 서류를 제출한 경우에 정지하거나 제한하여야 한다.

- 집행할 판결 또는 그 가집행을 취소하는 취지나, 강제집행을 허가하지 아니하거나 그 정지를 명하는 취지 또는 집행처분의 취소를 명한 취지를 적은 집행력 있는 재판의 정본
- 강제집행의 일시정지를 명한 취지를 적은 재판의 정본
- 집행을 면하기 위하여 담보를 제공한 증명서류
- 집행할 판결이 있은 뒤에 채권자가 변제를 받았거나, 의무이행을 미루도록 승낙한 취지를 적은 증서
- 집행할 판결, 그밖의 재판이 소의 취하 등의 사유로 효력을 잃었다는 것을 증명하는 조서등본 또는 법원사무관 등이 작성한 증서
- 강제집행을 하지 아니한다거나 강제집행의 신청이나 위임을 취하한다는 취지를 적은 화해조서의 정본 또는 공정증서의 정본

재산명시신청의 기각결정에 대하여는 즉시항고를 할 수 있다.

재산명시명령에 대한 이의신청

채무자는 재산명시명령을 송달받은 날부터 1주 이내에 이의신청을 할 수 있으며, 신청서에는 1,000원의 인지를 붙여야 한다.

이의신청서가 제출되면 사건번호와 사건명을 부여한다.

❶ 이의사유

재산명시명령의 요건이 갖추어지지 않았다는 것이 이의사유이다.

❷ 이의신청의 기각

채무자가 이의신청을 한 때에는 법원은 이의신청사유를 조사할 기일을 정하고 채권자와 채무자에게 이를 통지하여야 하고 이의신청에 정당한 이유가 있는 때에는 법원은 결정으로 재산명시명령을 취소하여야 하며, 이의신청에 정당한 이유가 없거나 채무자가 정당한 사유없이 기일에 출석하지 아니한 때에는 법원은 결정으로 이의신청을 기각한다.

재산명시기일의 실시

재산명시기일의 지정 및 출석요구

재산명시명령에 대하여 채무자의 이의신청이 없거나 이를 기각한 때에는 법원은 재산명시를 위한 기일을 정하여 채무자에게 출석하도록 요구하여야 하는데, 이 기일은 채권자에게도 통지한다.

재산목록의 제출

채무자가 제출하는 재산목록에 대해서 살펴보면 다음과 같다.

- 재산명시명령이 송달되기 전 1년 이내에 채무자가 한 부동산의 유상양도
- 재산명시명령이 송달되기 전 1년 이내에 채무자가 배우자, 직계혈족 및 4촌 이내의 방계혈족과 그 배우자, 배우자의 직계혈족과 형제자매에게 한 부동산 외의 재산의 유상양도
- 재산명시명령이 송달되기 전 2년 이내에 채무자가 한 재산상 무상처분(의례적인 선물은 제외)

기일의 진행 및 선서

채무자가 제출한 재산목록에 대하여 법원은 그 기재사항 여부를 심사하고 누락된 부분이 있으면 보정을 명한 후에 기일을 지정하고 채무자를 소환한다.

채무자는 재산명시기일에 재산목록이 진실하다는 것을 선서하여야 하며, 선서서에는 다음과 같이 적어야 한다.

"양심에 따라 사실대로 재산목록을 작성하여 제출하였으며, 만일 숨긴 것이나 거짓 작성한 것이 있으면 처벌을 받기로 맹세합니다."

혹시 채무자가 재산목록의 제출을 거부하거나 선서를 거부하는 때에는 채무자가 재산명시기일에 출석하지 아니한 경우와 마찬가지로 재산명시기일의 절차는 종결되고 감치절차로 전환된다.

재산목록의 열람 · 복사

채무자에 대하여 강제집행을 개시할 수 있는 채권자는 재산목록을 보거나 복사할 것을 신청할 수 있다.

채무자의 감치 및 벌칙

채무자가 정당한 사유없이 ① 명시기일 불출석, ② 재산목록의 제출 거부, ③ 선서 거부 가운데 하나에 해당하는 행위를 한 경우에는 법원은 결정으로 20일 이내의 감치에 처한다.

또한 채무자가 거짓의 재산목록을 낸 때에는 3년 이하의 징역 또는 500만원 이하의 벌금에 처하며, 감치재판은 재산명시명령을 한 법원이 관할한다.

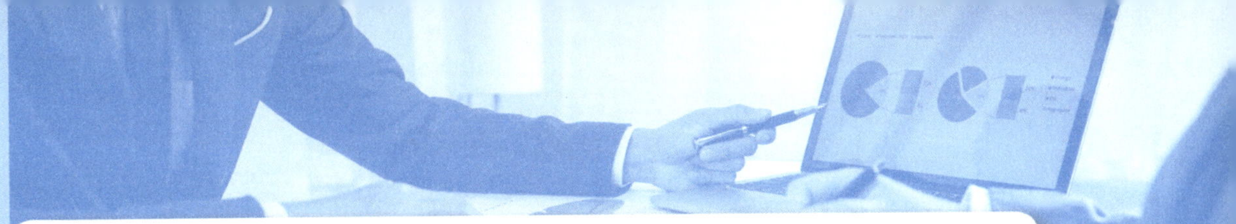

SECTION 05 채무불이행자명부등재 활용하기

채권관리실무 CHECK

㈜유선은 산업용품을 생산 · 공급하는 회사인데 경기도에 있는 ㈜화성과 2015년부터 거래하였으나 ㈜화성의 자금사정 악화로 부실채권 2억원을 가지고 있다.
㈜화성을 상대로는 2018년 법원에서 승소판결을 받아둔 상태이며, 부실채권 회수를 위하여 적극적인 방법을 찾던 중에 채무불이행자명부 등재신청을 하게 되었다.

TIP

채무불이행자명부 등재신청을 하게 되면 법원에서 채무자 금융기관에 통보하며 금융거래를 하는데 제약을 받게 되므로 채권자에게 말소신청에 대한 협의를 하러 오는 경우도 많이 있습니다. 협의가 들어오면 일부 회수하고 기간을 나누어 회수하는 것도 좋은 방법입니다(채무자가 약속을 어길 시 다시 신청하셔도 됩니다).

채무불이행자명부라 함은 금전채무를 일정기간 내에 이행하지 아니하거나 재산명시절차에서 감치 또는 처벌대상이 되는 행위를 한 채무자에 일정사항을 법원의 재판에 의하여 등재한 후 누구든지 열람하거나 복사할 수 있도록 법원에 비치하는 명부를 말한다.

↘ 채무불이행자명부

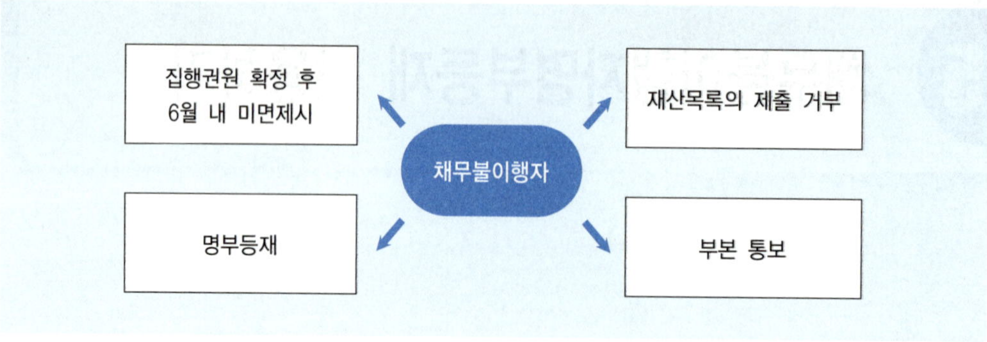

등재신청의 요건

① 금전의 지급을 명한 집행권원이 확정된 후 또는 집행권원을 작성한 후 6월 이내에 채무를 이행하지 아니하는 때

다만, 가집행선고가 붙은 판결 또는 가집행의 선고에 붙어 집행력을 가지는 집행권원의 경우를 제외한다.

② 채무자가 명시기일 불출석, 재산목록의 제출 거부, 선서 거부, 채무자가 거짓의 재산목록을 낸 때

채무불이행자명부의 등재는 채권자의 신청이 있어야 하며, 신청은 재산명시신청에 관한 규정이 적용된다.

- 채권자 · 채무자와 그 대리인의 표시
- 집행권원의 표시
- 채무자가 이행하지 아니하는 금전채무액
- 신청취지와 신청사유

재산명시절차를 실시한 법원이 관할하며, 채무자의 보통재판적이 있는 곳의 법원이 관할한다.

등재신청에 대한 재판

신청에 정당한 이유가 있는 때에는 법원은 채무자를 채무불이행자명부에 올리는 결정을 하고, 등재신청에 정당한 이유가 없거나 쉽게 강제집행할 수 있다고 인정할 만한 명백한 사유가 있는 때에는 법원은 결정으로 이를 기각한다.

Part 10

○ ○ 법원

<table>
<tr><td colspan="6">채무불이행자명부</td></tr>
<tr><td colspan="2">등재신청사건번호</td><td>20 카명</td><td colspan="2">말소신청사건번호</td><td>20 카명</td></tr>
<tr><td rowspan="3">채무자</td><td>성명</td><td colspan="4"></td></tr>
<tr><td>주소</td><td colspan="4"></td></tr>
<tr><td>주민등록번호</td><td colspan="4"></td></tr>
<tr><td colspan="2">집행권원</td><td colspan="4"></td></tr>
<tr><td colspan="2">채무불이행액</td><td colspan="4"></td></tr>
<tr><td colspan="2">등재사유</td><td></td><td colspan="2">말소사유</td><td></td></tr>
<tr><td colspan="2">등재날짜</td><td>. . .</td><td colspan="2">말소날짜</td><td>. . .</td></tr>
<tr><td colspan="2">등재자
직위 · 이름 (인)</td><td></td><td colspan="2">말소자
직위 · 이름 (인)</td><td></td></tr>
<tr><td rowspan="2">부본송부</td><td>시 · 구 · 읍 · 면장</td><td>20 . . .</td><td rowspan="2">말소통지</td><td>시 · 구 · 읍 · 면장</td><td>20 . . .</td></tr>
<tr><td>전국은행연합회장</td><td>20 . . .</td><td>전국은행연합회장</td><td>20 . . .</td></tr>
<tr><td colspan="2">비고</td><td></td><td colspan="2">비고</td><td></td></tr>
</table>

주 : 등재사유에는 ① 6월 내 채무불이행 ② 명시기일 불출석 ③ 재산목록제출 거부 ④ 선서 거부 ⑤ 거짓재산목록 제출 중 하나를 기재하고,
말소사유에는 ① 등재결정 취소 ② 등재신청 취하 ③ 채권자등재말소 신청 ④ 말소결정(채무소멸) ⑤ 직권말소 결정(10년 경과) 중 하나를 기재하며, 직권말소의 경우에는 말소신청사건번호란에 등재신청사건번호를 기재한다.

명부의 작성, 비치, 열람, 복사

❶ 채무불이행자명부의 작성

채무불이행자명부등재 결정이 있는 때에는 법원사무관 등은 바로 채무자별로 채무불이행자명부를 작성하며, 채무불이행자명부에는 채무자의 이름 · 주소 · 주민등록번호 등 및 집행권원과 불이행한 채무액을 표시하고, 그 등재사유와 날짜를 적는다.

❷ 명부의 비치

채무불이행자명부는 등재결정을 한 법원에 비치하며, 법원은 채무불이행자명부의 부본을 채무자의 주소지(채무자가 법인인 경우에는 주된 사무소가 있는 곳) 시 · 구 · 읍 · 면의 장에게 보낸다.

법원은 채무불이행자명부의 부본을 대법원규칙이 정하는 바에 따라 일정한 금융기관의 장이나 금융기관 관련 단체의 장에게 보내어 채무자에 대한 신용정보로 활용하게 할 수 있다.

채무불이행자명부나 그 부본은 누구든지 보거나 복사할 것을 신청할 수 있지만, 인쇄물 등으로 공표되어서는 아니된다.

Part 10

명부등재의 말소

❶ 신청에 의한 말소

변제, 그밖의 사유로 채무가 소멸되었다는 것이 증명된 때에는 법원은 채무자의 신청에 따라 채무불이행자명부에서 그 이름을 말소하는 결정을 한다.

❷ 직권에 의한 말소

채무불이행자명부에 오른 다음 해부터 10년이 지난 때에는 법원은 직권으로 그 명부에 오른 이름을 말소하는 결정을 하며, 채무불이행자명부에 등재한 후 등재결정이 취소되거나 등재신청이 취하된 때 또는 등재결정이 확정된 후 채권자가 등재의 말소를 신청한 때에는 명부를 비치한 법원의 법원사무관 등은 바로 그 명부를 말소한다.

SECTION 06

재산조회 활용하기

채권관리실무 CHECK

㈜유선은 산업용품을 생산 · 공급하는 회사인데 경기도에 있는 ㈜화성과 2015년부터 거래하였으나 ㈜화성의 자금사정 악화로 부실채권 2억원을 가지고 있다.

㈜화성을 상대로는 2018년 법원에서 승소판결을 받아둔 상태이며, 부실채권 회수를 위하여 재산명시신청과 채무불이행자명부 등재신청을 법원에 하였으나 아직 채권을 회수하지 못하는 상태인데, 채무자인 ㈜화성의 은닉된 재산을 찾던 중에 법원에 재산조회를 신청하였다.

TIP

재산조회를 법원에 신청하면 채권자가 신청한 기관에 재산조회 통보를 해서 그 결과를 법원에 통보하고 채권자가 확인해서 확인된 재산에 대해서는 강제집행을 통해서 회수합니다.

재산명시절차가 끝난 경우에 채무자가 제출한 재산목록의 재산만으로는 집행채권의 만족을 얻기에 부족하다 여겨지면 법원은 그 재산명시를 신청한 채권자의 신청에 따라 개인의 재산 및 신용에 관한 전산망을 관리하는 공공기관 · 금융기관 · 단체 등에 채무자 명의의 재산에 관하여 조회할 수 있도록 하는 재산조회제도를 신설하였다.

이 제도는 채무자의 자발적 협조없이도 적극적으로 채무자의 재산을 발견하는 제도로서 재산명시제도의 실효성을 확보하고자 하는 목적을 갖고 있다.

↘ **재산조회절차**

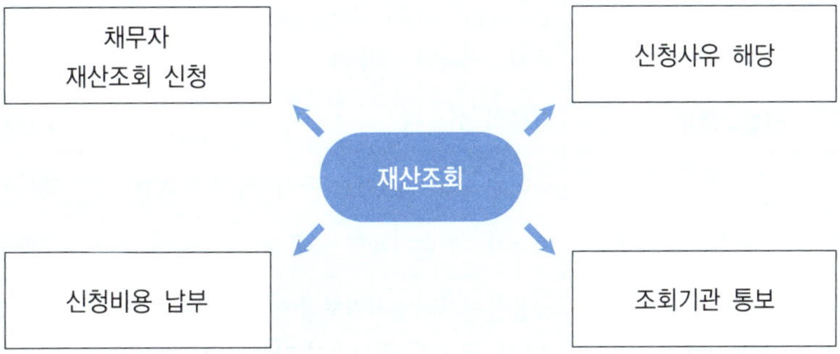

재산조회의 요건

신청인

재산조회는 재산명시절차가 끝난 후에 그 재산명시를 신청한 채권자만이 신청할 수 있다.

신청사유

다음의 사유 중 하나에 해당되어야 한다.

- 채무자가 재산명시기일에 불출석, 재산목록의 제출 거부, 선서 거부를 한 경우
- 채무자가 거짓의 재산목록을 제출한 때
- 채무자가 제출한 재산목록만으로는 집행채권의 만족을 얻기에 부족한 경우

재산조회기관

별표 '기관 · 단체'란의 기관 또는 단체의 장에게 그 기관 또는 단체가 전산망으로 관리하는 채무자명의의 재산에 관하여 재산조회를 실시한다.

[별표]

순번	기관 · 단체	조회할 재산	조회비용
1	법원행정처	토지 · 건물의 소유권	20,000원
2	건설교통부	건물의 소유권	10,000원
3	특허청	특허권 · 실용신안권 · 디자인권 · 상표권	20,000원
4	특별시 · 광역시 또는 도	자동차 · 건설기계의 소유권	기관별 5,000원
5	은행법에 의한 금융기관	금융실명거래및비밀보장에관한법률 제2조 제2호에 규정된 금융자산(다음부터 "금융자산"이라 함) 중 계좌별로 시가합계액이 50만원 이상인 것	기관별 5,000원
6	종합금융회사에관한법률에 의한 종합금융회사	금융자산 중 계좌별로 시가합계액이 50만원 이상인 것	기관별 5,000원
7	상호저축은행법에 의한 상호저축은행	금융자산 중 계좌별로 시가합계액이 50만원 이상인 것	기관별 5,000원
8	농업협동조합법에 의한 농업협동조합과 그 중앙회	금융자산 중 계좌별로 시가합계액이 50만원 이상인 것	기관별 5,000원
9	수산업협동조합법에 의한 수산업협동조합과 그 중앙회	금융자산 중 계좌별로 시가합계액이 50만원 이상인 것	기관별 5,000원
10	신용협동조합법에 의한 신용협동조합	금융자산 중 계좌별로 시가합계액이 50만원 이상인 것	기관별 5,000원
11	산림조합법에 의한 산림조합	금융자산 중 계좌별로 시가합계액이 50만원 이상인 것	기관별 5,000원
12	새마을금고법에 의한 새마을금고	금융자산 중 계좌별로 시가합계액이 50만원 이상인 것	기관별 5,000원
13	신탁업법에 의한 신탁회사와 증권투자신탁법에 의한 위탁회사	금융자산 중 계좌별로 시가합계액이 50만원 이상인 것	기관별 5,000원

순번	기관 · 단체	조회할 재산	조회비용
14	증권거래법에 의한 증권회사 · 증권금융회사 · 중개회사 및 명의개서대행업무를 수행하는 기관	금융자산 중 계좌별로 시가합계액이 50만원 이상인 것	기관별 5,000원
15	보험업법에 의한 보험사업자	해약환급금이 50만원 이상인 보험계약	기관별 5,000원
16	미래창조과학부	금융자산 중 계좌별로 시가합계액이 50만원 이상인 것	5,000원

재산조회의 신청

관할법원은 재산명시절차를 실시한 법원이고, 토지관할은 전속관할이다.

❶ 신청방식

재산조회신청은 서면으로 신청한다.

채권자 · 채무자와 그 대리인의 표시, 집행권원의 표시, 채무자가 이행하지 아니하는 금전채무액, 신청취지와 신청사유, 조회할 공공기관 · 금융기관 또는 단체를 표시하고, 조회할 재산의 종류를 특정하여 표시한다.

재산명시명령이 송달되기 전 2년 안에 채무자가 보유한 재산내역의 조회를 요구하는 때에는 그 취지와 조회기간을 표시한다.

❷ 신청비용의 예납

채권자가 재산조회신청을 할 경우에는 조회할 기관 · 단체를 특정하여야 하며 조회에 드는 비용을 미리 내야 한다.

재판

❶ 심리

집행법원은 집행처분을 하는 데 필요한 때에는 이해관계인, 그 밖의 참고인을 심문할 수 있다.

❷ 각하 · 기각결정

채권자가 비용을 미리 내지 아니한 때에는 법원은 결정으로 신청을 각하하거나 집행절차를 취소할 수 있다.

심리한 결과 신청에 정당한 이유가 없는 때에는 결정으로 신청을 기각한다.

재산조회(재산조회규칙 제4조)

① 재산조회시스템에 접속할 권한이 있는 조회대상기관의 장은 수시로 인터넷을 통하여 재산조회시스템에 접속하여 조회명령이 있는지 여부를 확인한다.

② 조회명령을 받은 기관의 장은 정하여진 회답기한까지 재산조회시스템에 접속하여 다음의 사항을 포함한 재산조회결과를 법원행정처장이 정하는 전자적 방법으로 기록한다.

- 사건의 표시
- 채무자의 표시
- 조회를 받은 다음날 오전 영시 현재 채무자의 재산보유내역

③ 조회명령을 받은 기관의 장은 회답기한 내에 재산조회결과를 통보하지 못하는 정당한 사유가 있을 때에는 재산조회시스템에 접속하여 법원행정처장이 정하는 방법으로 그 사유를 신고한다.

④ 재산조회를 받은 금융기관의 장은 소속협회 등의 장에게 요청받은 사항에 관한 정보와 자료를 제공하여야 하고, 그 협회 등의 장은 제공받은 정보와 자료를 정리하여 한꺼번에 전자적 방법으로 기록한다.

❸ 열람 · 복사

채무자에 대하여 강제집행을 개시할 수 있는 채권자는 재산목록을 보거나 복사할 것을 신청할 수 있다.

재산조회결과의 열람 · 출력의 신청은 채권자와 그 대리인의 이름 · 주소 · 주민등록번호 등, 채무자의 주소 또는 주민등록번호 등, 재산조회 신청사건의 표시(재산조회를 신청한 채권자가 재산조회결과의 열람 · 출력을 신청한 경우에 한함) 사항을 적은 서면에 의하여야 한다.

채무자에 대하여 강제집행을 개시할 수 있는 채권자로서 재산조회신청을 하지 아니한 채권자가 재산조회결과의 열람 · 출력을 신청하는 때에 집행권원의 사본을 제출하여야 한다.

재산조회결과를 강제집행 외의 목적으로 사용한 자에 대한 벌칙(민사집행법 제76조)

누구든지 재산조회의 결과를 강제집행 외의 목적으로 사용하여서는 아니되며, 위반한 사람은 2년 이하의 징역 또는 500만원 이하의 벌금에 처한다.

Part 10

채 권 관 리 실 무

자산은 유지하고 기업가치는 올리는 채권관리

PART

11

법원경매! 부실채권 회수

01 법원경매 스캔하기!

02 경매절차 바로 알기!

03 배당절차 이해하기!

04 법원경매 입찰하기!

핵심 Key-Words

법원경매 | 매각 | 배당순위 | 배당표 | 배당이의

SECTION 01

법원경매 스캔하기!

법원경매는 채무자 소유의 부동산을 압류 · 환가하여 그 매각대금을 가지고 채권자에게 받을 채권을 나누어 주는 것을 말하는데, 단체나 개인이 임의적으로 진행하는 것이 아니라 법원을 통해서 하는 경매를 말한다. 채권자가 담보채권(근저당, 전세권 등)을 가지고 신청하는 임의경매와 채무자를 상대로 집행권원(판결문 등)을 가지고 진행하는 강제경매의 2가지로 구분된다.

법원경매 스캔

강제경매, 임의경매의 구분

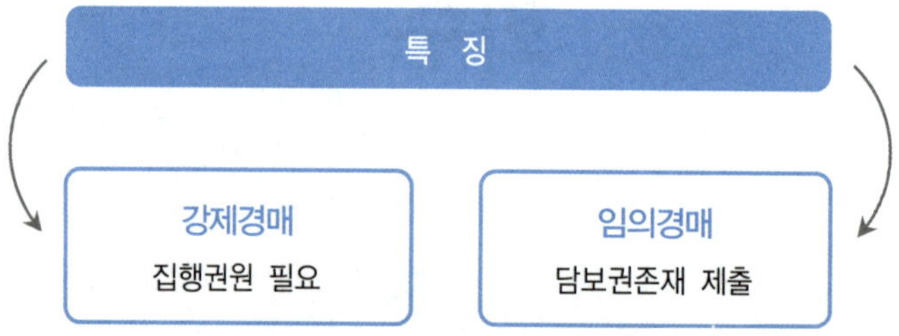

❶ 강제경매

채무자가 물품대금, 대여금 등을 지급하여야 함에도 불구하고 채권자에게 채무를 변제하지 않을 경우에 채무자를 상대로 하여 소송을 제기하여 승소판결을 얻은 후에 채무자 소유의 부동산에 대한 경매의 방법으로 실행하는 강제집행의 방법이다.

❷ 임의경매

일반적으로 담보권의 실행을 위한 경매를 말하며 저당권, 질권, 전세권 등의 담보권을 가진 채권자가 채무를 자진해서 이행하지 아니하는 채무자의 담보의 목적물을 경매하는 것을 말한다. 이는 담보권자인 채권자가 일반채권자에 비해서 우선변제를 얻기 위하여 하는 경매이다.

임의경매는 저당권 등 담보권의 실행으로서 행하여지는 것과 민법, 상법 그밖의 법률의 규정에 의하여 재산의 보관 또는 정리, 가격보존 등의 목적으로 그 목적물을 현금화하는 것이 있다.

강제경매와 임의경매의 공통점

강제경매, 임의경매 모두 채무자의 부동산을 압류·환가하여 그 매각대금으로 금전채권의 만족할 만한 결과를 얻는다는 공통점이 있으며, 강제경매절차에 관한 규정이 대부분 임의경매에도 준용된다.

부동산경매절차

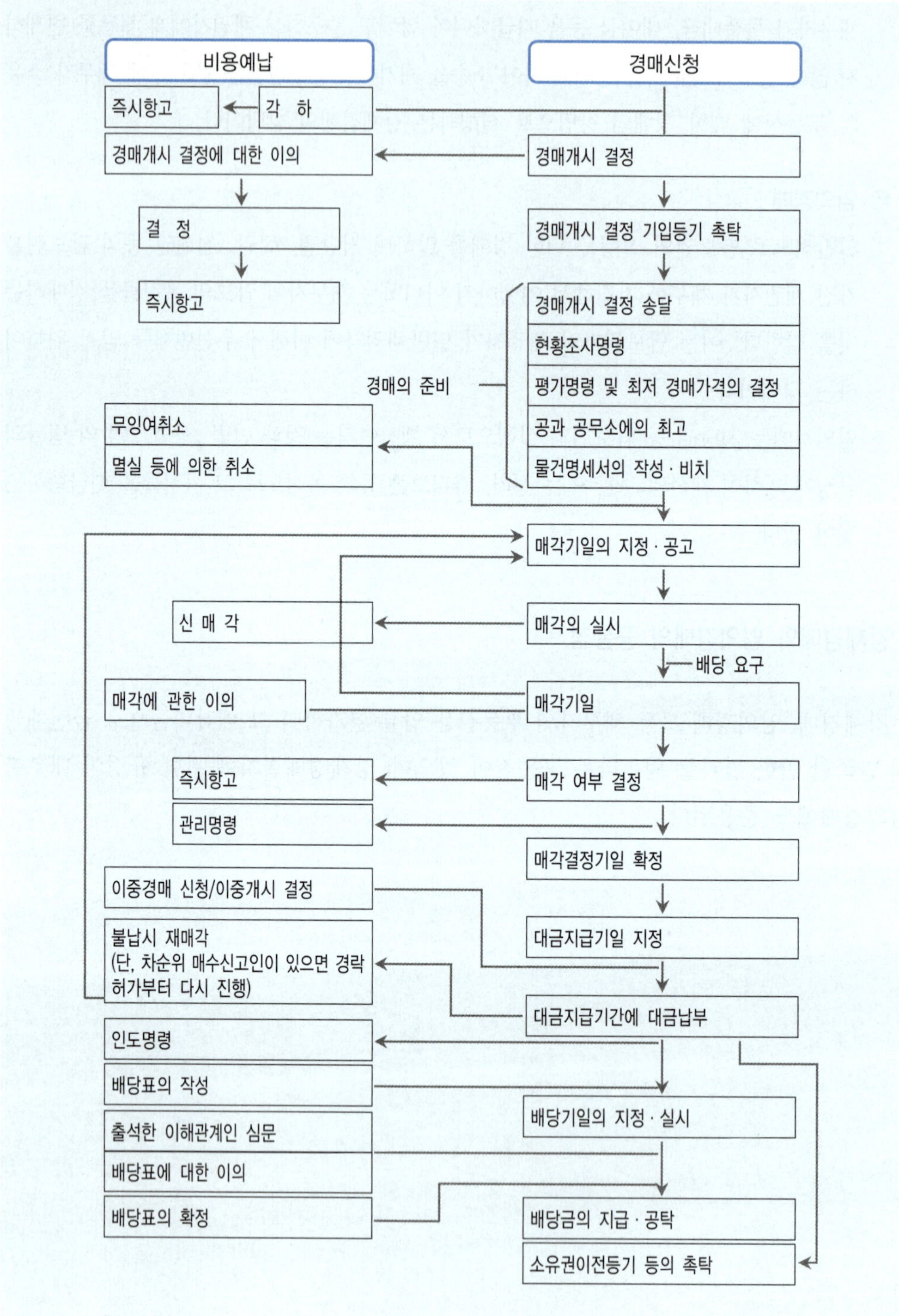
비용예납
경매신청
즉시항고
각 하
경매개시 결정에 대한 이의
경매개시 결정
결 정
경매개시 결정 기입등기 촉탁
즉시항고
경매개시 결정 송달
현황조사명령
경매의 준비
평가명령 및 최저 경매가격의 결정
무잉여취소
공과 공무소에의 최고
멸실 등에 의한 취소
물건명세서의 작성 · 비치
매각기일의 지정 · 공고
신 매 각
매각의 실시
배당 요구
매각에 관한 이의
매각기일
즉시항고
매각 여부 결정
관리명령
매각결정기일 확정
이중경매 신청/이중개시 결정
대금지급기일 지정
불납시 재매각
(단, 차순위 매수신고인이 있으면 경락 허가부터 다시 진행)
대금지급기간에 대금납부
인도명령
배당표의 작성
배당기일의 지정 · 실시
출석한 이해관계인 심문
배당표에 대한 이의
배당표의 확정
배당금의 지급 · 공탁
소유권이전등기 등의 촉탁

강제경매와 임의경매의 차이점

❶ 집행권원의 필요 여부

강제경매를 신청하려면 집행권원이 있어야 하나, 임의경매 신청시에는 담보권에 내재하는 환가권에 기해 경매신청권이 인정되므로 집행권원의 존재를 필요로 하지 않는다.

❷ 공신적 효과의 유무

강제경매에는 공신적 효과가 인정되므로 경매집행 후 집행권원에 표상된 실체상의 청구권이 처음부터 존재하지 않거나 무효인 경우 경매절차 완결시까지 변제 등의 사유로 소멸된 경우에도 경락인은 유효하게 목적물의 소유권을 취득한다.

그러나 임의경매는 공신적 효과가 부정되며, 담보권자의 담보권에 내재하는 환가권의 실행을 국가기관이 대행하는 것에 불과하다.

부동산경매의 대상은 토지와 그 정착물, 건물, 공장재단 · 광업재단, 광업권 · 어업권, 지상권, 미등기부동산 등이다.

경매절차 스캔

관할법원

부동산에 대한 강제집행은 그 부동산이 있는 곳의 지방법원이 관할하며, 부동산이 여러 지방법원의 관할구역에 있는 때에는 각 지방법원에 관할권이 있다.

↘ 이해관계인의 범위

- 경매개시결정을 받은 압류채권자
- 집행력 있는 정본에 의하여 배당을 요구한 채권자
- 경매대상 부동산의 소유자 및 채무자
- 부동산 등기사항증명서에 등재된 권리자
- 부동산 위의 권리자로서 그 권리를 증명한 자(경매신청등기 후 부동산을 취득한 자, 대항력 있는 임차인, 용익담보물권의 설정등기를 한 자 등)

부동산경매의 신청은 서면으로 하여야 하고, 신청서에는 정해진 사항을 적어야 하며, 소정의 서류를 첨부하여야 한다.

신청서의 기재사항

강제경매	임의경매
■ 채권자 · 채무자 표시 ■ 법원의 표시 ■ 집행대상 부동산의 표시 ■ 채권(경매원인) ■ 집행할 수 있는 집행권원 ■ 대리인 표시	■ 채권자 · 채무자 · 소유자 표시 ■ 법원의 표시 ■ 집행대상 부동산의 표시 ■ 담보권과 피담보채권의 표시 ■ 피담보채권의 이행지체사실 ■ 대리인 표시

비용의 예납

민사집행의 신청을 하는 때에는 채권자는 민사집행에 필요한 비용으로서 법원이 정하는 금액을 미리 내야 한다.

경매를 신청한 자가 예납의무자이며, 신청인이 예납하여야 할 비용, 서류의 송달 또는 송달료, 신문공고료, 현황조사수수료, 감정료, 매각수수료 등이 필요하다.

신청서의 기재사항

부동산강제경매신청서

채 권 자	성명	수입인지 5,000원
	주소	
채 무 자	성명	
	주소	

청구금액 : 원금 원 및 이에 대한 년 월 일부터 다 갚을 때까지 연 %비율에 의한 금원

경매할 부동산의 표시 : 별지목록 기재와 같음.

경매의 원인된 채권과 집행할 수 있는 집행권원

채무자는 채권자에게 법원 가 청구사건의 년 월 일 선고한 판결(또는 공증인 작성 호 공정증서)의 집행력 있는 정본에 기하여 위 청구금액을 변제하여야 할 것이나 이를 이행하지 아니하므로 위 부동산에 대한 강제경매 절차를 개시하여 주시기 바랍니다.

첨 부 서 류

1. 집행력 있는 정본 1통
2. 송달증명서 1통
3. 부동산 등기사항전부증명서 1통

20 년 월 일

위 채권자 (인)
(전화번호)

○○법원 귀중

주) 이 신청서를 접수할 때에는 (신청서상의 이해관계인+3)×10회분에 해당하는 송달료를 송달료 수납은행에 현금으로 납부하여야 합니다.

↘ **경매개시 결정 전에 이미 채무자가 사망한 경우**

구 분	내 용
강제경매	상속인에 대하여 강제집행의 요건을 구비한 후에 강제집행을 해야 하므로 승계집행문을 부여받아 경매신청을 한다.
임의경매	저당권설정등기 후 경매신청 전에 채무자 · 소유자가 사망한 경우에는 그 상속인을 채무자 · 소유자로 표시해야 한다.

경매절차의 개시

경매신청권자에 의한 경매신청서가 제출되면 관할법원에서는 접수시 신청서의 기재사항이나 첨부서류가 법정의 요건을 구비하고 있는지, 소정의 인지가 첩부되어 있는지 여부를 검토하여 그 흠결이 있으면 보정을 명하는데, 접수된 신청서는 민사집행사건부에 등록되고 사건번호가 부여된다.

경매신청서의 심사

심리의 결과 신청이 적합하면 경매개시 결정을 하고, 경매신청에 흠결이 있는 경우에 그 흠결이 보정할 수 있는 때에는 보정을 명하고 그 흠결이 보정할 수 없는 것일 때에는 결정으로 신청을 각하하며, 경매개시결정을 각하하는 재판에 대하여는 즉시항고할 수 있다.

↘ **심리 · 조사할 사항**

구 분	내 용
일반적인 검토사항	▪관할법원 확인 ▪인지 첩부의 적정 여부 확인 ▪중복사선 심사 ▪부동산 목록이 등기부의 표제부와 일치하는지의 여부 확인

구 분	내 용
강제경매 신청시 검토사항	■ 집행권원의 집행문 확인 ■ 집행권원의 송달증명 확인 ■ 승계집행문이 부여된 경우 집행문과 승계증명서등본의 송달증명 확인
임의경매 신청시 검토사항	■ 등기부상 담보권자인지의 확인 ■ 담보권의 존재를 증명하는 서류

경매개시 결정

집행법원은 경매신청에 대하여 심사한 결과 그 신청이 적법하다고 인정되면 경매개시 결정을 한다.

시효중단의 효력

압류의 효력이 생기면 경매신청시로 소급하여 집행채권에 대하여 소멸시효중단의 효력이 생긴다.

SECTION 02

경매절차 바로 알기!

법원경매절차는 집행관의 현황조사보고서 작성, 감정평가사의 감정평가서 작성, 물건자료의 열람, 경매기일에서의 입찰절차, 매각 이후의 소유권이전등기절차등으로 나누어진다.

매각의 실시

매각물건명세서 등의 열람

집행관은 기일입찰 또는 호가경매의 방법에 의한 매각기일에는 매각물건명세서 · 현황조사보고서 및 평가서의 사본을 볼 수 있게 하여야 한다.

법원은 부동산의 표시, 부동산의 점유자와 점유의 권원, 점유할 수 있는 기간, 차임 또는 보증금에 관한 관계인의 진술, 등기된 부동산에 관한 권리 또는 가처분으로서 매각으로 효력을 잃지 아니하는 것, 매각에 따라 설정된 것으로 보게 되는 지상권의 개요 등을 기재한 매각물건명세서를 작성하고, 이를 매각기일의 1주일 전까지 법원에 비치하여 누구든지 볼 수 있도록 작성해 놓은 것이다.

❶ **현황조사보고서**

법원은 경매개시결정을 한 후 지체없이 집행관에게 부동산의 현상, 점유관계, 차임 또는 임대차보증금의 수액 기타 현황에 관하여 조사할 것을 명하는데, 현황조사보고서는 집행관이 그 조사내용을 집행법원에 보고하기 위하여 작성한 문서이다.

❷ **감정평가서**

집행법원은 감정인으로 하여금 부동산을 평가하게 하고 그 평가액을 참작하여 최저매각가격을 정한다. 이때 감정인의 평가액을 그대로 최저매각가격으로 정하여야 하는 것은 아니지만 실무에서는 대부분 감정인의 평가액을 그대로 최저매각가격으로 정하고 있다. 감정평가서에는 최소한 감정가격의 결정을 뒷받침하고 응찰자의 이해를 도울 수 있도록 감정가격을 산출한 근거를 밝히고 평가요항(要項), 위치도, 지적도, 사진 등을 첨부하여야 한다. 그리고 매각기일 1주일 전부터 매각물건명세서에 첨부하여 일반인의 열람이 가능하도록 비치하게 되어 있다.

특별매각조건의 고지

특별한 매각조건이 있는 때에는 이를 고지하며, 법원이 정한 매각방법에 따라 매수가격을 신고하도록 최고하여야 한다.

물건자료 열람

해당 경매부동산에 대한 법원기록은 민사신청과와 대법원 법원경매 정보에서 열람할 수 있으며 매각 7일 전부터 해당 법원 민사신청과나 인터넷을 통해서 볼 수 있다. 꼭 열람하여야 할 기록은 매각물건명세서, 현황조사서, 감정평가서이다.

주목해야 할 것은 매각기일 7일 전 열람하는 것과 매각당일 열람하는 것이 민사집행법의 제정으로 동일하지만 매각당일은 집행법원이 혼잡할 수 있으므로 7일 전 열람을 이용하면 미리 시간을 갖고 충분히 조사할 수 있으므로 이를 잘 활용하여야 할 것이다.

↘ **새매각, 재매각**

구 분	내 용
새매각	경매를 기일에 실시하였으나 매수인이 결정되지 않았기 때문에 다시 기일을 지정하는 경매를 말한다.
재매각	경매기일에 매각허가결정이 확정되어 매수인이 결정되었음에도 불구하고 대금을 지급하지 않은 경우 새로운 기일을 지정하여 실시하는 경매를 말한다.

매각대금의 지급

매수인은 매각허가결정 확정 후에 대금지급기한까지 매각대금을 지급하여야 한다.

❶ 대금지급기일의 지정

대금지급기한은 매각허가결정이 확정된 날부터 1월 안의 날로 정하여야 하는데, 다만, 경매사건기록이 상소법원에 있는 때에는 그 기록을 송부받은 날부터 1월 안의 날로 정하여야 한다.

❷ 대금지급기한의 통지

매각허가결정이 확정되면 법원은 대금의 지급기한을 정하고, 이를 매수인과 차순위매수신고인에게 통지하여야 한다.

매수인이 대금지급기한까지 대금을 지급하지 못하면 매수인은 매수인으로서의 지위를 상실하고 매수신청의 보증금을 반환받지 못하며 재매각에 다시 매수신청을 할 수 없다.

이해관계인이나 배당을 요구한 채권자에게는 통지할 필요가 없다.

소유권이전등기의 촉탁

소유권 취득시기

매수인은 매각대금을 다 낸 때에 매각의 목적인 권리를 취득한다.

경매절차의 하자와 소유권 취득 여부

❶ 경매절차의 하자

무효인 공정증서상에 집행채무자로 표시된 자가 그 공정증서를 집행권원으로 한 경매절차가 진행되고 있는 동안에 공정증서의 무효를 주장하여 경매절차를 저지할 수 있었음에도 불구하고 그러한 주장을 일체 하지 않고 이를 방치하였을 뿐 아니라 오히려 공정증서가 유효임을 전제로 변제를 주장하여 경락허가결정에 대한 항고절차를 취하였고 경락허가결정 확정 후에 경락대금까지 배당받았다면 특별한 사정이 없는 한 집행채무자로 표시된 자는 경락인에 대하여 그 공정증서가 유효하다는 신뢰를 부여한 것으로서, 객관적으로 보아 경락인으로서는 이와 같은 신뢰를 갖는 것이 상당하다고 할 것이므로 그 후 집행채무자로 표시된 자가 경락인에 대하여 공정증서의 무효임을 이유로 이에 기하여 이루어진 강제경매도 무효라고 주장하는 것은 금반언 및 신의칙에 위반되는 것이라고 보아야 한다(1992.7.28. 선고 92다7726 소유권이전등기말소).

❷ 집행권원의 하자

집행권원이 무효인 경우에는 매수인이 대금을 납부하더라도 소유권을 취득할 수 없다. 공정증서가 집행권원으로서 집행력을 가질 수 있도록 하는 집행인낙의 표시는 공증인에 대한 소송행위이므로 무권대리인의 촉탁에 의하여 공정증서가 작성된 경우 집행권원으로서의 효력이 없다(2001.2.23. 선고 2000다45303 청구이의 · 약속어음금).

Part 11

촉탁의 시기

매각대금이 지급되면 법원사무관 등은 바로 매각허가결정의 등본을 붙여서 매수인 앞으로 소유권을 이전하는 등기, 매수인이 인수하지 아니한 부동산의 부담에 관한 기입을 말소하는 등기, 경매개시결정등기를 말소하는 등기를 촉탁하여야 한다.

부동산 인도명령

법원은 매수인이 대금을 낸 뒤 6월 이내에 신청하면 채무자·소유자 또는 부동산 점유자에 대하여 부동산을 매수인에게 인도하도록 명할 수 있고, 법원은 매수인 또는 채권자가 신청하면 매각허가가 결정된 뒤 인도할 때까지 관리인에게 부동산을 관리하게 할 것을 명할 수 있다.

❶ 인도명령 프로세스

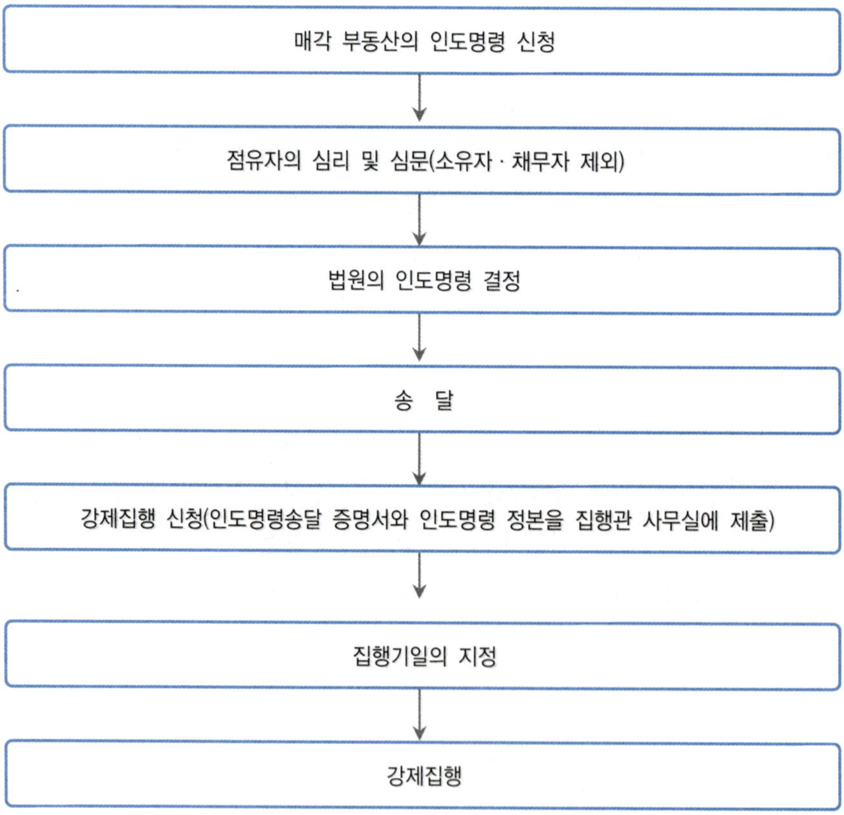

❷ 인도명령 목적

- 인도명령이란 현재 점유하고 있는 부동산의 권리를 매수인에게 인도하라는 법원의 명령을 말한다.
- 매수인이 매각대금을 납부 후 6월 이내에 대항력이 없는 점유자에 대하여 인도명령을 신청할 경우에 법원은 인도명령을 하게 되는데, 이는 매수인으로 하여금 부동산을 신속하게 명도받게 하기 위한 제도이다.
- 민사집행법이 시행되기 전에는 대항력이 없는 점유자라도 경매개시결정 기일등기 전이라면 명도소송의 대상이 되었으나, 개정된 민사소송법하에서는 말소기준권리 이후의 대항력 없는 점유자는 모두 인도명령의 대상이 된다.

❸ 신청권자

신청권자는 매수인과 매수인의 일반 승계인(상속인 · 회사합병)이다.

❹ 상대방

인도명령의 대상이 되는 상대방은 재무자 · 소유자 또는 점유자이며, 채무 자 · 소유자의 일반 승계인(상속인 등)도 포함한다.

- 채무자 : 경매개시결정시에 표시된 채무자를 말하고, 채무자의 일반 승계인도 포함된다.
- 소유자 : 경매개시결정 당시의 소유명의인을 말하며, 소유자와 동거하는 가족, 점유보조자 등은 그 점유의 독립성이 없기 때문에 소유자와 동일하게 취급하여 인도명령의 대상이 된다.
- 부동산점유자 : 부동산을 현실적으로 점유하는 직접점유자를 말한다. 말소기준권리 이후의 대상을 말하는데 매수인에게 정당한 권한을 가진 자, 즉 대항력 있는 임차권 · 지상권 · 유치권 · 법정지상권 등은 인도명령의 대상이 되지 않는다.

❺ 신청방법

- 인도명령의 신청은 서면 또는 말로 할 수 있다.
- 신청의 기한은 매각대금을 납입한 뒤 6개월 이내에 신청하여야 한다.
- 매각잔금 납부일로부터 6개월이 지난 경우에는 인도명령 신청의 대상이 될 수 없고 명도소송의 대상이 된다.

명도소송

명도소송이란 현재 점유자를 본안소송을 통해서 승소가 되면 내보내는 것을 목적으로 한다.

명도소송은 본안소송을 통해 판결을 받아 목적물을 인도받는다.

인도명령은 본안소송을 하지 않고 신청절차를 거쳐 강제집행을 하기 때문에 통상적으로 소요기간이 2~3주 정도 걸리는 데 비하여 명도소송의 경우에는 본안판결에 의하여 강제집행을 실시하므로 약 6개월 이상 소요된다.

명도소송을 제기하기 전에 부동산의 인도 및 명도청구권을 보전할 목적으로 하는 '점유이전금지가처분'부터 해야 한다. 그 이유는 명도소송을 제기하여 명도판결(본안판결)을 받더라도 그 소송 도중에 점유자가 바뀌게 된다면 명도집행을 할 수 없게 되고 새로운 점유자를 상대로 또다시 소송을 해야 하기 때문이다.

❶ 명도소송 프로세스

명도소송의 소장 제출

↓

1차 변론기일(통상 소장제출일로부터 4~5주 후에 지정)

↓

2차 변론기일(1차 변론기일부터 4~5주 후에 지정)

↓

판결정본 송달(선고일로부터 2주 후에 원 · 피고에게 송달)

↓

판결확정(판결문 송달일로부터 2주일 이내에 항소가 없으면 확정됨)

↓

강제인도 집행(판결문에 집행문 부여를 받고 송달증명을 발부받아
관할법원 집행관 사무소에 신청함)

❷ 명도소송의 목적

- 명도소송이란 현재 점유자를 본안소송을 통해서 승소가 되면 내보내는 것을 목적으로 한다.
- 명도소송은 본안소송을 통해 판결을 받아 목적물을 인도받는다.
- 인도명령은 본안소송을 하지 않고 신청절차를 거쳐 강제집행을 하기 때문에 통상적으로 소요기간이 2~3주 정도 걸리는 데 비하여 명도소송의 경우에는 본안판결에 의하여 강제집행을 실시하므로 약 6개월 이상 소요된다.
- 명도소송을 제기하기 전에 부동산의 인도 및 명도청구권을 보전할 목적으로 하는 '점유이전금지가처분'부터 해야 한다. 그 이유는 명도소송을 제기하여 명도판결(본안판결)을 받더라도 그 소송 도중에 점유자가 바뀌게 된다면 명도집행을 할 수 없게 되고 새로운 점유자를 상대로 또다시 소송을 해야 한다.

❸ 명도소송의 상대방

- 명도소송은 그 목적물을 현재 점유하고 있는 사람을 상대로 해야 한다.
- 인도명령 대상자로서 매각대금 납부 후 6개월이 지난 경우
- 임대차계약서나 사업자등록상의 명의인이 아닌 다른 제3자가 점유하고 있는 경우 제3자를 점유자로 함께 명도소송의 피고로 하여 소송을 제기하여야 한다.

❹ 명도소송을 제기할 때 첨부되는 서류

- 대항력 있는 임차인이 목적 부동산의 경매로 존속기간에 대한 권리가 상실 되었다는 사실
- 상대방이 정당한 권한 없이 불법으로 점유하고 있다는 사실
- 점유권한이 없는 자로부터 양도받아 점유하고 있다는 사실

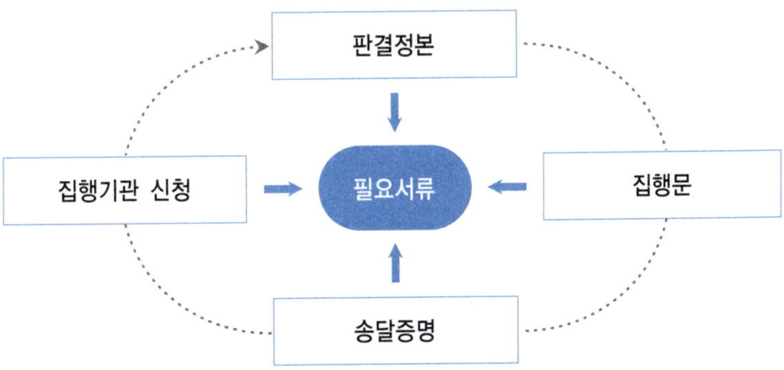

⑤ 부동산의 일부가 명도대상일 때에는 목적물을 명확하게 특정해야 한다

- 부동산의 전부가 명도대상일 때에는 특정해 줄 필요가 없다.
- 1개 층 건물의 일부만을 명도청구한 때에는 반드시 위치와 면적을 특정한 후에 청구하여야 한다.
- 건물의 일부분이 명도대상일 때 특정해 주지 않는다면 후에 명도판결에 따른 강제집행시에 분쟁이 발생할 수 있다.

⑥ 첨부서류

- 매각대금을 납부한 영수증
- 점유하고 있는 상대방의 주민등록등본
- 임대차계약서

SECTION 03 배당절차 이해하기!

배당절차란 경매절차에서 채권자가 경매절차에 참가하여 채권을 변제받기 위하여 신청하는 절차이다. 배당절차에서는 채권자로서 당연히 배당에 참가하는 채권자와 배당요구가 필요한 채권자로 분류된다.

배당요구를 할 수 있는 채권자는 다음과 같다.

❶ 배당요구를 하지 않아도 배당에 참가할 수 있는 자

- 배당요구의 종기까지 경매신청을 한 압류채권자
- 배당요구의 종기까지 배당요구를 한 채권자
- 첫 경매개시결정등기 전에 등기된 가압류채권자
- 저당권 · 전세권, 그 밖의 우선변제청구권으로서 첫 경매개시결정등기 전에 등기되었고 매각으로 소멸하는 것을 가진 채권자

❷ 배당요구가 필요한 채권자

배당요구할 수 있는 채권자는 집행력 있는 정본을 가진 채권자, 경매개시결정이 등기된 뒤에 가압류를 한 채권자, 민법 · 상법 그밖의 법률에 의하여 우선변제청구권이 있는 채권자에 한한다.

배당요구시 제출하여야 할 서류

구 분	첨부서류
집행권원	집행력 있는 정본
가압류권자	가압류 결정등본+등기부등본
주택임차인	임대차계약서+주민등록등본
근로기준법에 의한 근로자	■ 근로감독관청의 확인서 ■ 회사장부 ■ 관할세무서 증빙서류 등

배당요구 이해하기

배당요구의 방식

배당요구는 채권(이자, 비용, 그 밖의 부대채권을 포함)의 원인과 액수를 적은 서면으로 하여야 하고 배당요구서에는 집행력 있는 정본 또는 그 사본, 그 밖에 배당요구의 자격을 소명하는 서면을 붙여야 하며, 배당요구서는 법원이 정한 배당요구의 종기까지 제출되어야 한다.

배당요구의 시기

❶ 시기

채무자에 대한 경매개시결정 송달시와 경매개시결정등기시 중 먼저 도래한 때이다.

❷ 종기

집행법원은 배당요구를 할 수 있는 종기를 첫 매각기일 이전으로 정한다.

배당요구를 할 수 있는 채권

- 집행채무자에 대한 채권일 것
- 이행기가 도래한 채권일 것

계산서의 제출

배당기일이 정하여진 때에는 법원사무관 등은 각 채권자에 대하여 채권의 원금 · 배당기일까지의 이자, 그 밖의 부대채권 및 집행비용을 적은 계산서를 1주 안에 법원에 제출할 것을 최고한다.

채 권 계 산 서

채 권 자　　　홍 길 동
채 무 자　　　나 대 로
배당요구채권자　김 갑 동

위 채권자, 채무자간의 ㅇㅇ타ㅇㅇ 부동산강제경매사건에 대하여 위 배당요구채권자의 배당을 요구할 수 있는 채권을 계산하면 아래와 같습니다.

금 ㅇㅇㅇ원　20ㅇㅇ년 ㅇ월 ㅇ일 대부원금
금 ㅇㅇㅇ원　20ㅇㅇ년 ㅇ월 ㅇ일부터 동년 ㅇ월 ㅇ일까지
　　　　　　연 15%에 의한 이자
금 ㅇㅇㅇ원　20ㅇㅇ년 ㅇ월 ㅇ일 ㅇ부 소송비용액확정결정에 기한 소송비용액
금 ㅇㅇㅇ원 집행비용

내　　역

금 ㅇㅇㅇ원　집행문부여신청서첩부인지대
금 ㅇㅇㅇ원　동상신청을 위한 출석일당
금 ㅇㅇㅇ원　동상여비
금 ㅇㅇㅇ원　소송비용액확정결정신청서에 첩부하는 인지대
금 ㅇㅇㅇ원　동상송달료
이상 합계금 ㅇㅇㅇ원

20ㅇㅇ. ㅇ. ㅇ.

위 배당요구 채권자　김 갑 동　㊞

ㅇㅇ지방법원　귀중

↘ 배당받을 채권자

구 분	내 용
배당요구의 종기까지 경매신청을 한 압류채권자	배당요구의 종기는 첫 경매개시결정에 따른 압류의 효력이 발생한 때이다. 압류채권자가 배당받을 금액은 배당요구의 종기까지 적법하게 청구된 채권의 원금과 이자 및 집행비용이다.
배당요구의 종기까지 배당요구를 한 채권	
첫 경매개시결정등기 전에 등기된 가압류채권자	
저당권 · 전세권, 그밖의 우선변제청구권으로서 첫 경매개시결정등기 전에 등기되었고 매각으로 소멸하는 것을 가진 채권자	
저당권의 피담보채권	저당권은 원본, 이자, 위약금, 채무불이행으로 인한 손해배상 및 저당권의 실행비용을 담보한다.
근저당권의 피담보채권	근저당권이 담보하는 채권의 범위는 등기된 채권최고액을 한도로 하여 그 결산기에 현실적으로 존재하는 채권액의 전부에 미친다.
가등기담보권의 피담보채권	가등기담보권자가 채권신고를 한 경우에는 민사집행법 제84조의 채권신고서를 제출한 효과가 있고 그 순위에 따라서 우선적으로 매각대금에서 배당받을 수 있다.

담보가등기가 경료된 부동산에 대하여 경매 등이 개시된 경우에 담보가등기권리자는 다른 채권자보다 자기채권의 우선변제를 받을 권리가 있다. 이 경우 그 순위에 관하여는 그 담보가등기권리를 저당권으로 보고, 그 담보가등기가 경료된 때에 그 저당권의 설정등기가 행하여진 것으로 본다.

배당집행, 난 몇 순위?

경매집행비용

❶ 1순위 : 경매준비 및 그 실행을 위하여 소요된 비용

❷ 2순위 : 경매부동산의 필요비와 유익비

❸ 3순위 : 경매부동산의 제3취득자가 그 부동산의 보존, 개량을 위하여 지출한 필요비 및 유익비

❹ 4순위 : 주택임차보증금 중 일정액 · 근로자의 최종 3개월분 임금, 최종 3년간 퇴직금, 재해보상금

임차보증금	① 주택임차인의 소액보증금의 범위(2021년 5월 11일 개정) 서울특별시 : 1억 5천 만 원 이하의 임차인 중 5천 만 원 ▪수도권정비계획법에 의한 과밀억제권역(서울특별시는 제외함) : 1억 3천만원 이하의 임차인 중 4,300만원 ▪광역시(수도권정비계획법에 따른 과밀억제권역에 포함된 지역과 군지역은 제외함), 안산시, 용인시, 김포시 및 광주시 : 7천 만 원 이하의 임차인 중 2,300만 원 ▪그 밖의 지역 : 6천 만 원 이하의 임차인 중 2천 만 원 ② 상가건물임차인의 소액보증금의 범위 서울특별시 : 6천5백만원 이하의 임차인 중 2,200만원 ▪수도권정비계획법에 의한 과밀억제권역(서울특별시는 제외함) : 5천5백만원 이하의 임차인 중 1,900만원 ▪광역시(수도권정비계획법에 따른 과밀억제권역에 포함된 지역과 군지역은 제외함), 안산시, 용인시, 김포시 및 광주시 : 3천8백만원 이하의 임차인 중 1,300만원 ▪그 밖의 지역 : 3천만원 이하의 임차인 중 1,000만원
임금채권 우선변제	근로자의 최종 3월분의 임금에 대한 우선특권은 사용자의 총재산에 대하여 일반 담보물권의 효력을 일부 제한하고 임금채권을 우선변제받을 수 있는 권리로서 근로자의 최저생활을 보장하고자 하는 공익적 요청에서 나온 규정이므로 이에 의하여 보호되는 임금채권의 범위는 퇴직의 시기를 묻지 아니하고 사용자로부터 지급받지 못한 최종 3월분의 임금을 말하고, 반드시 사용자의 도산 등 사업폐지시로부터 소급하여 3월 내에 퇴직한 근로자의 임금채권에 한정하여 보호하는 취지라고 볼 수 없다(1996.2.23. 선고 95다48650 배당이의).

⑤ 5순위 : 당해 부동산에 부과된 국세와 가산금(당해세)

당해세의 목적	국세 · 가산금 또는 체납처분비는 다른 공과금 기타의 채권에 우선하여 징수한다. 당해세의 기본목적은 담보물권과 관련하여 거래의 안전을 보장하려는 사법적(私法的) 요청과 조세채권의 실현을 확보하려는 공익적 요청을 적절하게 조화시키려는 데 그 입법취지가 있으므로 당해세가 담보물권에 의하여 담보되는 채권에 우선한다고 하더라도 이로써 담보물권의 본질적 내용까지 침해되어서는 안된다(2002.2.8. 선고 2001다74018 배당이의).
당해세의 종류	① 국세 : 상속세 · 증여세 · 재평가세, 종합부동산세 상속세에 관해서는 저당권설정자가 그 피담보채권에 우선하여 징수당할 아무런 조세의 체납도 없는 상태에서 사망한 경우에 그 상속인에 대하여 부과한 국세인 상속세는 이를 당해세라 하여 우선징수할 수 없다고 판시하였다(1996.7.12. 선고 96다21058 부당이득금반환). 대법원은 증여세에 관하여 부동산을 매수한 후 증여를 과세대상으로 하여 부과된 증여세 및 그 가산금은 그 부동산 자체에 관하여 부과된 당해세에 해당되고 그 법정기일이 부동산에 관하여 설정된 근저당권설정등기일보다 앞서는지 여부에 관계없이 근저당권이 피담보채권에 우선하여 징수하여야 한다(1999.8.20. 선고 99다6135 배당이의). ② 지방세 : 재산세 · 자동차세 · 종합토지세 · 도시계획세 · 공동시설세, 지방교육세 과세관청이 배당요구를 한 재산세 및 종합토지세가 모두 근저당권의 목적물에 관하여 부과된 당해세이고 그 법정기일(납세고지서 발송일)이 개정된 지방세법 시행 이후라고 하더라도 그 조세채권은 개정된 지방세법 시행 이전에 설정된 근저당권의 피담보채권에 대해서는 우선할 수 없다(1999.3.12. 선고 98다59125 배당이의).

⑥ 6순위 : 국세채권 발생 전의 피담보채권

국세, 지방세의 법정기일 전에 설정등기 또는 등록한 전세권, 질권, 저당권, 가등기담보권, 양도담보권에 의하여 담보된 채권이다.

⑦ 7순위 : 임금채권

임금 · 퇴직금 · 재해보상금 기타 근로관계로 인한 채권은 사용자의 총재산에 대하여 조세 · 공과금 및 다른 채권에 우선하여 변제된다.

그러나 질권 또는 저당권에 의하여 담보된 채권에 대해서는 최종 3개월분 급여, 퇴직금, 재해보상금만 우선하고 질권 또는 저당권에 우선하는 조세 · 공과금에 대하여는 임금채권도 우선하지 못한다.

⑧ 8순위 : 일반조세채권

국세 · 가산금 또는 체납처분비는 다른 공과금 기타의 채권에 우선하여 징수하나, 임대차보호법 · 근로기준법 · 국세기본법에 의하여 국세보다 우선변제되는 소액임차보증금, 임금채권, 피담보채권 등에 대하여는 우선하지 못한다.

⑨ 9순위 : 의료보험료, 국민연금

보험료 등은 국세 및 지방세를 제외한 기타의 채권에 우선하여 징수한다.

의료보험채권, 세금채권 발생 후 등기한 피담보채권과 선(先)가압류의 피담보채권, 조세채권의 납기 이후에 설정등기된 전세권, 질권, 저당권, 가등기담보권, 양도담보권 등과 이러한 피담보설정등기, 등록 전에 가압류된 피담보채권은 동순위로 안분비례(按分比例)로 배당받는다.

⑩ 10순위 : 일반채권자

집행력 있는 정본을 가진 채권자와 경매개시결정 등기 후 가압류한 채권자이다.

배당순위 사례

❶ 저당권 설정 후의 가압류 배당

배당금액	1억원
① 1/5 근저당	5천만원
② 2/5 전세권	3천만원
③ 3/5 가압류	5천만원

배 당
①, ②는 물권으로서 우선순위에 따라서 배당을 받게 되는데 그 순위는 다음과 같다. 1순위 : 근저당 5천만원 배당 2순위 : 전세권자 3천만원 배당 3순위 : 가압류권자인 원고는 2천만원에 대해서 공탁 가압류권자가 집행권원을 제출하면 공탁된 금액을 지급

❷ 가압류 후의 저당권 배당사례

배당금액	2억원
① 1/5 가압류	2억원
② 2/5 근저당	3억원

배 당

가압류권자와 근저당권자가 채권액에 비례하여 배당을 받게 된다.

① 가압류권자의 배당액

$$2억원 \times \frac{2억원}{(2억원+3억원)} = 8천만원$$

② 근저당권자의 배당액

$$2억원 \times \frac{3억원}{(2억원+3억원)} = 1억2천만원$$

가압류권자

가압류등기 이후 근저당권자

➡ 채권액에 비례하여 배당

❸ 임차인에 대한 배당사례

배당금액	2억원
① 1/5 근저당	5천만원
② 2/5 임차인 (확정일자)	5천만원
③ 3/5 가압류	5천만원
④ 4/5 임차인 (확정일자 없음)	1억 5천만원
⑤ 5/10 근저당	5천만원
⑥ 6/10 가압류	5천만원

배 딩

1순위 : 근저당 5천만원(1/5)

2순위 : 임차인 5천만원(2/5)

* 확정일자를 받아두었다면 채권이 물권화되어 배당에 참가할 수 있다.

3순위 : 가압류권자 3,330만원(3/5)

* 계산 : 1, 2순위 배당금액 1억원을 제외한 1억원에 대해서 배당금을 계산하기 위해서는 안분계산을 한다.

$$1억원 \times \frac{5천만원(가압류금액)}{1억5천만원} = 3,330만원$$

4순위 : 근저당 5천만원(5/10)

5순위 : 가압류권자 16,700,000원(6/10)

* 4/5 임차인은 배당에 참여할 수 없으며 최우선변제요구권에도 해당되지 않는다(전소유자에게 변제를 받아야 함).

❹ 전세권자의 배당요구

전세권자와 저당권자 또는 가등기담보권자 사이의 배당순위는 그 등기의 선후에 의하여 결정된다.

배당금액	1억원
① 1/5 전세권	6천만원
② 2/5 가등기 (담보가등기)	3천만원
③ 3/5 근저당	4천만원

배 당
①, ②, ③은 모두 물권이므로 등기에 기입된 우선순위에 의하여 배당을 받게 된다. 1순위 : 전세권자 6천만원 배당 2순위 : 담보가등기권자 3천만원 배당 3순위 : 근저당권자 1천만원 배당

배당금액	1억원
① 1/5 근저당	6천만원
② 2/5 가등기 (소유권이전청구권가등기)	
③ 3/5 전세권	6천만원

배 당
1순위 : 근저당권자 6천만원 2순위 : 전세권자 4천만원 (배당받지 못한 2천만원에 대해서는 전세권설정자에게 청구하여 회수) * 2/5 가등기는 소유권이전을 받을 목적으로 하는 가등기로서 배당요구 신청을 하지 않아서 배당에서 제외되며 경락인수되지 않고 말소되는 등기이다.

잉여금의 처리

배당받을 수 있는 각 채권자의 채권에 배당하고도 남은 잉여금이 있을 경우에는 소유자에게 지급하여야 한다.

다만, 소유자의 잉여금채권이 다른 채권자에 의하여 압류·가압류된 경우에는 소유자에게 지급할 수 없다.

배당기일의 지정과 통지는? 그리고 작성법은?

❶ 배당기일의 지정

매수인이 매각대금을 지급하면 법원은 배당에 관한 진술 및 배당을 실시할 기일을 정하여야 한다.

❷ 배당기일의 통지

법원은 배당기일을 정하고 이해관계인과 배당을 요구한 채권자에게 이를 통지하여야 한다.

❸ 배당표의 작성

법원은 채권자와 채무자에게 보여주기 위하여 배당기일의 3일 전에 배당표원안을 작성하여 법원에 비치하고 출석한 이해관계인과 배당을 요구한 채권자를 심문하여 배당표를 확정한다.

배당표의 기재사항

- 배당표에는 매각대금, 채권자의 채권의 원금 · 이자 · 비용, 배당의 순위와 배당의 비율을 적는다.
- 출석한 이해관계인과 배당을 요구한 채권자가 합의한 때에는 이에 따라 배당표를 작성한다.

ㅇㅇ지방법원

배 당 표

20 타경 부동산강제(임의)경매

<table>
<tr><td colspan="2">배당할금액(①)</td><td colspan="3">금 원</td></tr>
<tr><td rowspan="5">명세</td><td>매각대금</td><td colspan="3">금 원</td></tr>
<tr><td>지연이자</td><td colspan="3">금 원</td></tr>
<tr><td>항고보증금</td><td colspan="3">금 원</td></tr>
<tr><td>전매수인의 매수신청보증금</td><td colspan="3">금 원</td></tr>
<tr><td>보증금등이자</td><td colspan="3">금 원</td></tr>
<tr><td colspan="2">집행비용(②)</td><td colspan="3">금 원</td></tr>
<tr><td colspan="2">실제 배당할 금액(①－②)</td><td colspan="3">금 원</td></tr>
<tr><td colspan="2">매각부동산</td><td colspan="3"></td></tr>
<tr><td colspan="2">채권자</td><td colspan="3"></td></tr>
<tr><td rowspan="4">채권금액</td><td>원금</td><td>원</td><td>원</td><td>원</td></tr>
<tr><td>이자</td><td>원</td><td>원</td><td>원</td></tr>
<tr><td>비용</td><td>원</td><td>원</td><td>원</td></tr>
<tr><td>계</td><td>원</td><td>원</td><td>원</td></tr>
<tr><td colspan="2">배당순위</td><td></td><td></td><td></td></tr>
<tr><td colspan="2">이유</td><td></td><td></td><td></td></tr>
<tr><td colspan="2">채권최고액</td><td>원</td><td>원</td><td>원</td></tr>
<tr><td colspan="2">배당액</td><td>원</td><td>원</td><td>원</td></tr>
<tr><td colspan="2">잔여액</td><td>원</td><td>원</td><td>원</td></tr>
<tr><td colspan="2">배당비율</td><td>원</td><td>원</td><td>원</td></tr>
<tr><td colspan="2">공탁번호
(공탁일)</td><td>년 금제 호
(. . .)</td><td>년 금제 호
(. . .)</td><td>년 금제 호
(. . .)</td></tr>
<tr><td colspan="5">. . .
판사 (인)</td></tr>
</table>

배당이의

기일에 출석한 채무자는 채권자의 채권 또는 그 채권의 순위에 대하여 이의할 수 있으며, 채무자는 법원에 배당표원안이 비치된 이후 배당기일이 끝날 때까지 채권자의 채권 또는 그 채권의 순위에 대하여 서면으로 이의할 수 있고, 기일에 출석한 채권자는 자기의 이해에 관계되는 범위 안에서는 다른 채권자를 상대로 그의 채권 또는 그 채권의 순위에 대하여 이의할 수 있다.

그러나 기일에 출석하지 아니한 채권자는 배당표와 같이 배당을 실시하는 데에 동의한 것으로 보고, 기일에 출석하지 아니한 채권자가 다른 채권자가 제기한 이의에 관계된 때에는 그 채권자는 이의를 정당하다고 인정하지 아니한 것으로 본다.

❶ 배당이의의 소

집행력 있는 집행권원의 정본을 가지지 아니한 채권자에 대하여 이의한 채무자와 다른 채권자에 대하여 이의한 채권자는 배당이의의 소를 제기하여야 하고, 집행력 있는 집행권원의 정본을 가진 채권자에 대하여 이의한 채무자는 청구이의의 소를 제기할 수 있다.

❷ 소의 관할

배당이의의 소는 배당을 실시한 집행법원이 속한 지방법원의 관할로 한다. 다만, 소송물이 단독판사의 관할에 속하지 아니할 경우에는 지방법원의 합의부가 이를 관할하고, 여러 개의 배당이의의 소가 제기된 경우에 한 개의 소를 합의부가 관할하는 때에는 그밖의 소도 함께 관할한다.

❸ 판결

배당이의의 소에 대한 판결에서는 배당액에 대한 다툼이 있는 부분에 관하여 배당을 받을 채권자와 그 액수를 정하는데, 이를 정하는 것이 적당하지 아니하다고 인정한 때에는 판결에서 배당표를 다시 만들고 다른 배당절차를 밟도록 명령한다.

❹ 취하간주

이의한 사람이 배당이의의 소의 첫 변론기일에 출석하지 아니한 때에는 소를 취하한 것으로 본다.

SECTION 04 법원경매 입찰하기!

부동산경매 투자 준비

현장답사

- 경매투자에 참가하기 전 반드시 현장답사가 필요하다.
- 처음 방문했을 때 보지 못한 단점을 두 번째 방문에서 찾아낼 수 있다.
- 물건사진과 주변 환경에 대한 사진을 찍어온다.
- 아파트의 경우 베란다 채광방향이 남향인지 동향인지, 복도가 계단식인지 복도식인지 파악한다.
- 현장답사 없이 매수받은 후에 후회한다.

공적장부 확인

❶ 부동산 등기사항전부증명서

- 건물등기사항전부증명서
- 토지등기사항전부증명서
- 아파트, 다세대는 집합건물
- 갑구에서 선순위 가등기, 가처분 확인

❷ 건축물관리대장

- 면적확인
- 소유자 확인
- 불법건축물 유무 파악

③ 토지대장

- 면적 및 지목
- 개별공시지가
- 소유자 확인

④ 임야대장

- 면적 및 지목
- 개별공시지가
- 소유자 확인

⑤ 토지이용계획확인원

- 면적 및 지목
- 제한사항 확인
- 용도지역 확인

경매투자에 따른 수익성 검토

- 물건에 대한 주변시세를 파악한다.
- 경매물건이 시세보다 더 높게 평가되어 나온 경우도 많다.
- 아파트의 경우 시세와 비슷하게 경매되는 물건도 많다.
- 낙찰받은 후에 매각시 지출되는 관련 세금부담비용 등도 고려해 본다.
- 감정적으로 낙찰받지 않도록 주의한다.

Part 11

명도 · 인도시의 문제점 파악

- 매각허가가 확정되고 잔금을 납부하면 소유권이전등기 없이도 소유자로 확정된다.
- 경매대당물건에 거주하고 있는 소유자, 채무자, 세입자에 대한 부분은 법원에서 그 명도를 책임지지 않고 매수인의 책임이다.
- 세입자의 경우 보증금을 받지 못하였다면 인도를 거부하는 일이 있다.
- 법적으로 부담비용이 없는 이사비용 등의 추가비용이 들어갈 수도 있다.

• 인도명령을 신청하여 집행하고 혹은 명도소송을 통하여 집행권원을 받은 후에 집행관 사무소에 신청하여 물건의 점유를 인도받는다.

철저한 권리분석

• 입찰물건명세서상에서 말소기준권리를 파악한다.
• 부동산 등기사항전부증명서를 통해서 확인한다.
• 소유권이전청구권보전가등기, 가처분이 말소기준등기 이전에 등기되어 있다면 주의한다(가등기권자가 배당요구를 하면 배당에 참가하고 말소되는데 만일 선순위 가등기권자가 배당을 요구하지 않았다면 낙찰자가 인수해야 함).
• 부동산 등기사항전부증명서에서 근저당권자, 가압류권자보다 앞선 전세권자가 전세권에 설정된 기한을 남겨둔 상태에서 경매진행시 만약 전세권자가 배당요구를 하였다면 배당을 받고 말소되나 배당을 요구하지 않았다면 매수인이 인수한다.
• 임차인에 대한 권리분석을 철저히 한다.

정확한 입찰서류 작성

• 법원경매에서 입찰일에는 사건번호 및 물건번호를 정확히 기재한다.
• 주소지는 낙찰받은 후에 변경하여 신청하여도 된다.
• 매수보증금을 정확히 제출한다(경매공고시에 특별매각조건이면 보증금을 공고함).
• 매수보증금은 특별매각조건이 없다면 최저매각금액의 10%이다.
• 공동입찰의 경우에는 공동입찰신고서에 입찰자의 성명과 인적사항 및 지분을 기재한다.
• 매수가격란에는 매수받고자 하는 금액을 정확히 기록한다(4억을 쓰려고 했는데 40억원이라고 잘못 표기한 경우도 있음).

매수시 잔금납부 계획

• 매수시를 대비해서 잔금을 마련할 계획을 세운다.
• 약속한 날짜에 대금이 들어오지 않으면 당황스럽다.
• 대출받아서 잔금을 납부하려면 미리 대출조건을 검토해본다.

- 금융권 등에서 경락잔금을 대출해 주는 경우도 있다.
- 잔금을 내지 못했다면, 재매각 기일 3일 전까지 재매각 비용과 납부하지 않은 잔금과 연체이자를 부담하면 소유권을 취득하게 된다.

권리분석은 경매참가의 필수요건

부동산경매에서의 권리분석이란?

부동산경매에서 경매가 완결되면 말소되는 등기가 있고 말소되지 않는 등기나 권리도 있다. 말소되는 등기나 권리는 입찰자가 신경쓸 필요가 없으나, 만일 경매가 완결되었는데도 불구하고 말소되지 않는 등기나 권리가 있다면 그것은 매수인이 인수부담해야 한다. 즉, 그런 물건에 대해서는 입찰을 포기하든지 아니면 그 인수되는 권리만큼 부담분을 제외한 금액으로 입찰해야 하는 것이다.

- 근저당권 또는 가압류된 등기보다 앞선 가처분 또는 가등기
- 근저당권 또는 가압류된 등기보다 앞선 세입자
- 말소기준등기보다 앞선 지상권
- 말소기준등기보다 앞선 전세권 등

권리분석은 누구의 책임인가?

권리분석은 부동산경매에 참가하는 입찰자의 책임이다. 여기서의 책임이란 입찰자 스스로 모든 위험부담을 감수해야 한다는 것이다.

권리분석이 어려운 이유

부동산경매 진행시에 명확한 자료가 제시된 것이 없이 입찰자 스스로 권리분석을 판단하여야 한다는 것이다.

- 부동산 등기사항전부증명서의 권리관계에 대한 판단지식이 부족하다.

- 부동산 등기사항전부증명서에 나타나지 않는 권리관계가 있다(예 : 선순위 임차인, 법정지상권, 분묘기지권, 유치권 등).
- 권리분석에 대한 조언자에 따라서 다른 결과가 나온다.

말소기준등기

경매가 진행되면 매수인에게 인수되지 않고 언제나 말소촉탁등기의 대상이 되어 소멸이 되는 권리의 등기를 말한다. 경매물건의 최고가매수인이 된 후에 매수 잔금을 모두 납부하게 되면 매수인은 소유권을 취득한다. 말소되지 않는 권리는 매수인이 인수해야 하며, 말소되는 권리는 인수하지 않아도 된다.

각 권리별 권리분석

주택임대차보호법의 권리분석

❶ 대항력 있는 선순위 임차인

이는 매수인에게 대항할 수 있는 임차인이며, 임차인이 확정일자를 취득하여 우선변제권까지 가진 경우에는 매수인에게 대항하여 보증금의 반환을 받을 때까지 임대차 관계의 존속을 주장할 수 있는 권리와 매각대금으로부터 보증금을 우선변제받을 권리를 함께 가지게 되며 이 두 권리 중 하나를 선택하여 행사할 수 있다.

❷ 대항력 없는 선순위 임차인

근저당권보다 먼저 주택에 입주하였으나 전입신고, 즉 주민등록을 하지 않아 대항력이 없는 경우에는 매수인에게 대항하지 못하므로 인수되지 않는다.

❸ 소액임차인

대항요건을 갖춘 경우 매각대금의 1/2한도 내에서 보증금 중 일정액을 다른 권리자보다 우선적으로 변제받을 수 있다.

사례

(배당금액 6,000만원)

일자	권리내용	권리자	말소기준 (인수/소멸)	배당
1.10.	임차권 8,000만원 (대항력)	갑	인수	
2.10.	가압류 4,000만원	을	말소기준	26,666,667원
5.20.	임차권 5,000만원 (갑의 확정일자)	갑 배당요구		33,333,333원
11.20.	강제경매신청	을의 가압류채권 지급판결로		

- 가압류권자 을
  6,000만원×4,000만원/(4,000만원+5,000만원)=26,666,667원
- 확정일자부 임차권자 갑
  6,000만원×5,000만원/(4,000만원+5,000만원)=33,333,333원

* 임차권자 갑은 나머지 보증금을 모두 받을 때까지 매수인에게 임차권을 주장할 수 있다. 이때 말소기준등기는 을의 가압류가 된다. 가압류보다 앞선 대항력을 갖춘 임차권자 갑이라 하더라도 확정일자를 부여받은 날짜가 가압류보다 늦은 경우에는 배당에 있어서 가압류가 선순위가 되어 가압류와 안분배당을 한다. 여기에서 임차권자 갑은 대항력이 있는 임차인으로서 매수인에게 경락인수를 주장한다.

부동산가압류 권리분석

가압류는 금전채권이나 금전으로 환산할 수 있는 채권에 대하여 채무자의 재산이 은폐 또는 매각 등으로 없어질 경우를 대비하여 채권자가 강제집행을 보전할 목적으로 채무자의 재산에 대한 처분권을 잠정적으로 빼앗는 집행보전제도이다.

- 부동산 등기사항전부증명서 갑구에 표기된다.
- 경매에 있어서 가압류는 원칙적으로 모두 소멸한다.

❶ 경매진행절차에서의 가압류권자

경매절차에서 가압류권자가 경매를 신청한 경우에는 이해관계인이 된다. 그러나 다른 채권자가 경매를 신청한 경우에는 이해관계인이 아니기 때문에 법원에서는 매각기일을 통보하지 않으며 배당기일만 통보한다.

경매개시결정 기입등기 이전의 가압류권자는 별도로 배당요구를 하지 않아도 등기부상에 기재된 가압류대로 배당요구를 한 것처럼 취급되어 배당된다. 그러나 경매개시결정 이후에 가압류가 설정된 경우에는 배당요구종기일까지 배당요구를 하여야 한다. 그렇지 않으면 배당에서 제외된다.

가압류권자는 경매를 신청할 수 없으며 가압류권자가 경매를 신청하기 위해서는 본안소송을 통해 확정판결을 가지고서 강제경매를 신청할 수 있다.

❷ 가압류는 말소기준권리이다

가압류는 말소기준권리의 하나로 경매가 진행되면 소멸하는 것이 원칙이다.

↘ 사례 1

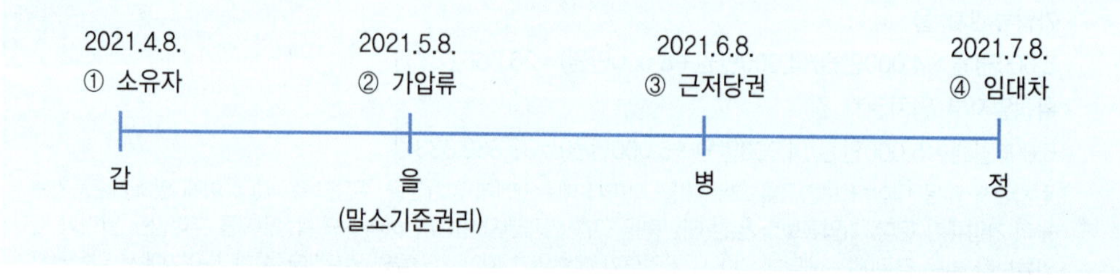

②번 가압류가 말소기준권리가 되기 때문에 가압류 이후에 설정되는 권리는 말소기준권리에 해당이 되든 안되든 상관없이 절대적으로 소멸하는 것이 원칙이다(유치권은 제외).

③번 근저당권은 선순위 가압류에 앞서서 우선변제권을 행사할 수 없다.

❸ 전 소유자의 가압류는 말소되는 것이 원칙이다

민사집행법의 개정 이후 전 소유자에 대한 가압류도 소멸하는 것을 원칙으로 해당 법원에서는 특별매각조건으로 전 소유자의 가압류권자에게도 배당에 참여시켜 말소시키는 것을 원칙으로 하고 있다.

↘ 사례 2

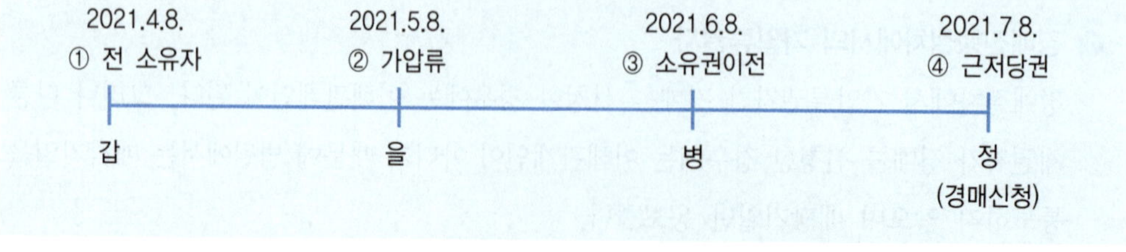

현 소유자 병이 정에게 근저당권을 설정한 후에 정이 경매를 신청한 경우에 말소기준권리는 원칙적으로 을이 된다.

그러나 집행법원에서 전 소유자의 가압류를 인수하는 조건으로 경매를 진행하는 경우가 있는데 집행법원에서 인수주의를 취할 수도 있다고 보며, 그 경우에는 입찰명세서에 가압류를 인수하는 것으로 기재하여 경매를 진행하게 된다.

❹ 전 소유자의 가압류에 앞선 근저당권이 설정된 경우

사례 3

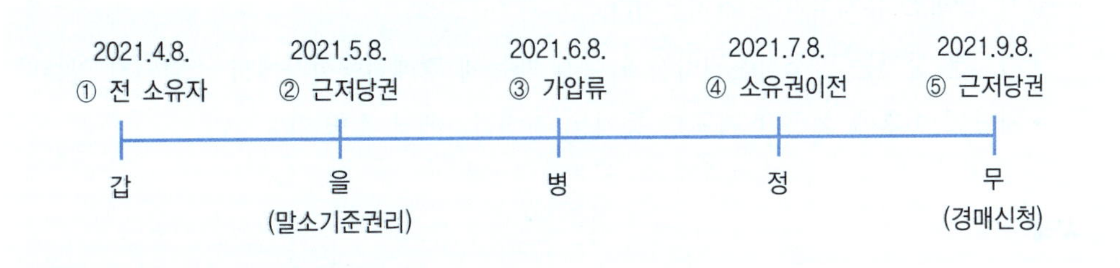

위 사례는 전 소유자로부터 설정된 가압류지만 그 가압류보다 먼저 근저당권이 설정된 경우이다.

말소기준권리는 ②번이며 근저당권 뒤에 있는 ③번 가압류는 말소하게 된다.

❺ 전 소유자의 가압류에 앞선 임차인이 경매를 신청한 경우

사례 4

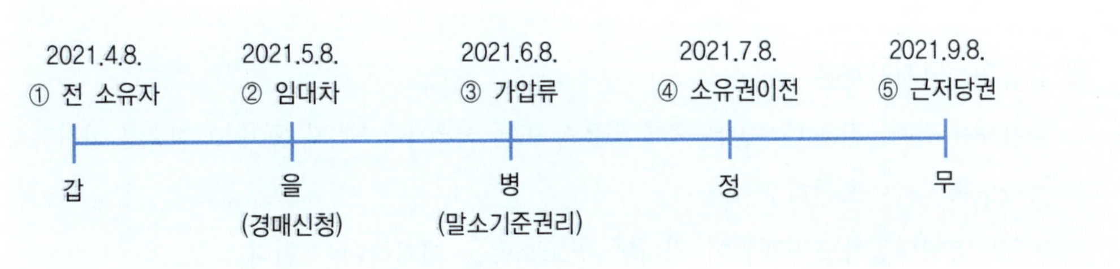

위 사례는 전 소유자의 가압류라 할지라도 임대차가 소멸되기 때문에 임대차 이후에 설정된 가압류도 동시에 소멸된다.

따라서 가압류가 말소기준권리가 되기 때문에 가압류 후에 형성된 권리는 모두 소멸된다.

부동산가처분 권리분석

가처분은 당해 목적물에 관한 현상이 변경되면 당사자가 권리를 실행하지 못하거나 이를 실행하는 것이 매우 곤란할 염려가 있을 경우 또는 그 목적물에 대한 다툼이 있는 권리관계에 대하여 임시의 지위를 정하기 위하여 행해지는 보전처분을 말한다.

❶ 처분금지가처분

처분금지가처분이란 목적 부동산에 대한 가처분 채무자의 소유권이전, 저당권, 전세권, 임차권의 설정 및 기타 일체의 처분행위를 금지시켜 놓고 그 목적 부동산을 가처분 집행 당시 상태로 유지시키는 가처분이다.

- 가처분 등기는 말소기준권리가 아니기 때문에 경매진행절차에서 소멸되지 않는다.
- 저당권 이후에 설정된 가처분 등기는 경매절차에서 소멸된다.

↘ 사례

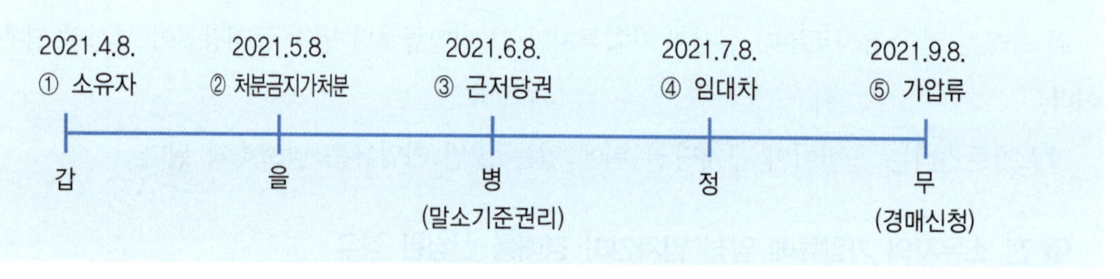

말소기준권리는 ③번 근저당권이므로 ②번 처분금지가처분은 소멸되지 않고 매수인에게 경락인수된다.

❷ 점유이전금지가처분

입찰자가 경매물건을 매수받은 후에 소유자 또는 점유자나 제3자 등이 그 점유를 이전하지 못하도록 하는 보전처분이다.

- 인도명령대상자도 6개월이 지나면 명도소송을 제기하여야 한다.
- 명도소송에서 승소 후에도 점유자가 바뀐다면 명도집행을 할 수 없게 되고 점유자를 상대로 다시 명도소송을 제기하여야 한다.

부동산가등기 권리분석

가등기는 종국등기를 할 수 있는 실체적 또는 절차적 요건이 구비되지 않은 경우에 장래 그 요건이 완비된 후에 할 본등기의 순위를 보전하기 위하여 미리 행하는 예비적등기를 말한다.

가등기에는 소유권이전청구권 보전가등기와 담보가등기가 있다.

❶ 소유권이전청구권 보전가등기

- 부동산매매계약을 체결할 때 장래의 소유권이전등기의 청구권을 보전하기 위하여 하는 가등기
- 선순위로서 배당요구를 한다면 담보가등기로 보아서 배당을 하고 말소된다.
- 선순위가 아닌 상태에서 배당요구를 하지 않는다면 말소의 대상이 된다.
- 만일 선순위 가등기권자가 권리신고를 하지 않아 담보가등기인지 보전가 등기인지 알 수 없는 경우 법원은 일단 보전가등기로 보아 매수인에게 그 부담이 인수될 수 있다는 취지를 입찰물건명세서에 기재한 후 그에 기하여 경매절차를 진행한다.

사례 1

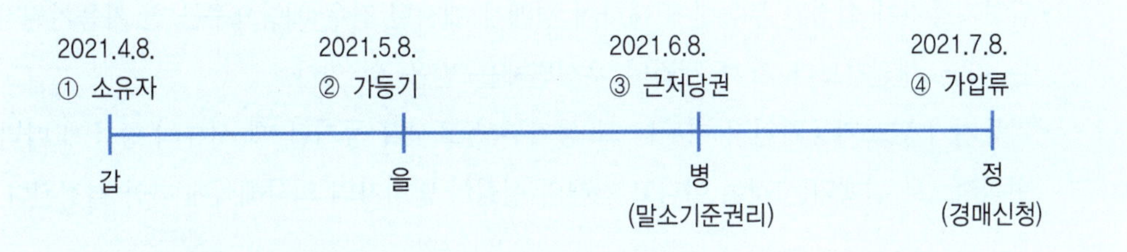

④번 가압류권자가 경매를 신청한 경우 말소기준권리는 ③번 근저당권이다.

이런 경우 ②번 가등기권자가 배당요구를 하지 않고 실체적 등기요건을 갖추어 본등기를 신청하게 되면 매수인은 소유권을 잃게 된다. 나중에 을이 소유권을 취득하게 될 경우가 발생한다.

↘ **사례 2**

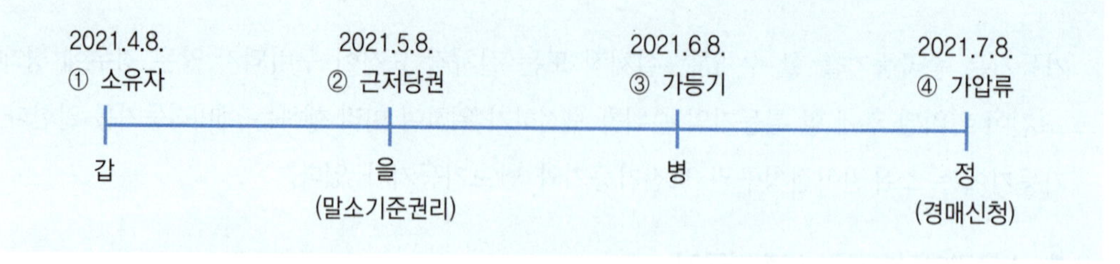

위의 사례는 가등기에 앞서 선순위 근저당권이 설정된 경우이다.

말소기준등기 이후에 설정된 후순위 가등기는 말소된다.

만일, ③번 가등기권자가 ②번 근저당권을 대위변제하게 되면 가등기권자가 소유권을 취득할 수도 있다.

❷ 담보가등기

금전소비대차계약을 체결하면서 정해진 기간 안에 돈을 갚지 않으면 소유권을 넘겨주기로 하는 가등기이다.

- 배당을 받고 말소된다.
- 담보가등기가 설정된 부동산에 대하여 경매가 개시된 경우 배당요구를 한 가등기권자는 다른 채권자보다 자기 채권의 우선변제를 받을 수 있다.
- 가등기가 담보가등기인지 여부는 그 등기부상 표시나 등기할 때 서류의 종류에 따라 형식적으로 진행되는 것이 아니고 거래의 실질과 당사자의 의사해석에 따라 결정된다.

↘ **사례 1**

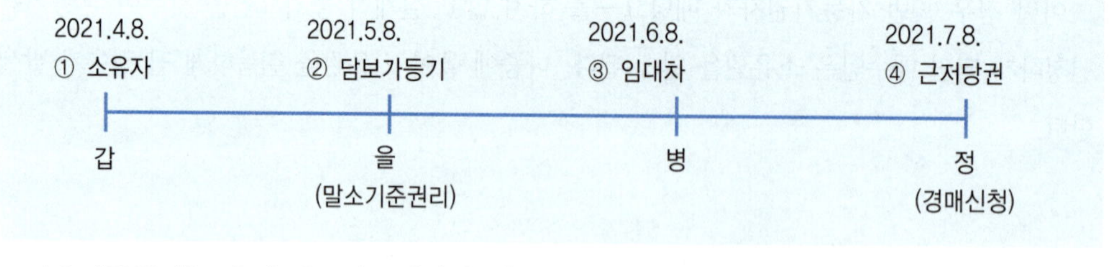

말소기준등기는 ②번 담보가등기이며 뒤에 있는 등기는 모두 말소된다.

②번 담보가등기권자가 배당요구를 신청하였다면 경매참가자는 뒤에 있는 권리를 신경 쓸 필요가 없다.

전세권 권리분석

전세권이란 전세금을 지급하고 타인의 부동산을 그의 용도에 따라 사용·수익한 후 전세권 소멸시에 목적 부동산으로부터 전세금을 우선변제받을 수 있는 권리를 말한다.

부동산 전부사항증명서에 전세권등기가 되어 있으면 전세권이고 그렇지 않은 것은 임차권이라고 보면 된다.

❶ 특징

㉠ 전세권은 선순위의 저당권·압류채권·가압류채권 등에 대항할 수 없으며 존속기간의 만료와 관계없이 매수로 인하여 소멸한다.

㉡ 전세권이 말소기준권리보다 선순위인 경우에는 존속기간의 만료와 관계 없이 매수인이 전세권을 인수해야 한다.

㉢ 존속기간이 만료되지 아니한 전세권의 경우에는 그 전세권 자체가, 그리고 존속기간이 만료한 전세권일 경우에는 그 전세금반환채무가 매수인에게 인수되는 것이다.

㉣ 그러나 원칙적으로 매수인이 인수해야 하는 선순위 전세권이더라도 ① 전세권자가 배당요구를 한 경우 ② 전세권자가 경매신청을 한 경우 등에는 예외적으로 전세권은 매수로 인하여 소멸한다.

㉤ 건물에 대한 전세권자는 건물과 함께 토지가 경락된 경우 그 토지의 매각대금에서는 우선변제를 받지 못하고 건물부분의 경락대금에 대해서만 우선변제를 받는다.
다만, 아파트 등 집합건물의 전유부분에 설정된 전세권의 경우 그 전세권 은 전유부분의 종된 권리인 대지권에 대하여까지 그 효력이 미치므로 대지 및 건물의 매각대금 전부에 대하여 우선변제를 받는다.

❷ 전세권자의 인수와 소멸

㉠ 매수인이 인수해야 하는 경우
저당권이나 가압류 등 말소기준권리보다 먼저 전세권이 설정된 경우에는 그 선순위 전세권자가 배당요구를 하지 않는 한 매수인이 인수한다.

㉡ 매수인이 인수하지 않아도 되는 경우
- 말소기준권리 이후에 전세권이 설정된 경우
- 말소기준권리 이전에 전세권이 설정된 경우로서 전세권자가 배당요구를 한 경우
- 선순위 전세권자가 경매를 신청한 경우

❸ 사례분석

↘ 사례 1 말소기준권리 이후에 전세권이 설정된 경우 전세권은 말소됨

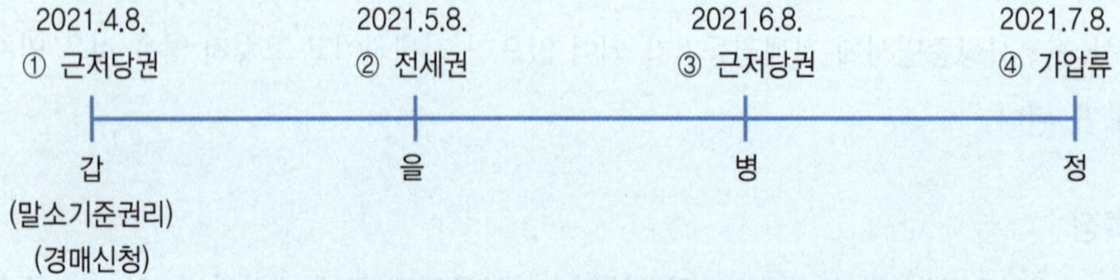

②번 전세권은 말소기준권리인 ①번 근저당권보다 후순위이므로 배당 이후에는 말소된다.
②번 전세권자가 만일 자신의 전세금을 전액 받지 못하였다면 전 소유자에게 받아갈 수 있다.

↘ 사례 2 선순위 전세권자가 경매를 신청한 경우 선순위로서 배당요구한 전세권은 말소됨

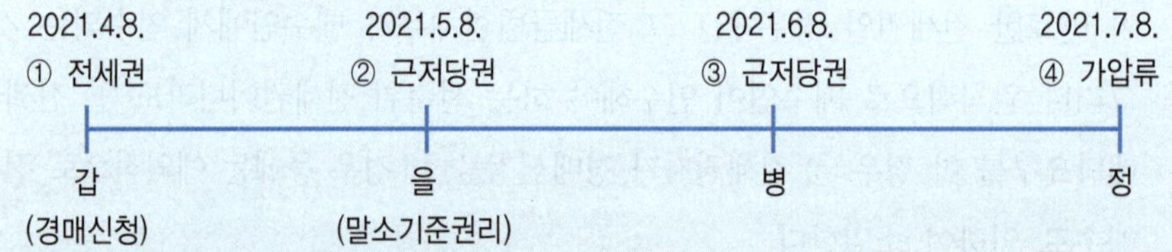

말소기준권리는 ②번 근저당권이고 ①번 전세권자가 경매를 신청한 경우 전세권은 말소된다(매수인은 추가적인 부담을 갖지 않음).

↘ 사례 3 대항력 있는 임차인이 계약 후에 전세권등기를 한 경우

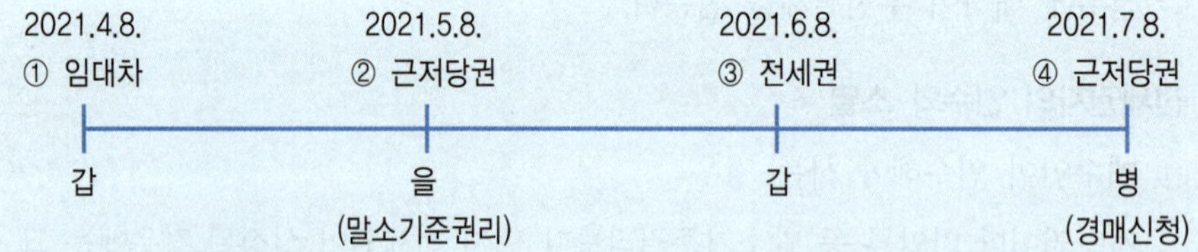

②번 근저당권보다 먼저 대항력을 갖춘 ①번 임차인 갑이 ②번 근저당권 설정 후에 전세권등기를 한 경우에는 전세권등기는 확정일자로서 의미를 갖는다.
대항력만 갖추고 확정일자를 받지 않은 임차인은 매수인에게 전세금을 받아갈 수 있고 전세권을 근거로 배당에 참여할 수도 있다.

↘ 사례 4 계약기간이 끝난 전세권자

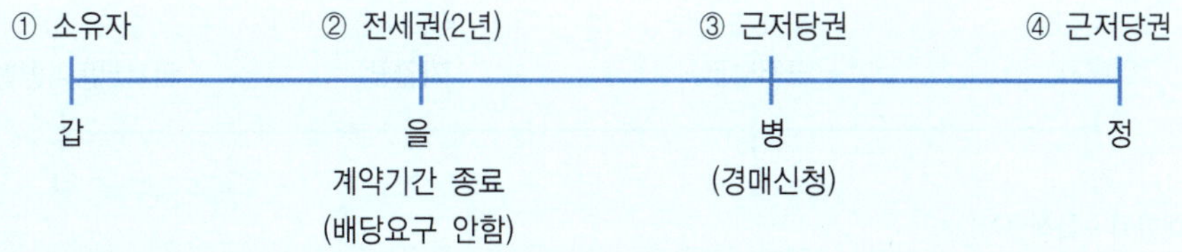

묵시의 계약 갱신으로 인하여 건물에 대한 전세권이 설정된 경우 전세권의 존속만료 전 6개월부터 1월 사이에 갱신여부의 통지를 하지 않은 경우에는 그 계약기간이 종료된 때 전의 전세권과 동일한 조건으로 다시 전세권을 설정한 것으로 본다. 매수인은 을의 전세권을 인수해야 한다.

임차권등기명령 권리분석

주택임대차보호법은 주택의 인도와 주민등록전입신고를 대항요건 및 존속요건으로 규정하고 있기 때문에 임차인이 임대차가 종료된 후 보증금을 반환받지 못한 상태에서 주택에 대한 점유를 상실하거나 주민등록을 전출하게 되면 종전에 취득하였던 대항력 및 우선변제권은 소멸하게 되므로 보증금을 회수하는 것이 사실상 어렵게 된다.

- 임차인은 임대인으로부터 보증금을 반환받을 때까지 또는 임차주택이 경매된 경우에는 매각허가결정 선고시까지 임차주택에의 점유와 주민등록을 계속 유지하지 않으면 안된다.
- 임차인이 임대차가 종료된 후 근무지의 변경이나 자녀의 전학 등으로 주소지를 옮겨야 할 필요성이 있음에도 불구하고 전출을 할 수 없었다.
- 임차권등기명령제도는 대항력과 우선변제권을 유지하면서 임차주택으로부터 자유롭게 이주하거나 주민등록을 전출할 수 있도록 하기 위함이 입법취지이다.
- 임차권등기명령을 신청한 후 전출을 하여도 기존의 대항력 및 우선변제권은 유지된다.
- 일부라도 반환받지 못한 경우를 포함한다.
- 임차권등기명령의 대상은 잔존 보증금에 대해서만 가능하다.
- 임대차가 종료된 후 보증금을 반환받지 못한 임차인만이 임차권등기명령 신청을 할 수 있다.

↘ **사례 1**

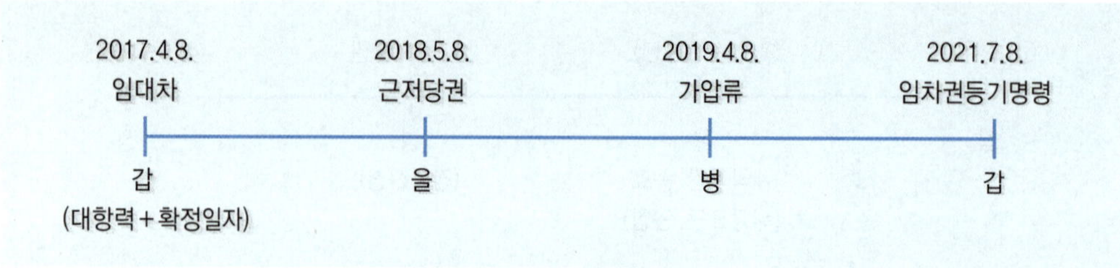

위 사례에서 선순위 임차인이 대항력을 갖춘 후, 후순위 근저당권자나 가압류 이후에 법원의 임차권등기명령에 따른 임차권등기를 하게 되면 주민등록을 다른 곳으로 이전하거나 이사를 가더라도 대항력이나 우선변제권을 상실하지 않는다. 갑이 배당요구를 하였다면 매수인의 추가 부담은 없으나 만일 갑이 배당요구를 하지 않았다면 매수인이 갑의 임대차보증금을 인수해야 한다.

↘ **사례 2**

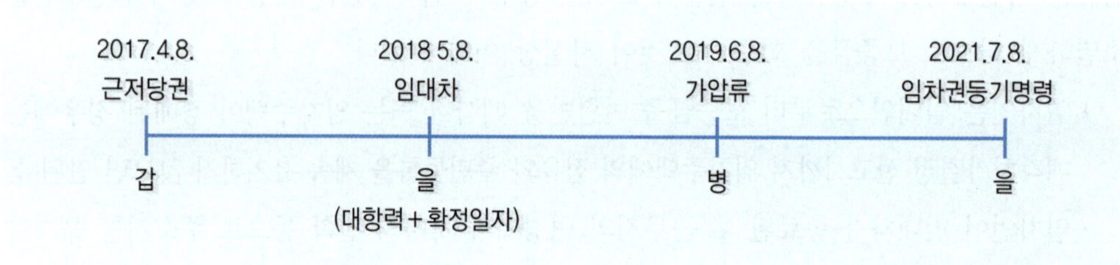

위 사례에서 임차인 을이 임차권등기명령을 해놓았음에도 불구하고 말소기준권리인 2013년 4월 8일 근저당권보다 후순위이므로 배당을 받고 임차권등기명령 등기는 말소된다. 즉, 매수인에게 인수되는 권리는 없다는 것이다.

↘ **사례 3**

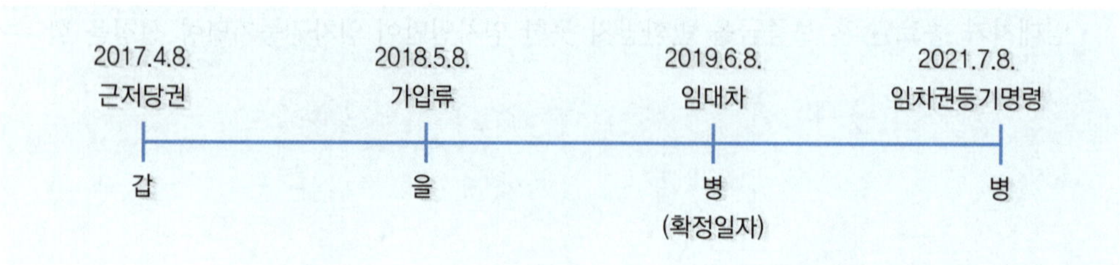

위 사례에서 매수인에게는 법적으로 인수되는 권리가 없으며, 임차인 병은 1순위권자인 갑이 채권을 전부 배당받고 남은 잔액이 있다면 가압류권자인 을과 안분배당으로 배당을 받는다(만일 병이 소액임차인에 해당된다면 일정 보증금에 대해서 최우선배당을 받음).

↘ 사례 4

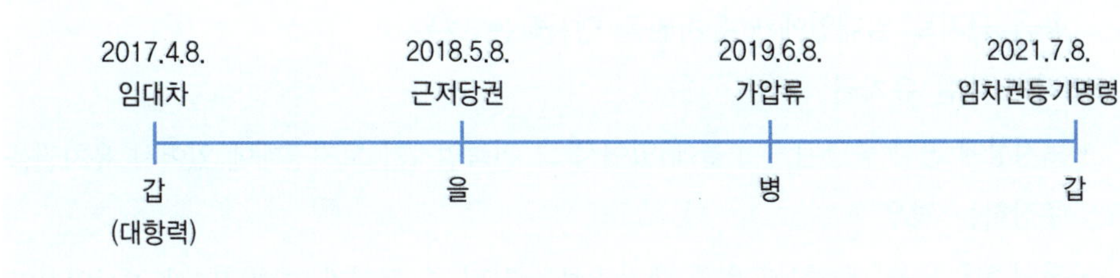

위 사례에서 말소기준등기는 근저당권이며 배당이 실시되면 매수인은 갑의 보증금을 인수해야 하므로 추가부담이 발생한다.

유치권 권리분석

"유치권"이란 타인의 물건 또는 유가증권을 점유하는 자가 그 물건 또는 유가증권에 관하여 생긴 채권의 변제를 받을 때까지 그 목적물을 유치하여 채무자의 변제를 간접적으로 강제하는 담보물권을 말한다.

예를 들면 건축업자가 건물의 공사를 한 후에 대금을 받지 못한 경우 건물의 인도를 거부하는 경우이다.

① 유치권은 등기가 되지 않는 법정담보물권이며, 매수인이 인수해야 하는 권리이므로 경매 참가에 있어서 주의를 요한다.

② 유치권은 경매절차에서 배당에 참여할 수 없지만 매수인이 언제나 인수해야 하는 권리라는 점에서 사실상의 우선변제적 효력이 있고, 또한 유치권자는 자신의 채권을 변제받기 위하여 자신이 점유하고 있는 목적 부동산의 경매를 신청할 수 있는 담보물권의 효력을 가진다.

❶ 유치권의 구분

㉠ 건물에 대한 유치권

- 신축건물이나 개축건물과 관련하여 미지급된 공사대금이 원인으로 되어 공사업자가 유치권을 행사하는 경우
- 상가건물이나 주택에서 임차인이 목적부동산의 보전이나 개량을 위하여 지출한 비용을 근거로 임대인에게 유치권을 행사하는 경우

㉡ 토지에 대한 유치권

- 토지상에 공사 중단된 구조물에 있어서 그 건축업자가 토지경매에 있어서 유치권을 주장하는 경우
- 전원주택 등을 개발하기 위해 택지조성을 하던 중 토지가 경매되면서 공사업자가 토지경매에서 유치권을 주장하는 경우

유치권은 법정담보물권이므로 당사자의 합의에 의해서 설정할 수 없으며 점유를 상실하면 소멸한다.

❷ 유치권의 특징

㉠ 유치권자는 채권의 변제를 받기 위하여 유치물을 경매할 수 있다.

㉡ 유치권은 말소기준권리가 아니라, 유치권은 매수인이 항상 인수해야 하는 권리이고 배당문제가 발생하지 않는다.

㉢ 경매기록인 현황조사서나 물건명세서 등에 언급이 없었는데 매수받은 후 유치권이 있다고 주장하는 사람이 나타나면 추가로 유치권자에게 변제할 금액이 발생한다. 이런 경우 매수인은 법원에서 매각허가결정을 할 때에 이의신청하거나 매각허가결정에 대한 즉시항고를 할 수 있다. 만약 매각허가결정 이후라도 매각허가결정취소신청을 할 수 있다.

㉣ 가장 유치권자가 매수가를 낮출 목적으로 하는 경우도 있다.

㉤ 유치권은 권리신고를 하든 하지 않든지, 채권신고서를 제출하든 제출하지 않든지에 관계없이 그 목적물에 관하여 발생한 채권이면 유치권을 주장할수 있기 때문에 유치권이 성립할 여지 여부를 사전에 파악하여야 한다.

㉥ 경매기록에 유치권신고는 되어 있지만 실제로 점유를 하고 있지 않다면 유치권은 성립되지 않는다. 유치권 신고만 되어 있고 실제로 점유하지 않은 경우도 많으므로 현장 방문시에 사진을 찍어 둔다(명도소송에서 증거물로 제시).

❸ 유치권의 성립요건

㉠ 채권이 목적물 자체로부터 생긴 경우일 것

건축공사를 한 경우에 건축공사대금채권, 목적물의 수선대금, 목적물의 유지를 위하여 지출한 필요비 또는 유익비 등이다.

㉡ 목적물을 계속적으로 점유하고 있을 것

사회통념상으로 점유라고 볼 만한 사유가 있다면 점유권을 인정해주고 있는 추세이며, 유치권자 자신이 직접 점유하거나 제3자(관리인)를 통해 간접적으로 점유하여도 유치권을 인정한다.

㉢ 채권의 변제기가 도래하였을 것

채권의 변제기가 도래하기 전에는 유치권이 성립되지 않는다.

㉣ 적합한 소유일 것

유치권자의 점유는 불법행위로 인하여 취득한 것이 아니어야 한다.

㉤ 채무자와 유치권자 사이에 유치권 발생을 배제하는 특약이 없을 것

유치권이 발생하더라도 유치권을 행사하지 않겠다는 당사자 사이에 약정이 있는 경우에는 비록 유치권이 발생한 경우에도 유치권을 행사하지 못한다.

↘ 사례 1

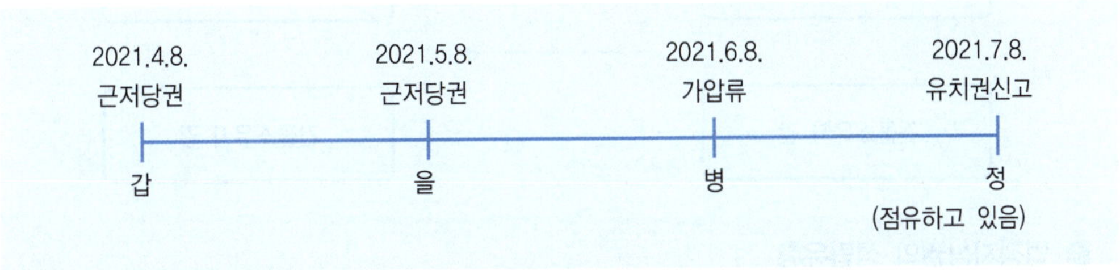

위 사례에서 말소기준등기는 갑 근저당권이며 배당이 실시되면 뒤에 있는 모든 등기는 말소등기의 대상이나 유치권을 신고한 정에 대해서는 정당한 유치권으로 판명되었을 경우에는 매수인은 추가부담을 안아야 한다.

↘ 사례 2

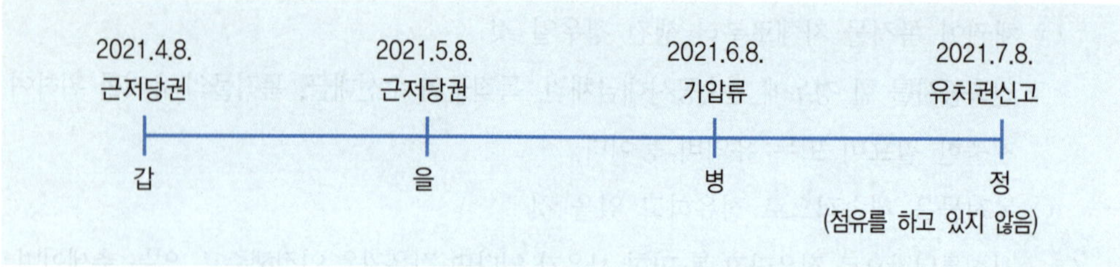

위 사례에서 말소기준등기는 갑 근저당권이며 배당이 실시되면 뒤에 있는 모든 등기는 말소등기의 대상이며 유치권은 인정되지 않는다.

법정지상권 권리분석

법정지상권이란 토지와 그 지상의 건물이 동일인에게 속하고 있었으나, 어떤 사정으로 이들 토지와 그 지상건물이 각각 소유자를 달리하게 된 때에 건물소유자에게 그 건물 소유를 위하여 법률상 당연히 인정되는 지상권을 말한다. 이는 등기부상에 등기되지 않는 권리이므로 주의를 요한다.

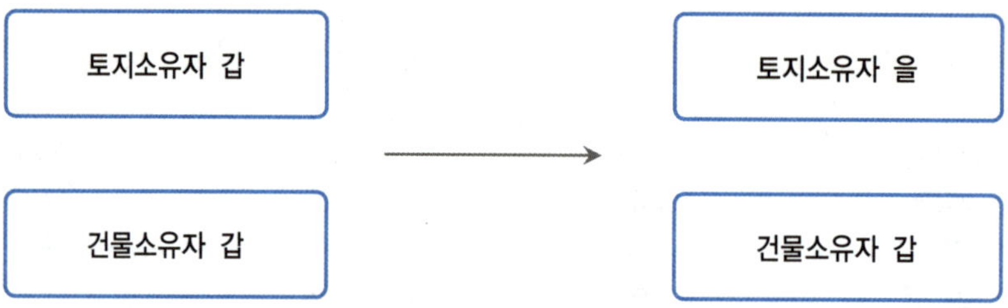

❶ 법정지상권의 성립유형

㉠ 전세권과 법정지상권

대지와 건물이 동일인 소유자에게 속하는 동안에 건물에 대하여만 전세권을 설정한 때에는 그 대지소유권의 특별승계인은 전세권설정자에 대하여 지상권을 설정한 것으로 본다.

㉡ 저당권과 법정지상권

토지와 그 지상건물이 동일인에게 속하고 있는 동안에 어느 한쪽에만 저당권이 설정된 후 저당물의 경매로 인하여 토지와 그 지상건물이 다른 소유자에게 속한 경우 토지소유자는 건물소유자에 대하여 지상권을 설정한 것으로 본다.

㉢ 가등기담보등에관한법률과 법정지상권

토지 및 그 지상권의 건물이 동일인 소유자에게 속하는 동안에 그 토지 또는 건물에 대하여만 가등기담보권이 설정된 후 담보권의 실행으로 토지와 건물의 소유자가 다르게 된 경우에는 그 건물의 소유를 목적으로 그 토지 위에 지상권이 설정된 것으로 본다.

㉣ 입목법과 법정지상권

토지와 입목이 동일인에게 속하고 있는 동안에 입목의 경매 기타 사유로 인하여 토지와 그 입목이 각각 다른 소유자에게 속하게 되는 경우 토지소유자는 입목소유자에 대하여 지상권을 설정한 것으로 본다.

㉤ 관습법에 의한 법정지상권

토지와 건물이 같은 소유자의 소유로 속하였다가 그 건물 또는 토지가 매매 · 증여 · 강제경매 · 국세징수법에 의한 공매 등의 원인으로 인하여 양자의 소유가 다르게 된 때에, 특히 그 건물을 철거한다는 특약이 없는 이상, 당연히 건물소유자가 토지소유자에 대하여 법정지상권을 취득한 것으로 본다.

❷ 법정지상권의 성립요건

㉠ 토지소유자와 건물의 소유자가 동일할 것

- 법정지상권이 성립하기 위해서는 저당권(전세권) 설정 당시에 토지와 건 물의 소유자가 같아야 한다.
- 저당권(전세권) 설정 당시 토지소유자와 건물의 소유자가 다른 때에는 법 정지상권은 성립하지 않는다.
- 저당권 설정 당시에 토지소유자와 건물소유자가 동일한 경우라면 저당권 설정 이후에 토지와 건물이 각각 다른 사람의 소유에 속하게 된 때에도 법정지상권이 성립한다.

㉡ 토지와 건물 중 어느 하나에 저당권이 설정될 것

저당권 설정 당시 토지 · 건물의 어느 한쪽 또는 양쪽 모두에 저당권이 설정되어야 한다.

㉢ 경매(공매)로 인하여 토지소유자와 건물소유자가 달라질 것

토지소유자와 건물소유자가 동일한 상태에서 토지 · 건물의 어느 한쪽 또는 양쪽에 저당권이 설정되고 경매(공매)로 토지소유자와 건물소유자가 각각 달라져야 한다.

㉣ 토지에 저당권 설정 당시에 건물이 존재하고 있을 것

- 토지에 저당권을 설정할 당시에 건물이 존재하여야 하므로 토지 위에 저 당권이 설정된 후 건물이 건축되더라도 법정지상권은 성립하지 않는다.
- 토지에 저당권 설정 당시에 건물이 존재하고 있는 경우라면 무허가 건물 이든 미등기 건물이든 관계없이 법정지상권이 성립한다.
- 토지에 대한 저당권 설정 당시에 건물이 존재하지 않는 경우라면 미리 건축허가를 받아 놓고 있었던 경우라도 법정지상권은 성립하지 않는다.

❸ 법정지상권의 존속기간

㉠ 견고한 건물이나 수목의 경우

석조 · 석회조 · 연화조 또는 이와 유사한 견고한 건물이나 수목의 소유를 목적으로 하는 때에는 법정지상권의 최단기 존속기간은 30년으로 한다.

㉡ 기타 건물의 경우

견고한 건물이 아닌 건물은 법정지상권의 최단기 존속기간은 15년이다.

㉢ 건물 이외의 공작물의 경우

건물 이외의 공작물의 소유를 목적으로 하는 때에는 법정지상권의 최단기 존속기간은 5년이다.

❹ 법정지상권 효력

법정지상권이 성립하면 지상권자는 필요한 범위 내에서 토지를 사용할 권리를 가지고, 토지소유자에 대하여 지료를 지급하여야 한다. 지료에 대해서는 당사자가 협의하는 것이 원칙이나 협의에 의하여 결정하지 않는 경우 당사자의 신청에 의하여 법원이 결정한다.

- 지상권자가 2년 이상 지료를 지급하지 않는 경우에는 지상권설정자는 지상권의 소멸을 청구할 수 있다.
- 법정지상권은 등기부상 표시되는 권리는 아니지만 매수인이 언제나 인수해야 하는 권리이다.
- 법정지상권에서는 배당문제가 발생하지 않는다.
- 법정지상권이 성립하는 건물의 경우 매수 이후 토지소유자로부터 철거청구의 대상이 되지 않는다.

분묘기지권 권리분석

분묘기지권이란 타인의 토지에 분묘를 설치한 자는 그 분묘기지에 대하여 지상권과 유사한 물권을 취득하는데 이를 분묘기지권이라고 한다.

즉 자신의 소유가 아닌 타인의 토지에 분묘를 설치하였더라도 그 토지를 취득한 사람이 분묘의 권리자의 동의 없이 이전(이장 또는 화장)을 하지 못한다는 것이다.

대법원 판례에 의하면 분묘기지권은 등기없이도 제3자에게 대항할 수 있다.

❶ 분묘기지권 성립유형

㉠ 소유자의 승낙을 얻어 그의 소유지 안에 분묘를 설치한 때

- 현재 시신이 안장되어 있어야 하며, 예장(禮葬)은 포함되지 않는다.
- 봉분 등 외부에서 분묘의 존재를 인식할 수 있어야 한다.

㉡ 타인 소유 토지에 소유자의 승낙 없이 분묘를 설치하여 20년간 평온 · 공연하게 그 분묘기지를 점유하여 시효에 의해 취득한 때

㉢ 자기 소유 토지 위에 분묘를 설치한 자가 이에 대한 소유권을 보류하거나 또는 분묘도 함께 이전한다는 등의 특약을 함이 없이 토지를 매매 등으로 처분한 때 성립한다.

❷ 분묘기지권이 부정되는 경우

- 국방부장관이 군 작전상 필요하다고 인정한 지역
- 농지법에 의한 농지와 개발대상지역
- 국토의계획및이용에관한법률상의 주거 · 상업 · 공업지역 및 녹지지역 안의 풍치지구
- 수도법상의 상수원보호구역
- 산림법에 의한 요존국유림, 보안림, 채종림 등에는 분묘기지권이 성립할 수 없다.

❸ 분묘기지권의 효과

- 분묘기지권이 성립하면 그 범위는 분묘의 설치목적을 달성하기 위해서 필요한 범위에 미친다.
- 지료를 받기 위해서는 소송이 필요하다.
- 분묘기지권이 불성립한 경우에는 토지소유자는 일정기간 공고 후 매장자 기타 연고자에게 이장을 명할 수 있다.
- 연고자가 나타나지 않으면 시 · 도지사의 허가를 받아 일정기간 공고 후 개장(改葬)할 수 있다.

매수인에게 부담되는 권리

인수될 수 있는 권리

지상권 · 지역권 · 전세권 및 등기된 임차권의 경우 저당권 · 압류채권 · 가압류채권에 대항할 수 없는 경우 이외의 경우에는 이를 매수인이 인수한다(민사집행법 제91조 제4항).

최선순위 전세권의 경우 ① 전세권자가 배당요구를 한 경우(민사집행법 제91조 제4항) ② 전세권자가 경매신청한 경우 소멸하고 그 밖의 경우에는 매수인에게 인수된다.

항상 인수되는 권리

매수가 되더라도 매수인이 항상 인수하는 권리로는 예고등기, 유치권, 법정지상권이 있다.

① 예고등기는 경고적 효력만이 있을 뿐 그 자체로서 어떤 권리의 발생 · 변경 · 소멸 · 처분금지 · 순위보전 등의 특별한 효력은 없다. 매수로 인한 소유권이전등기시 말소촉탁의 대상이 되지 않으며, 항상 남아있다.

② 유치권의 경우는 등기부에 등기할 수 없는 권리지만 사실상 부동산을 유치함으로써 성립하는 권리이기 때문에 말소기준권리의 성립시기와 관계없이 언제나 매수인이 인수해야 하는 권리이다.

매수인은 유치권자에게 그 유치권으로 담보하는 채권을 변제할 책임이 있다(민사집행법 제91조 제5항).

③ 법정지상권도 말소기준권리와 관계없이 매수인이 언제나 인수해야 한다.

경우에 따라 인수되지 않는 권리

경우에 따라 인수되지 않는 권리로는 선순위 전세권과 확정일자부 선순위 임차인 등이 있다.

① 선순위 전세권은 전세권자가 경매절차에서 배당요구를 하면 매수인이 인수하지 않고 매각으로 인하여 소멸한다.

② 대항력을 갖추고 우선변제권을 취득한 선순위 임차인, 즉 확정일자부 선순위 임차인은 매수인에게 대항하여 보증금의 반환을 받을 때까지 임대차관계의 존속을 주장할 수 있는 권리와 매각대금으로부터 보증금을 우선변제받을 수 있는 권리를 함께 가지게 되며, 원칙

적으로 두 가지 권리 중 하나를 선택하여 행사할 수 있다.

그런데 임차인이 그 중 우선변제권을 선택하여 경매절차에서 배당요구를 하여 배당이 실시된 결과 보증금 전액을 배당받았다면 그 임차권은 매수인이 인수하지 않고 소멸한다. 그러나 보증금 전액을 배당받지 못했다면 보증금 중 경매절차에서 배당받을 수 있었던 금액을 공제한 잔액에 대하여 임차인은 매수인에게 대항하여 이를 반환받을 때까지 임대차관계의 존속를 주장할 수 있게 되고, 매수인은 임대인의 지위를 승계한다.

인수되지 않는 권리

말소기준권리를 기준으로 하여 그보다 후에 등기되어 있는 권리들은 매각으로 인하여 소멸하여 등기부에서 삭제되거나 매수인에게 대항할 수 없는 권리가 된다.

지상권 · 지역권 · 전세권 및 등기된 임차권은 저당권 · 압류채권 · 가압류채권에 대항할 수 없는 경우에는 매각으로 소멸한다.

저당권 등기의 경우에는 매각으로 인한 소유권이전등기시 절대적으로 말소촉탁의 대상이 된다. 즉, 경매부동산 위의 모든 저당권은 매각으로 인하여 소멸한다(민사집행법 제91조 제2항).

부동산경매 용어해설

강제경매	채권자가 집행권원을 가지고 신청하는 경매
임의경매	채권자가 담보물권을 가지고 신청하는 경매
기간입찰	입찰기간은 1주일 이상 1월 이하의 범위 내에서 정하고 매각기일은 입찰기간이 끝난 후 1주일 안의 날로 정한다. 입찰의 방법은 입찰표에 기재사항을 기재한 후 매수신청의 보증으로 관할법원의 입금계좌에 매수신청보증금을 입금한 후 받은 법원보관금영수필통지서를 입금증명서의 양식에 첨부하거나 경매보증보험증권을 입찰봉투에 넣어 봉합한 후 매각기일을 기재하여 집행관에게 제출 또는 등기우편으로 집행관에게 부치는 방법이다.
기일입찰	법원에서 정한 매각기일에 입찰 및 개찰하는 방법이다.
호가경매	호가경매기일에 매수신청의 액을 서로 올려가는 방법으로 한다. 집행관은 매수신청의 액 중 최고의 것을 3회 부른 후 그 신청을 한 사람을 최고가매수인으로 정한다.

매각결정기일	매각을 한 법정에서 최고가매수인에 대하여 매각허가 여부를 결정하는 날로 매각 법정에서 선고한 후 법원게시판에 공고할 뿐 채권자, 채무자, 기타 이해관계인에게 개별적으로 통보하지 않는다.
매각기일	경매법원이 목적부동산에 대하여 실제 매각을 실행하는 날로 매각할 시각, 매각할 장소 등과 함께 매각기일 14일 전에 법원게시판에 게시함과 동시에 일간신문에 공고할 수 있다.
매각물건명세서	부동산의 표시, 부동산의 점유자와 점유의 권한, 점유할 수 있는 기간, 차임 또는 보증금에 관한 관계인의 진술, 등기된 부동산에 관한 권리 또는 가처분으로서 매각으로 효력을 잃지 아니하는 것, 매각에 따라 설정된 것으로 보는 지상권의 개요 등을 기재한 매각물건명세서를 작성하고 이를 매각기일의 1주일 전까지 법원에 비치하여 누구든지 볼 수 있도록 작성해 놓은 것이다.
매각조건	법원이 경매의 목적 부동산을 경락인에게 취득시키기 위한 조건
매각허가결정	경매를 진행한 법원에서 경매의 진행에 대한 하자가 발생되지 않을 경우에 하는 허가결정으로서 매각허가결정이 신고된 후 1주일 내에 이해관계인이(채권자, 채무자, 소유자, 임차인, 근저당권자 등) 항고하지 않으면 매각허가결정이 확정된다. 그러면 매수인은 법원이 통지하는 대금지급기한 내에 매각대금(매수보증금을 공제한 잔액)을 납부하여야 한다. 대금지급기간은 통상 매각허가결정이 확정된 날로부터 1개월 이내로 지정한다.
매수보증금	경매물건을 매수하고자 하는 사람은 최저매각가격의 10분의 1에 해당하는 보증금액을 입찰표와 함께 집행관에게 제출하는 방법으로 제공하여야 한다.
새매각	매각을 실시하였으나 매수인이 결정되지 않았기 때문에 다시 기일을 지정하여 실시하는 경매이다.
재매각	매수인이 대금지급기한까지 대금지급의무를 완전히 이행하지 아니하였고, 차순위매수신고인이 없는 경우에 법원이 직권으로 실시하는 경매이다.
유찰	매각기일에 매수하고자 하는 사람이 없어 매각되지 아니하고 무효가 된 경우를 가리킨다. 통상 최저매각가격을 20% 저감한 가격으로, 다음 매각기일에 다시 매각을 실시하게 된다.
차순위매수 신고인	최고가 매수신고인 이외의 입찰자 중 최고가 매수신고액에서 보증금을 공제한 액수보다 높은 금액으로 응찰한 사람은 차순위 매수신고를 할 수 있다.
최저매각가격	매각기일 및 매각결정기일 공고에는 경매부동산의 최저매각가격을 기재하여야 한다. 입찰하고자 할 때에는 항상 공고된 최저매각가격보다 같거나 높게 입찰하여야 무효처리가 되지 않는다.
특별매각조건	경매절차에서 법원이 특별히 정한 매각조건을 말한다.

채권관리실무
자산은 유지하고 기업가치는 올리는 채권관리
세무 · 회계 지식서비스 분야의 선두주자 조세통람
국내 재경실무분야를 선도하는 No 1. Knowledge Provider

채 권 관 리 실 무

자산은 유지하고 기업가치는 올리는 채권관리

PART

12

부실채권, 마무리는 깔끔하게!

핵심 Key-Words

공탁 | 대손처리 | 채무자 회생 및 파산 | 개인파산 | 개인회생

SECTION 01

부실채권 회수, 공탁을 이용하자!

공탁이란 공탁자가 법령의 규정에 따른 원인에 의하여 금전, 유가증권 기타의 물품을 국가기관인 공탁소에 임치하고, 공탁소를 통하여 그 재산을 수령자에게 수령케 함으로써 법령에서 정한 일정한 법률적 효과 또는 목적을 달성하는 제도라고 할 수 있다.

만약 채권자 갑이 정당한 이유없이 변제를 받지 않을 경우 채무자 을은 갑의 주소지를 관할하는 법원에 변제의 목적물인 원금과 이자를 공탁함으로써 갑에 대한 채무를 면하고, 갑을 근저당권자로 하여 근저당권이 설정되어 있다면 일정한 절차를 밟아 근저당권설정등기를 말소할 수 있다.

채권자 · 채무자 모두에게 유익한 제도라 할 수 있다.

↘ 공탁신청절차 흐름도

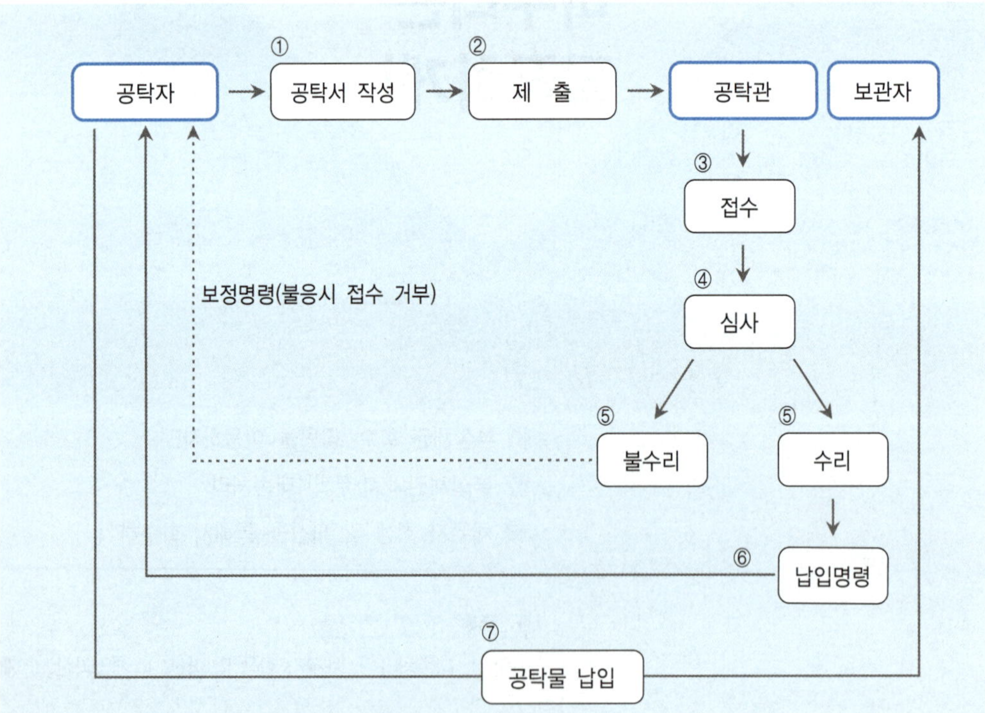

공탁, 파헤치기

공탁에는 변제공탁, 담보공탁, 집행공탁, 보관공탁, 몰취공탁이 있으며 아래에서 자세히 살펴보기로 하자.

❶ 변제공탁

변제공탁이란 금전 또는 재산의 급부를 목적으로 하는 채무를 부담하고 있는 채무자가 그의 채무를 이행하고자 하여도, 채권자가 그의 수령을 거부하거나 주소불명 또는 고의적으로 변제를 받지 아니하거나 받을 수 없는 경우에는 변제자가 채권자를 위하여 변제의 목적물을 공탁소에 임치함으로써 채무를 면하게 하는 제도이다.

❷ 담보공탁(보증공탁)

담보(보증)공탁이란 현재 또는 장래에 특정의 상대방에게 발생할 수 있는 손해를 담보하기 위하여 행해지는 공탁이다.

예컨대, 갑이 을에게 금전채권이 있다고 주장하면서 을의 부동산을 가압류하고자 할 경우 법원에서는 갑이 제출하는 소명자료에 의하여만 을의 부동산에 가압류를 하는데, 만약 갑이 을에 대하여 아무런 금전채권이 없음에도 불구하고 가압류를 하였을 경우 을은 그 부동산을 처분하지 못하는 등 손해를 볼 우려가 있다.

이때 법원에서는 을이 장래에 입을 수도 있는 손해를 담보하기 위해서 갑으로 하여금 일정금액을 법원에 공탁하게 한다.

보증공탁의 종류	재판상 담보공탁
▪ 영업상의 보증공탁 ▪ 재판상의 보증공탁 ▪ 납세담보공탁	▪ 민사소송상의 보증공탁 ▪ 민사보전상의 보증공탁 ▪ 민사집행상의 보증공탁

❸ 집행공탁

민사집행법상의 강제집행이나 보전집행절차의 어느 단계에서 집행기관이나 집행당사자 또는 제3채무자가 강제집행법상의 권리 · 의무로서 집행의 목적물을 공탁소에 맡겨 그 목적물의 관리와 집행당사자에의 교부를 공탁절차에 따라 이행하도록 하기 위한 공탁을 말한다.

④ 보관공탁

공탁의 목적이 변제공탁이나 보증공탁 등과 달리 단순히 공탁물의 보관을 위한 공탁을 말하며, 피공탁자가 존재하지 않는다는 특징이 있다.

⑤ 몰취공탁

몰취공탁은 공탁자와 피공탁자간의 관계에서 공탁당사자의 성실성 및 일정한 제도의 남용을 방지하기 위한 공탁이며, 일정한 의무위반이 있는 경우 공탁물을 몰취하는 공탁을 말하며, 국가에 대하여 자기의 주장이 허위인 때에는 공탁물을 몰취당하여도 이를 감수한다는 취지의 공탁이다.

공탁절차 알아보기

공탁물의 수리

공탁신청이 있는 경우 공탁관은 그 신청이 유효·적합한가의 여부를 심사하여야 하는데, 이 경우 공탁관의 심사는 제출된 공탁서와 첨부서면에 근거해서 판단하는 형식적 심사이다.

① 수리

공탁관은 조사결과 적법한 공탁이라고 인정하는 경우에는 공탁서에 공탁을 수리한다는 취지와 공탁번호, 공탁물을 납입기일까지 지정된 공탁물보관자에게 납입하여야 한다는 취지, 그 기일까지 공탁물을 납입하지 않을 경우에는 수리결정의 효력이 상실된다는 취지를 기재하여 기명날인하고, 공탁물납입서 및 공탁서 1통을 공탁자에게 교부하여 공탁물을 공탁물보관자에게 납입케 한다.

공탁관은 소속지방법원장 또는 동 지원장의 감독하에 공탁사무를 집행하기는 하나 그 감독은 내부적 행정지휘상의 감독에 불과하며, 자기명의로 공탁업무를 처리하고 그로 인한 대외적 책임도 스스로 지지만 공탁사무를 처리하는 방법은 공탁사무의 신속을 도모하기 위한 소위 형식적 심사주의(서면심사주의)에 의한다.

* 형식적 심사주의란 공탁의 당사자가 제출하는 각종의 신청서, 청구서 등이 형식에 맞게 작성되었는지 여부와 공탁법규에서 정하고 있는 필요한 서류가 첨부되어 있는가의 여부에 의해서만 심사를 하고 그 수리 여부를 판단하는 것을 말한다.

❷ 불수리

공탁관은 조사결과 공탁이 부적법하다고 판단하는 경우에는 공탁을 불수리하게 되는데 공탁서에 공탁 불수리의 취지를 기재하여 기명날인하고 공탁서 1통과 첨부서류를 서면으로써 공탁자에게 통지한다.

이때 공탁자라 함은 자기이름으로 공탁의 목적물을 공탁소에 임치하고 그의 보관을 위임하여 변제, 담보 등의 효과를 갖는 자를 말하며, 공탁소를 통해서 자기이름으로 공탁물을 수령할 자를 피공탁자라고 한다.

공탁물의 납입

공탁물보관자가 공탁물을 납입받은 때에는 공탁서에 공탁물을 납입받았다는 취지를 기재하여 공탁자에게 교부하고, 공탁물납입통지서를 공탁관에게 송부하여야 한다.

공탁관이 공탁서류를 접수하여 심사한 후 적법한 공탁으로 인정하여 공탁을 수리한 때에는 공탁관이 지정한 납입기일까지 공탁물보관자(은행 등)에게 공탁물을 납입하여야 하며 이로써 공탁의 절차는 종료된다.

따라서 지정된 납입기일 안에 공탁물을 납입하지 않으면 공탁수리결정은 그 효력이 당연히 상실된다.

공탁물지급청구서 작성 제출

공탁물지급청구서에는 청구자가 기명날인하여 2통을 작성, 제출하여야 하며, 대표자나 관리인 또는 대리인에 의하여 청구하는 때에는 그 사람의 주소를 기재하고 기명날인한다.

공탁물의 회수

공탁물의 회수란 법에서 정하고 있는 일정한 회수원인이 있을 때 공탁관계를 더 이상 존속시킬 필요가 없음을 이유로 회수권을 가지는 자의 청구에 의하여 그에게 공탁물을 되돌려주는 것을 말하며, 공탁물을 회수하고자 할 때 일정한 양식에 의한 공탁물회수청구서 2통을 작성하여 기명날인하고 법령에 의한 소정의 서면을 첨부하여 공탁관에게 제출한다.

지급청구권의 소멸시효

공탁물이 금전일 경우에 피공탁자 또는 공탁자가 공탁물의 출급청구 또는 회수청구를 할 수 있을 때로부터 10년간 이를 행사하지 아니하면 공탁금출급청구권 또는 회수청구권이 시효로 소멸되므로 국고에 귀속된다. 그 후 소멸시효가 완성되지 아니한 사실을 증명하여 공탁금지급청구를 한 경우에는 착오 국고귀속 공탁금의 반환절차에 따라 반환받을 수 있다.

시효중단

시효중단이라 함은 권리불행사를 중단하게 하는 권리자 또는 의무자의 일정한 행위가 있는 경우에 이미 경과한 시효기간을 소멸하게 하고 그때부터 다시 소멸시효의 기간을 진행하게 하는 제도를 말한다.

- 시효기간 중에 공탁사실증명서를 제출한 경우
- 공탁의 확인을 목적으로 공탁관계서류를 열람시킨 경우
- 공탁금의 지급청구에 대해 첨부서면의 불비를 이유로 불수리한 경우
- 공탁관이 공탁자 또는 피공탁자 등 정당한 권리자에 대하여 공탁사건의 완결 여부의 문의서를 발송한 경우

SECTION 02 부실채권의 마무리! 대손처리

대손이란 매출채권에 대한 회수불능을 의미하며, 법인은 장래에 발생할 대손을 예상하여 미리 대손충당금을 설정하고 대손이 실제로 발생한 때 대손충당금의 범위 내에서 대손충당금과 상계처리토록 하고 있다.

현행의 매출형태를 살펴보면 현금판매보다는 고객의 신용을 바탕으로 하는 신용판매에 의하여 매출을 발생시키는 외상거래가 거래의 다수를 차지한다.

가장 이상적인 판매방법은 현금을 받고 물품을 판매하는 방법이겠으나, 이것은 우리나라의 경제현실상 어려운 실정이며, 이러한 신용판매방식으로 발생하는 매출채권에 대하여는 회수불능위험이 항상 존재한다.

법인의 당해 연도 영업활동에서 회계연도말 기준으로 채권의 회수가 불확실한 대손추산액을 비용으로 인식하고 반영하여야 하는데, 기업회계기준에서는 장래의 대손가능한 금액을 추산하여 당기비용으로 인식함과 아울러 당해 채권의 평가계정으로 대손충당금을 설정하도록 하고 있기 때문이다.

대손충당금 설정대상은 매출채권, 단기대여금, 미수금, 미수수익, 장기대여금 등이다.

법인세법 제19조의 2 제1항에서 '대통령령으로 정하는 사유로 회수할 수 없는 채권'이라 함은 다음에 해당하는 것을 말한다.

Part 12

↘ 대손금의 범위

① 상법에 의한 소멸시효가 완성된 외상매출금 및 미수금
② 어음법에 의한 소멸시효가 완성된 어음
③ 수표법에 의한 소멸시효가 완성된 수표
④ 민법에 의한 소멸시효가 완성된 대여금 및 선급금
⑤ 채무자회생및파산에관한법률에 따른 회생계획인가의 결정 또는 법원의 면책결정에 따라 회수불능으로 확정된 채권
⑥ 민사집행법 제102조의 규정에 의하여 채무자의 재산에 대한 경매가 취소된 압류채권
⑦ 물품의 수출 또는 외국에서의 용역제공으로 인하여 발생한 채권으로서 외국환거래에 관한 법령에 의하여 한국은행총재 또는 외국환은행의 장으로부터 채권회수의무를 면제받은 것
⑧ 채무자의 파산, 강제집행, 형의 집행, 사업의 폐지, 사망, 실종, 행방불명으로 인하여 회수할 수 없는 채권
⑨ 부도발생일부터 6월 이상 경과한 수표 또는 어음상의 채권 및 외상매출금(중소기업의 외상매출금으로서 부도발생일 이전의 것에 한함)
* 다만, 당해 법인이 채무자의 재산에 대하여 저당권을 설정하고 있는 경우를 제외한다.
⑩ 회수기일이 6개월 이상 지난 채권 중 채권가액이 20만원 이하(채무자별 채권가액의 합계액을 기준으로 함)인 채권
⑪ 제61조 제2항 각호 외의 부분 단서에 따른 금융회사 등의 채권(제61조 제2항 제13호에 따른 여신전문금융회사인 신기술사업금융업자의 경우에는 신기술사업자에 대한 것에 한정함) 중 다음에 해당하는 채권
  ■ 금융감독원장이 기획재정부장관과 협의하여 정한 대손처리기준에 따라 금융회사 등이 금융감독원장으로부터 대손금으로 승인받은 것
  ■ 금융감독원장이 위의 기준에 해당한다고 인정하여 대손처리를 요구한 채권으로서 금융회사 등이 대손금으로 계상한 것
⑫ 중소기업창업지원법에 따른 중소기업창업투자회사의 창업자에 대한 채권으로서 중소기업청장이 기획재정부장관과 협의하여 정한 기준에 해당한다고 인정된 것

대손금의 발생유형

청구권이 법적으로 소멸한 경우와 법적으로는 청구권이 소멸되지 않았으나 채무자의 자산현황, 변제능력 등에 대한 상환능력의 상실로 인한 회수불능으로 구분할 수 있다.

- 채무자의 자력변동으로 인하여 회수할 수 없다고 인정되는 채권
- 파산한 채무자에 대한 채권 : 법원의 파산선고를 받은 채무자의 채권
- 사업의 폐지로 회수할 수 없는 채권 : 경영부실, 파산 등으로 사업을 전부 폐지한 채무자에 대한 채권
- 강제집행 불능조서가 작성된 채권 : 법인에 대한 경매 등으로 인한 강제집행 결과 무재산 · 행방불명 등으로 강제집행조서가 작성되고 회수가능한 재산이 없는 경우

소멸시효는 채권자가 권리를 행사할 수 있음에도 불구하고 그 권리를 행사하지 않고 일정기간이 경과하여 채권에 대한 권리가 소멸되는 경우를 말한다.

↘ 소멸시효 완성채권

구 분	내 용
1년의 소멸시효에 해당되는 채권	■ 여관, 음식점, 숙박료, 입장료 ■ 공동해손으로 인한 채권 ■ 선박소유자의 용선자, 송하인, 수하인에 대한 청구권 ■ 운송주선인의 위탁자 또는 수하인에 대한 채권 ■ 의복, 침구, 기타 동산의 사용료 채권 ■ 약속어음의 배서인에 대한 청구권
2년의 시효에 해당되는 채권	■ 구조에 대한 보수청구권 ■ 보험금액의 청구권과 보험료 또는 적립금의 반환청구권
3년의 시효에 걸리는 채권	■ 이자, 부양료, 급료, 사용료, 기타 1년 이내의 기간으로 정한 금전 또는 물건의 지급을 목적으로 한 채권 ■ 도급받은 자, 기사 기타 공사의 설계 또는 감독에 종사하는 자의 공사에 관한 채권 ■ 변호사, 변리사, 공증인, 공인회계사 및 법무사의 직무에 관한 채권 ■ 생산자 및 상인이 판매한 생산물 및 상품의 대가 ■ 어음의 발행인 및 그 보증인에 대한 청구권

대손처리시 구비할 서류

번호	사 유	첨부서류
1	채무자의 파산, 강제집행, 사업의 폐지 등으로 회수가 불가능한 경우	법인의 파산, 강제집행, 해산서류(파산결정문, 강제집행조서, 법인등기사항전부증명서 등)
2	채무자의 사망, 실종, 행방불명 등으로 회수가 불가능한 경우	① 사망자 호적등본 ② 법원의 실종선고 서류 ③ 주민등록직권말소 서류
3	채무자에 대한 경매 및 강제집행 등을 한 후 회수가 불가능한 경우	① 배당표 ② 주민등록 전 · 현 주소지에 대한 토지 · 건물등기부등본 등
4	소멸시효가 완성된 외상매출금, 어음, 수표	① 거래계약서, 세금계산서 사본 등 ② 어음 · 수표 원본, 세금계산서 사본 등
5	부도발생일로부터 6개월 이상 경과한 어음, 수표	저당권이 설정되어 있는 경우에는 제외 가능
6	대손상각요청서, 사고보고서, 부실채권관리대장, 채무자의 본적지 · 최종주소지 및 직전주소지(법인은 등기부상 소재지)와 사업장 소재지의 토지 · 건물등기부등본	저당권이 설정되어 있는 경우에는 제외 가능

〈대손처리의뢰서〉

<table>
<tr><td rowspan="2">채 무 자</td><td colspan="2">성 명</td><td colspan="2"></td><td>주 소</td><td colspan="3"></td></tr>
<tr><td colspan="2">상 호</td><td colspan="2"></td><td>주 소</td><td colspan="3"></td></tr>
<tr><td>채권금액</td><td colspan="3">원</td><td>선수금</td><td></td><td>선수율</td><td colspan="2">%</td></tr>
<tr><td>판매조건</td><td colspan="8"></td></tr>
<tr><td rowspan="5">채권확보
사 항</td><td rowspan="3">연대보증인</td><td rowspan="3">성 명</td><td colspan="2"></td><td>주 소</td><td colspan="3"></td></tr>
<tr><td colspan="2"></td><td>주 소</td><td colspan="3"></td></tr>
<tr><td colspan="2"></td><td>주 소</td><td colspan="3"></td></tr>
<tr><td colspan="2">근저당</td><td colspan="2">설정액( ) 미설정</td><td>기 타</td><td colspan="3"></td></tr>
<tr><td colspan="2">공 증</td><td colspan="6">채무자 단독공증. 보증인 연서공증. 미공증</td></tr>
<tr><td rowspan="2">회 수 액</td><td colspan="2">내 역</td><td colspan="2"></td><td rowspan="2">연체금액
(부 도)</td><td>내 역</td><td colspan="2"></td></tr>
<tr><td colspan="2">금 액</td><td colspan="2"></td><td>금 액</td><td colspan="2"></td></tr>
<tr><td rowspan="2">대손처리
요청금액</td><td colspan="2">채권잔액</td><td colspan="2"></td><td>계정과목</td><td colspan="3"></td></tr>
<tr><td colspan="2">송 무 비</td><td colspan="2"></td><td>경 비</td><td colspan="3"></td></tr>
<tr><td rowspan="2">관리책임자</td><td colspan="2">거래발생
시 점</td><td>팀 장</td><td></td><td>과 장</td><td></td><td>사 원</td><td></td></tr>
<tr><td colspan="2">부도시점</td><td>팀 장</td><td></td><td>과 장</td><td></td><td>사 원</td><td></td></tr>
<tr><td rowspan="2">대손의뢰부서</td><td colspan="2">담 당</td><td>과 장</td><td>팀 장</td><td colspan="4" rowspan="2">상기와 같이 대손처리 의뢰함.

20 . . .

○○팀장 ○○○ (인)</td></tr>
<tr><td colspan="2"></td><td></td><td></td></tr>
</table>

<table>
<tr><td colspan="4">조치 및 진행사항</td></tr>
<tr><td></td><td></td><td></td><td></td></tr>
<tr><td colspan="2">소명 및 첨부서류</td><td colspan="2">대손처리 의뢰사유</td></tr>
<tr><td colspan="2"></td><td colspan="2"></td></tr>
</table>

대손충당금의 회계처리

대손의 인식시점을 현재 기업회계기준에서는 충당금설정법을 따르도록 되어 있는데, 충당금설정법은 발생회계를 적용하여 매출의 발생기간에 대손을 인식한다.

따라서 기말에 외상매출금 잔액 중 회수불가능금액을 예상하여 당기비용으로 인식함으로써 외상매출금을 순실현가능가치로 평가한다.

기록방법은 회수불가능 예상금액을 대손상각비 계정에 기록하고, 외상매출금의 차감계정인 대손충당금 계정에 기입한다. 따라서 외상매출금을 외상매출금총액에서 대손충당금을 차감한 잔액으로 평가한다.

❶ 기말 대손충당금 설정시

결산시점에서 합리적이고 객관적인 기준에 따라 산출한 대손추산액에서 기말현재 장부상 대손충당금 잔액을 차감한 금액을 다음과 같이 대손충당금으로 설정한다.

(차) 대손상각비	×××	(대) 대손충당금	×××

❷ 기중 대손충당금 설정시

결산기가 아닌 연중에 실제로 대손이 발생한 경우에는 다음과 같이 기설정된 대손충당금과 매출채권을 상계한다.

(차) 대손충당금	×××	(대) 매출채권	×××

만일 회수불능으로 판명된 매출채권이 이미 설정되어 있는 대손충당금을 초과하게 되면 그 초과액은 다음과 같이 대손상각비로 처리한다.

(차) 대손충당금	×××	(대) 매출채권	×××
대손상각비	×××		

❸ 대손처리한 매출채권의 회수 : 현금으로 회수한 경우

종전 기업회계기준에서는 전기 이전에 대손처리한 채권이 회수될 때에는 상각채권추심이익으로 계상하였으나 개정 기업회계기준에서는 대손처리한 시점을 구분하지 않고 다음과 같이 회계처리한다.

(차) 현 금	×××	(대) 대손충당금	×××

Part 12

사례

[1] ㈜한국의 2020년 12월 31일 외상매출금 잔액 5,000,000원의 3%가 회수되지 않을 것으로 추정된다면 다음과 같이 회계처리한다.

(차) 대손상각비	150,000	(대) 대손충당금	150,000

* (5,000,000×3%=150,000)

재무상태표 표시방법

자산
Ⅰ. 유동자산
(1) 당좌자산
⋮
4. 매출채권 5,000,000원
대손충당금 (150,000) 4,850,000원

[2] 2020년 12월 31일 외상매출금 125,000원이 회수불능으로 확정될 때는 다음과 같이 회계처리한다.

(차) 대손충당금	125,000	(대) 매출채권	125,000

[3] 만일 발생한 대손이 대손충당금의 잔액보다 크면 그 초과분을 대손이 발생한 회계연도의 대손상각비로 처리한다.

위에서 2020년 12월 31일 대손발생액이 125,000원이 아니라 200,000원이라면 추정액 150,000원을 초과한 50,000원을 2021년 대손상각비로 인식한다.

(차) 대손상각비	50,000	(대) 매출채권	200,000
대손충당금	150,000		

[4] 회수가 불능으로 판단되어 상각한 외상매출금이 후일에 회수가 될 수 있다. 이러한 경우 회수가능이 알려진 시점에 역분개하여 상각한 금액을 취소시킨다.

상기 [2]에서 제거한 외상매출금 125,000원 중 2021년 1월 10일 20,000원이 현금으로 회수되었으면 다음과 같이 분개한다.

(차) 현 금	20,000	(대) 대손충당금	20,000

대손세액공제

대손이 발생된 사업자가 대손을 발생시킨 사업자에게 공급한 물품에 대하여 발생한 매출채권 중 부가가치세법상 세액을 공제하여 주는 제도를 말한다.

$$\text{대손세액} = \text{대손금액} \times \frac{10}{110}$$

대손세액공제 사유

대손세액공제 사유는 채무자회생및파산에관한법률(구파산법)에 의한 파산, 민사집행법에 의한 강제집행, 사망 · 실종선고, 채무자회생및파산에관한법률(구회사정리법)에 의한 회사정리계획인가의 결정, 상법상 소멸시효가 완성한 경우, 수표 또는 어음의 부도발생일로부터 6개월이 경과한 경우(단, 사업자가 채무자 재산에 대하여 저당권을 설정하고 있는 경우를 제외), 기타 유사한 사유로서 기획재정부령이 정하는 것 등이다.

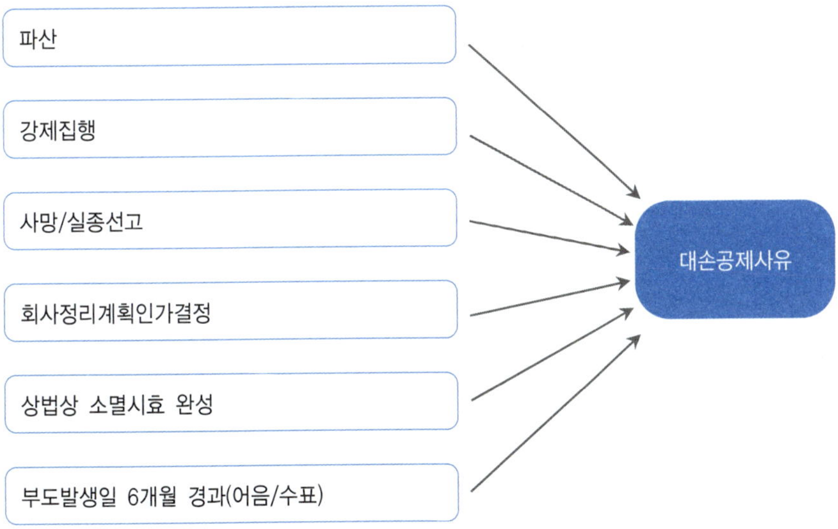

세액공제의 범위 및 시기

사업자가 부가가치세가 과세되는 재화 또는 용역을 공급한 후 그 공급일로부터 5년이 경과된 날이 속하는 과세기간에 대한 확정신고기한까지이다.

증빙서류

대손세액 공제사유	증빙서류
① 상법상의 소멸시효가 완성	① 세금계산서 사본 ② 계약서 사본, 어음 · 수표 사본
② 부도발생일로부터 6개월이 경과한 어음 · 수표	① 세금계산서 사본 ② 어음 · 수표 원본(세무서에서 확인 후 반환)
③ 민사집행법에 의한 강제집행	① 배당표 사본 ② 세금계산서 · 계약서 사본
④ 채무자회생및파산에관한법률에 의한 파산	① 법원결정문 ② 계약서 · 세금계산서 사본
⑤ 채무자회생및파산에관한법률에 의한 결정	① 계약서 · 세금계산서 사본 ② 법원결정문

SECTION 03 채무자 회생 및 파산을 통해서 회수하기

채무자회생및파산에관한법률은 재정적 어려움으로 인하여 파탄에 직면해 있는 채무자에 대하여 채권자 · 주주 · 지분권자 등 이해관계인의 법률관계를 조정하여 채무자 또는 그 사업의 효율적인 회생을 도모하거나, 회생이 어려운 채무자의 재산을 공정하게 환가 · 배당하는 것을 목적으로 한다.

재정적으로 어려움에 처한 채무자에게 바로 파산절차를 밟게 하는 것은 채무자는 물론이고 사회 경제적으로도 손실이 크므로 파산절차에 들어가기 이전에 회생의 가능성을 확인하고 갱생의 가능성이 있다면 기회를 다시 한번 주어서 채무자를 회생시키고자 하는 것이 목적이다.

기존의 화의법, 회사정리법, 파산법, 개인채무자회생법을 하나의 법률로 통합하고 국제도산절차를 신설한 "채무자 회생 및 파산에 관한 법률"이 2006년 4월 1일부터 시행되고 있다(이하에서 "채무자 회생 및 파산에 관한 법률"을 법이라 함).

회사정리법에서는 개인, 유한회사, 합자회사, 합명회사 등을 제외한 주식회사만을 그 대상으로 적용하였으나 이 법에서는 그 적용대상을 주식회사에 한정시키지 않고 적용범위를 넓혔다.

또한 외국인 또는 외국법인도 국내법인과 동일한 지위를 부여하여 투자환경을 개선하려고 노력하고 있다.

Part 12

통합도산법

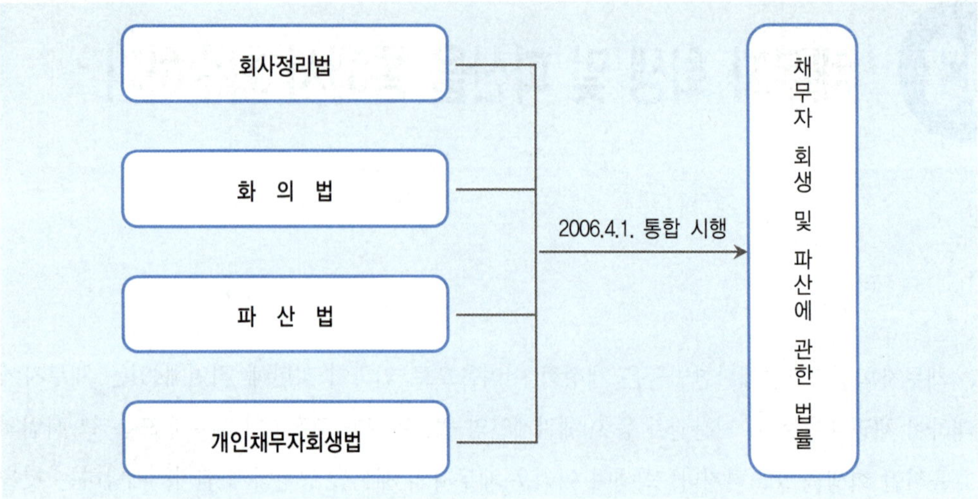

이 법의 규정에 의한 절차를 적정 · 신속하게 진행하기 위하여 대법원 규칙이 정하는 지방법원에 관리위원회를 둔다.

관리위원회가 수행하는 업무

- 관리인 · 보전관리인 · 조사위원 · 파산관재인 · 회생위원 및 국제도산관리인의 선임에 대한 의견의 제시
- 관리인 · 보전관리인 · 조사위원 · 파산관재인 및 회생위원의 업무수행의 적정성에 관한 감독 및 평가
- 회생계획안 · 변제계획안에 대한 심사
- 채권자협의회의 구성과 채권자에 대한 정보의 제공
- 이 법의 규정에 의한 절차의 진행상황에 대한 평가
- 관계인집회 및 채권자집회와 관련된 업무
- 그밖에 대법원규칙 또는 법원이 정하는 업무

채무자 구출작전

회생절차

채무자의 입장에서는 회사정리절차에 비하여 비용이 적게 들고 법원의 감독도 덜 받으면서 경영권을 기존의 경영진이 계속 행사할 수 있다는 장점으로 화의제도를 선호하였다. 그러나 화의인가 후에도 회생하지 못하고 오히려 채권자들의 권리행사 제약과 절차비용만 증가되는 것을 개선하기 위해 화의절차를 폐지하고 회생절차로 단일화하였다.

❶ 회생절차의 신청사유

- 사업의 계속에 현저한 지장을 초래하지 아니하고는 변제기에 있는 채무를 변제할 수 없는 경우
- 채무자에게 파산의 원인인 사실이 생길 염려가 있는 경우

구 분	내 용
채무자가 주식회사 또는 유한회사인 때	– 자본의 10분의 1 이상에 해당하는 채권을 가진 채권자 – 자본의 10분의 1 이상에 해당하는 주식 또는 출자지분을 가진 주주 · 지분권자
채무자가 주식회사 또는 유한회사가 아닌 때	– 5천만원 이상의 금액에 해당하는 채권을 가진 채권자 – 합명회사 · 합자회사 그밖의 법인 또는 이에 준하는 자에 대하여는 출자총액의 10분의 1 이상의 출자지분을 가진 지분권자

회생절차개시신청의 기각사유를 살펴보면 회생절차의 비용을 미리 납부하지 아니한 경우, 회생절차개시신청이 성실하지 아니한 경우, 그밖에 회생절차에 의함이 채권자 일반의 이익에 적합하지 아니한 경우를 꼽을 수 있다.

❷ 이해관계인의 개별적 권리행사 금지

법원이 회생절차개시의 결정을 내리는 경우 사업경영과 재산의 관리, 처분에 관한 관리는 관리인에게 전속되며, 이해관계인의 채무에 대한 개별적 권리행사는 금지된다. 중지명령이 내려지면 그동안 내려졌던 모든 명령은 그 현재의 상태에서 진행이 중지되며 더 이상의 진행은 할 수 없다. 이미 진행된 절차에 대해서는 소급하여 무효로 할 수는 없으며 중지명령이 있기 이전에 진행된 압류, 가처분 등의 효력은 그대로 유지된다.

회생절차개시 후에도 파산, 강제집행, 임의경매절차 등이 허용된다면 회생절차를 원활히 진행할 수 없다.

③ 회생절차개시의 결정

회생절차개시의 결정과 동시에 관리인의 선임, 제1회 관계인집회의 기일, 회생채권자의 목록, 회생담보권자의 목록과 주주, 지분권자의 목록 제출, 회생채권, 회생담보권, 주식 또는 출자지분의 신고기간 등을 정하여야 한다.

- 채무자가 회생절차개시를 신청한 때에는 법원은 회생절차개시의 신청일부터 1월 이내에 회생절차개시 여부를 결정하여야 한다.
- 회생절차개시결정서에는 결정의 연 · 월 · 일 · 시를 기재하여야 한다.
- 회생절차개시결정은 그 결정시부터 효력이 생긴다.

공익채권

공익채권이란 회생절차의 필요에 의하여 지출된 비용으로서 회생절차개시 후의 원인에 의하여 생긴 청구권이다.

- 회생채권자, 회생담보권자와 주주 · 지분권자의 공동의 이익을 위하여 한 재판상 비용청구권
- 회생절차개시 후의 채무자의 업무 및 재산의 관리와 처분에 관한 비용청구권
- 회생계획의 수행을 위한 비용청구권
  * 다만, 회생절차종료 후에 생긴 것을 제외한다.
- 비용 · 보수 · 보상금 및 특별보상금청구권

④ 상계권

회생채권자 또는 회생담보권자가 회생절차개시 당시 채무자에 대하여 채무를 부담하는 경우 채권과 채무의 쌍방이 신고기간 만료 전에 상계할 수 있게 된 때에는 회생채권자 또는 회생담보권자는 그 기간 안에 한하여 회생절차에 의하지 아니하고 상계할 수 있다. 채무가 기한부인 때에도 같다.

회생채권자 또는 회생담보권자의 회생절차개시 후의 차임채무에 관하여는 당기(當期)와 차기(次期)의 것에 한하여 제1항의 규정에 의하여 상계할 수 있다. 다만, 보증금이 있는 때에는 그 후의 차임채무에 관하여도 상계할 수 있다(채무자회생및파산에관한법률 제144조).

⑤ 상계금지(채무자회생및파산에관한법률 제145조)

㉠ 회생채권자 또는 회생담보권자가 회생절차개시 후에 채무자에 대하여 채무를 부담한 때

㉡ 회생채권자 또는 회생담보권자가 지급의 정지, 회생절차개시의 신청 또는 파산의 신청이 있음을 알고 채무자에 대하여 채무를 부담한 때. 다만, 다음 각목의 어느 하나에 해당하는 때를 제외한다.

- 회생절차가 개시된 채무자의 채무자가 회생절차개시 후에 타인의 회생채권 또는 회생담보권을 취득한 때
- 회생절차가 개시된 채무자의 채무자가 지급의 정지, 회생절차개시의 신청 또는 파산의 신청이 있음을 알고 회생채권 또는 회생담보권을 취득한 때

⑥ 회생절차에 구속되지 않고 권리행사 가능

㉠ 회생채권자 또는 회생담보권자가 회생절차가 개시된 채무자의 보증인 그 밖에 회생절차가 개시된 채무자와 함께 채무를 부담하는 자에 대하여 가지는 권리

㉡ 채무자 외의 자가 회생채권자 또는 회생담보권자를 위하여 제공한 담보

파산절차

채권자, 채무자가 파산신청을 할 수 있으며, 예외적으로 금융감독위원회가 금융기관에 대하여 파산신청을 할 수 있으며, 채권자가 파산신청을 하는 때에는 그 채권의 존재 및 파산의 원인인 사실을 소명하여야 한다.

❶ 파산신청서

접수된 신청서를 검토한 이후에 파산원인사실에 관한 자료의 미비, 필요서류의 첨부가 되어 있지 않으면 그 보정을 명한다.

파산신청은 다음의 사항을 기재한 서면으로 제출한다.

- 신청인 및 그 법정대리인의 성명 및 주소
- 채무자가 개인인 경우에는 채무자의 성명 · 주민등록번호 및 주소
- 채무자가 개인이 아닌 경우에는 채무자의 상호, 주된 사무소 또는 영업소의 소재지, 대표자의 성명
- 신청의 취지
- 신청의 원인

- 채무자의 사업목적과 업무의 상황
- 채무자의 발행주식 또는 출자지분의 총수, 자본의 액과 자산, 부채 그 밖의 재산상태
- 채무자의 재산에 관한 다른 절차 또는 처분으로서 신청인이 알고 있는 것
- 채권자가 파산신청을 하는 때에는 그가 가진 채권의 액과 원인
- 주주 · 지분권자가 파산신청을 하는 때에는 그가 가진 주식 또는 출자지분의 수 또는 액

첨부서류

- 채권자목록
- 재산목록
- 채무자의 수입 및 지출에 관한 목록
- 그밖에 대법원규칙에서 정하는 서류

❷ 법인의 파산선고

채무초과란 부채의 총액이 자산의 총액을 초과하는 것을 말하는데 재무상태표상의 부채가 자산을 초과한다고 해서 즉시 채무초과의 상태라고 할 수 있는 것은 아니며, 일정한 시점을 기준으로 파산선고를 하게 된다.

법인에 대하여는 그 부채의 총액이 자산의 총액을 초과하는 때에도 파산선고를 할 수 있다.

❸ 기각사유

① 법원은 다음에 해당하는 때에는 파산신청을 기각할 수 있다.

- 신청인이 절차의 비용을 미리 납부하지 아니한 때
- 법원에 회생절차 또는 개인회생절차가 계속되어 있고 그 절차에 의함이 채권자 일반의 이익에 부합하는 때
- 채무자에게 파산원인이 존재하지 아니한 때
- 신청인이 소재불명인 때
- 그밖에 신청이 성실하지 아니한 때

② 법원은 채무자에게 파산원인이 존재하는 경우에도 파산신청이 파산절차의 남용에 해당한다고 인정되는 때에는 심문을 거쳐 파산신청을 기각할 수 있다.

④ 효력발생시기

파산은 선고를 한 때부터 그 효력이 생긴다.

개인파산절차

국가가 지급능력을 상실하여 파산상태에 이른 채무자에게 면책이라는 절차를 통하여 운동경기에서의 패자부활전 같은 경제적 갱생의 기회를 주기 위한 제도가 개인파산제도이다.

채무를 변제하지 못한 개인이 파산하게 되면 많은 수의 채권자들이 개별집행(부동산 · 유체동산 경매 등)을 통해서 먼저 회수하려고 할 것이므로 발빠른 채권자만 채권을 어느 정도 회수하게 되고, 그렇지 못한 채권자들은 채권을 회수하지 못하는 불공평한 결과를 초래하게 된다.

채무자 또한 빚 독촉에 시달려 가정파탄과 각종 범죄의 발생 등으로 사회 · 경제적으로 부정적인 영향을 미치게 되는데 이러한 문제점을 해결하고자 개인파산제도를 도입하게 되었다.

개인채무자회생법이 2006년 4월 1일부터 '채무자 회생 및 파산에 관한 법률'에 통합되었다.

개인파산에는 비영업자(주부, 직장인, 학생 등)가 무분별한 소비의 발생으로 변제능력을 초과하여 신청하는 소비자파산과 개인사업자가 영업을 하다가 채무를 변제하지 못하고 신청하는 영업자파산으로 구분된다.

① 신청서의 제출 및 심문

파산 및 면책신청서를 채무자주소지를 관할하는 지방법원 본원(서울의 경우에는 서울중앙지방법원)에 제출한다.

법원에서는 신청서를 서면심사하게 되는데 절차비용의 납부 및 첨부서류와 관할권을 심사한다.

이때 채무자심문 여부는 법원의 권한이다. 서면심사 또는 채무자심문을 마친 후 파산원인이 판명되면 채무자에 대하여 파산선고를 하며, 이의신청기간을 거쳐서 14일 이내에 면책결정을 한다.

신청서에는 신청인의 성명, 주소, 주민등록번호 등을 표시하며, 진술서에는 채무자의 경력 · 현재까지의 생활상황 등을 표기하며 재산목록에는 신청인의 재산보유 상태를 빠짐없이 기록하는데, 만일 고의로 누락하면 면책불허가 사유에 해당한다.

또한 누구의 수입으로 어떻게 생활을 꾸려가는지에 대한 수입 · 지출내역도 표기해야 한다.

Part 12

② 파산선고시의 불이익

파산으로 결정된 사람은 일정한 자격의 제한을 받게 되며(공무원, 변호사, 세무사, 법무사, 공인중개사 등), 민법상의 후견인과 유언집행자 등이 될 수 없다.

또한 파산절차가 개시되는 파산선고로 인하여 파산채권에 가지는 강제집행, 가압류, 가처분은 그 효력을 상실하게 된다.

재산이 있다면 선임된 파산관재인이 파산자의 재산을 관리하게 되며 후에 현금으로 교환하여 채권자 모두에게 채권액에 따라서 배분하게 된다.

간혹 채무자가 파산선고 전에 파산채권자에게 손해 입히는 행위를 하였다면 그 효력을 부인하고 원래대로 행하는 부인권을 행사할 수도 있다.

③ 면책신청

면책신청은 채무자만이 할 수 있으며, 면책결정이 내려지면 면책을 받은 채무자는 파산절차에 의한 배당을 제외하고는 파산채권자에 대한 잔존채무의 전부에 대하여 원칙적으로 그 책임이 면제된다.

개인회생절차

개인회생절차는 개인채무자가 재정적 어려움으로 인하여 파산에 직면한 경우에 장래에 반복적이고 계속적으로 수입을 얻을 수 있는 가능성이 있는 사람에 대해서 채권자가 강제집행을 통한 파산을 하기보다는 채권자 서로간에 조정을 통해서 채무자의 회생을 도모함을 목적으로 하는 제도로서 채무자가 5년간 변제계획에서 정한 일정한 금액을 채권자에게 변제하면 총채무액 중 잔액의 면제를 받을 수 있는 절차이다.

개인회생절차 흐름도

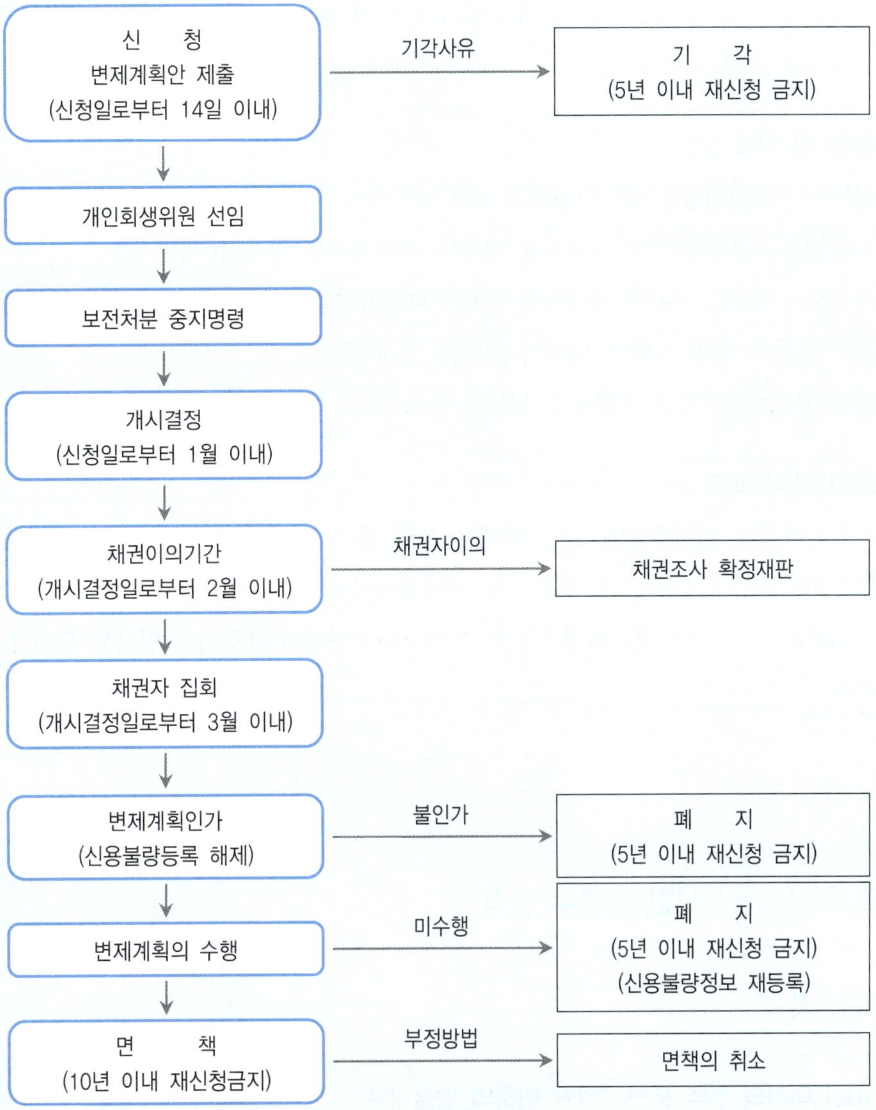

❶ 개인회생절차의 효과

■ 현재의 재산을 유지하는 것이 가능

장래의 소득으로 변제하면 되므로 현재의 재산을 유지하는 것이 가능하다.

■ 명예를 유지

개인회생절차는 채무를 변제하려고 노력한다는 시각으로 어느 정도의 명예는 유지되며 파산과 다르게 부정적인 시각이 덜하다.

- 신분상 불이익의 회피

  공무원, 세무사, 교원, 공인중개사 등 일정한 자격을 유지하여야만 되는 사람들에게는 유리한 측면이 있다.

❷ 신청 및 심사

채무자가 개인회생절차를 신청하게 되면 채무자의 주소지를 관할하는 지방법원 본원(서울의 경우 서울중앙지방법원)에서는 제출된 서류심사를 하게 된다.

채무자가 제출한 서류를 심사하기 위해서 회생위원들이 채무자로부터 재산 및 소득, 변제계획 등에 관한 사항에 대하여 설명을 듣게 된다.

법원에서는 직권으로 채무자를 심문할 수도 있고 변론을 열 수도 있다.

❸ 개시결정의 효과

개인회생절차 개시결정이 있는 때에는 진행 중인 파산절차가 있다면 중지된다.

또한 개인회생채권자목록에 기재된 개인회생채권에 있는 재산에 대해서 강제집행, 가압류, 가처분은 중지되며, 개인회생채권을 변제받거나 변제를 요구하는 일체의 행위가 금지된다.

허위로 회생 · 파산신청한 경우 벌칙

사기회생죄

❶ 10년 이하의 징역 또는 1억원 이하의 벌금사유

- 채무자의 재산을 손괴 또는 은닉하거나 회생채권자 · 회생담보권자 · 주주 · 지분권자에 불이익하게 처분하는 행위
- 채무자의 부담을 허위로 증가시키는 행위
- 법률의 규정에 의하여 작성하여야 하는 상업장부를 작성하지 아니하거나, 그 상업장부에 재산의 현황을 알 수 있는 정도의 기재를 하지 아니하거나, 그 상업장부에 부정의 기재를 하거나, 그 상업장부를 손괴 또는 은닉하는 행위
- 부정수표단속법에 의한 처벌회피를 주된 목적으로 회생절차개시의 신청을 하는 행위

❷ 5년 이하의 징역 또는 5천만원 이하의 벌금사유(자기 또는 타인의 이익을 도모하거나 채권자를 해할 목적으로 회생절차가 개시된 경우)

- 채무자의 법정대리인
- 법인인 채무자의 이사
- 채무자의 지배인

사기파산죄

채무자가 파산선고의 전후를 불문하고 자기 또는 타인의 이익을 도모하거나 채권자를 해할 목적으로 다음의 어느 하나에 해당하는 행위를 하고, 그 파산선고가 확정된 때에는 10년 이하의 징역 또는 1억원 이하의 벌금에 처한다.

- 파산재단에 속하는 재산을 은닉 또는 손괴하거나 채권자에게 불이익하게 처분을 하는 행위
- 파산재단의 부담을 허위로 증가시키는 행위
- 법률의 규정에 의하여 작성하여야 하는 상업장부를 작성하지 아니하거나, 그 상업장부에 재산의 현황을 알 수 있는 정도의 기재를 하지 아니하거나, 그 상업장부에 부실한 기재를 하거나, 그 상업장부를 은닉 또는 손괴하는 행위
- 재산장부의 폐쇄규정에 의하여 법원사무관 등이 폐쇄한 장부에 변경을 가하거나 이를 은닉 또는 손괴하는 행위

채권 관리 실무

Profile

정 현 호 채권관리주치의

건국대학교 대학원에서 국내 1호로 채권관리를 전공한 경영공학 박사로서 현재 건국대학교에서 겸임교수로 학생들에게 강의를 하고 있으며, 각 기업체 · 금융기관 · 연수원 · 공공기관 등에서 채권관리 교육과 컨설팅을 담당하고 있다.

LG그룹의 채권관리 팀장(법률지배인)으로서 활동하였으며, LG그룹에 대한 존경심과 고마움을 항상 느끼고 있다.

또한 한국기업구조조정원 원장과 컨설턴트로서 기업의 구조조정을 위한 교육과 컨설팅을 하고 있다.

한국채권관리연구소(www.kcmri.co.kr) 소장으로서 저술활동과 기업, 금융기관, 대학교 강의 등을 하고 있으며, 경영지도사로서 창업관련 교육 · 중소벤처기업의 경영혁신활동에 참여하고 있다.

오늘을 살아가는 한 사람으로서 채권관리는 해당 단체 · 기업 · 금융기관의 자산 건전성과 조직의 성장을 유지시키는 원동력이라고 확신하는 것이 그의 철학이다.

주요 강의

건국대학교 / 이나우스아카데미 / 삼일회계법인 / 상공회의소 / 한국금융연수원 / 중소기업진흥공단(중소기업연수원) / 한국생산성본부 / 한국능률협회컨설팅 / 한국표준협회 / (사)한국상장회사협의회 / 새마을금고연수원 / 여신금융협회 / LG그룹 / 삼성그룹 / 포스코그룹 / 한화그룹 / SK그룹 / 롯데그룹 / 동국제강 / 농협지주회사 / 우정사업본부 등 각 기업 및 금융기관 / 국가보훈처 대부채권심의위원회

채권관리실무

자산은 유지하고 기업가치는 올리는 채권관리

저　　자　정현호
발 행 인　서동혁
편집 · 교정　류현수, 김영림, 박가온
편집디자인　이인아, 이은희, 황자애
발 행 처　㈜조세통람
펴 낸 날　2018년 1월 19일 초판 발행
　　　　　2022년 1월 3일 개정2판 발행
주　　소　서울특별시 중구 동호로 14길 5-6(신당동)
등　　록　1976. 11. 5. 제9-81호
대표전화　02) 2231-7027
F A X　02) 2234-1754
구입문의　02) 2231-7027~9
I S B N　979-11-6064-217-9　13320
정　　가　**30,000원**

저자와의 협의하에 인지생략

(주)조세통람은 좋은 책을 만들기 위해 독자 여러분의 의견을 기다립니다.
E · mail(josetop@inaus.co.kr)과 홈페이지(www.taxnet.co.kr)의 고객지원센터 "고객의 소리" 코너